公路工程施工建设

廉瑞金　刘贵兵　贺俊利　主编

吉林科学技术出版社

图书在版编目（CIP）数据

公路工程施工建设 / 廉瑞金，刘贵兵，贺俊利主编
. -- 长春：吉林科学技术出版社，2020.1
ISBN 978-7-5578-6397-5

Ⅰ．①公… Ⅱ．①廉… ②刘… ③贺… Ⅲ．①道路工
程－工程施工 Ⅳ．① U415

中国版本图书馆 CIP 数据核字（2020）第 000737 号

公路工程施工建设

主　　编	廉瑞金　　刘贵兵　　贺俊利
出 版 人	李　梁
责任编辑	端金香
封面设计	刘　华
制　　版	王　朋
开　　本	185mm×260mm
字　　数	390 千字
印　　张	17.5
版　　次	2020 年 1 月第 1 版
印　　次	2020 年 1 月第 1 次印刷
出　　版	吉林科学技术出版社
发　　行	吉林科学技术出版社
地　　址	长春市福祉大路 5788 号出版集团 A 座
邮　　编	130118

发行部电话 / 传真　0431—81629529　　81629530　　81629531
　　　　　　　　　　　　81629532　　81629533　　81629534

储运部电话　0431—86059116

编辑部电话　0431—81629517

网　　址	www.jlstp.net
印　　刷	北京宝莲鸿图科技有限公司
书　　号	ISBN 978-7-5578-6397-5
定　　价	70.00 元

前　言

　　由于全球经济的持续发展,中国工业化及科学水平得到提升。20世纪40年代发展至今,人们对于出行要求不单单停留在"有路走就行",而更加注重公路、桥梁等多个出行工程的施工质量,进而大幅度提升人们出行的便捷性。

　　中国大桥跨度已经位居世界前列,同时与之相关的建筑技术也挤进全球先进行列。随着现代化脚步的加快,国内高速公路极为便利,各个城市内不断修建多样化的立交桥、高架桥,城市与城市之间更是增加了多条高速铁路等,人们出行也愈发便捷。除此之外,当前世界发展过程中,公路、桥梁渐渐成为衡量国家发展的一个重要标准,不单单局限于出行交通方式。对于当前公路桥梁的建设过程而言,自身水平得到了一定程度的发展,为此以跨线桥为例,针对性分析其自身建设基础与发展现状。

　　因此,本书主要从十一章内容对我国公路工程施工建设进行阐述与总结,希望有助于相关工作人员的项目开展和推动我国公路建设行业的发展。

目　录

第一章 绪 论

第一节 公路建设的内容和特点

公路建设是指公路网规划、公路勘察设计、公路施工、养护、管理等工作的总称。一个国家的公路建设规模根据公路运输在综合运输体系中的作用，按其政治、经济、文化、旅游等方面的重要性，再结合地理环境条件来确定。中国的公路建设由国家计委、国家经委和交通部划定，国家干线公路网，各省、市、自治区根据国家总体规划布局，结合本地区经济发展制定本地区公路网规划（省道、县道、乡道），采取多渠道资金来源设计和修建，由交通部和下属各省、市、自治区公路部门负责养护、管理。

一、公路建设的内容

1. 公路工程的小修、保养

公路工程在使用中，受到行车和自然因素的作用而不断损坏，如：局部坑槽、裂缝等，通过定期和不定期的维修和保养，才能保证公路的正常使用。小修和保养是公路建设的重要内容之一。

2. 公路工程大中修与技术改造

由于受材料、结构、设备等功能方面的制约，必然使公路各组成部分具有不同的寿命。尽管经过维修，也不能无限期地使用下去，到一定年限，某些组成部分就会丧失功能，需要更新改造。另外对随坡就弯而产生的不良线形改造、加宽路基、提高路面等级等都属于技术改造。

公路工程基本建设：为了适应生产和流通发展的需要必须通过新建、扩建、改建和重建公路四种基本建设形式来实现固定资产扩大再生产，以达到不断扩大公路运输能力的目的。

二、公路建设内容的关系

1. 相同点

①都是固定资产再生产不可缺少的组成部分。②都需要消耗一定的人力、物力和财力。

2. 不同点

①资金来源不同：维修、更新和技改的资金由养路费支付。新建项目由基本建设投资。②管理方式不同：小修保养：由养护部门自行安排和管理。大中与技改：养护部门提出计划，报上级批准，然后自行安排。新建、扩建、改建和重建：由省主管下达任务，列入基建计划的依国家规定执行。

三、公路建设的特点

（一）公路建筑产品的特点

1. 产品的固定性。
2. 产品的多样性：材料、结构、等级、标准等。
3. 产品形体庞大性。
4. 产品部分结构易损性。

（二）公路施工的技术经济特点

1. 施工流动性大。
2. 施工协作性高：材料、机械供应、各施工环节。
3. 施工周期长：进度安排。
4. 受外界干扰及自然因素影响大。

第二节　我国的公路建设与发展

改革开放后，随着国民经济持续、稳定、高速的发展，公路建设蓬勃向上，正处在一个前所未有的建设高潮中。纵观我国公路建设的发展，不难看出在新的历史时期，我国公路建设所面临的严峻挑战。在国民经济持续高速增长及城市化进程不断加快的过程中，各类城市均面临着重建、改造、扩展和再规划，而公路基础设施建设则是当前和未来城市发展的关键。了解公路发展的历史及现状，对于我们如何依据国民经济可持续发展的战略目标，制定和规划新时期公路建设的可持续发展战略是十分重要的。

一、现代公路发展的历史

1. 现代公路发展的历史

中国现代公路的发展大体经历了如下两个阶段：

（1）改革开放前公路基础设施的建设

旧中国的公路交通极为落后，1949 年全国公路通车里程仅 8.07 万千米，公路密度仅 0.8km/百平方千米。建国初期，公路交通经历一段时期的恢复后开始获得长足发展，1952 年公路里程达到 12.67 万千米。50 年代中后期，为适应经济发展和开发边疆的需要，我国开始大规模建设通往边疆和山区的公路，相继修建了川藏公路、青藏公路，并在东南沿海、东北和西南地区修建国防公路，公路里程迅速增长，1959 年达到 50 多万千米。

60 年代，我国在继续大力兴建公路的同时，加强了公路技术改造，有路面道路里程及其高级、次高级路面比重显著提高。70 年代中期我国开始对青藏公路进行技术改造，80 年代全面完成，建成了世界上海拔最高的沥青路面公路。在 1949～1978 年的 30 年间，尽管国民经济发展道路曲折，但全国公路里程仍基本保持持续增长，到 1978 年底达到 89 万千米，平均每年增加约 3 万千米，公路密度达到 9.3km/百平方千米。

（2）改革开放后公路基础设施的建设及成就

改革开放后，国民经济持续高速发展，公路运输需求强劲增长，公路基础设施建设开始发生了历史性转变，其主要表现在：公路建设得到中央和地方各级政府的重视，"要想富、先修路"，公路建设的重要性逐步为全社会所认识。在统一规划的基础上，开始了有计划的全国公路基础设施建设，80 年代初和 80 年代末国家干线公路网和国道主干线系统规划先后制定并实施，使公路建设有了明确的总体目标和阶段目标。公路建设在继续扩大总体规模的同时，重点加强了质量水平的提高，高速公路及其他高等级公路的迅速发展。改变了我国公路事业的落后面貌。从统计数字看，到 1999 年，全国公路里程达到 135 万千米，公路密度达到 14.1km/平方千米，为 1978 年的 1.5 倍。二级以上公路占全国公路总里程的比重由 1979 年的 1.3% 提高到 1999 年的 12.5%，主要城市之间的公路交通条件显著改善，公路交通紧张状况初步缓解。同时，县、乡公路里程快速增长，质量也有很大提高，全国实现了 100% 的县、98% 的乡和 89% 的行政村通公路。总体而言，一个干支衔接、布局合理、四通八达的全国公路网已初步形成。特别值得一提的是我国高速公路的建设。高速公路建设是改革开放后我国公路事业取得的突出成就。1988 年，我国第一条高速公路沪嘉高速公路（18.5km）建成通车。此后，又相继建成全长 375km 的沈大高速公路和 143km 的京津塘高速公路。进入 90 年代，在国道主干线总体规划指导下，我国高速公路建设步伐加快，每年建成的高速公路由几十 km 上升到一千 km 以上。到 1999 年年底，全国高速公路通车里程已达 1.16 万千米。短短 10 年间，我国高速公路就走过了发达国家高速公路一般需要 40 年完成的发展历程。高速公路及其他高等级公路的建设，改善了我国公路的技术等级结构，改变了我国公路事业的落后面貌，同时也大大缩短了我国同发达国家之间的差距。

2. 公路建设存在的问题

从历史的角度看，我国公路建设经历着"基本适应国民经济发展→不适应国民经济发展→制约国民经济发展→对国民经济的制约状况明显改善"的过程。"发展经济，交通先行"，其正确性已为全社会的实践所证实。因此，彻底改变我国交通运输的落后面貌和被动局面，是逐步实现我国交通运输现代化的奋斗目标。公路建设的滞后是影响国民经济发展的一个制约因素，公路建设的滞后与国民经济的发展需求之间的矛盾是公路建设存在的根本问题。"西部大开发"发展战略的实施，西部交通运输出现全面紧张，集中精力搞好西部公路建设是目前面临的紧迫任务。

二、可持续发展与公路建设

1. 可持续发展的含义

可持续发展是 20 世纪 80 年代末提出的一个新的发展观。它的提出是应时代的变迁、社会经济发展的需要而产生的。

可持续发展，系指满足当前需要而又不削弱子孙后代满足其需要之能力的发展。可持续发展还意味着维护、合理使用并且提高自然资源基础，这种基础支撑着生态抗压力及经济的增长。可持续的发展还意味着在发展计划和政策中纳入对环境的关注与考虑，而不代表在援助或发展资助方面的一种新形式的附加条件。可持续发展的核心思想是，健康的经济发展应建立在生态可持续能力、社会公正和人民积极参与自身发展决策的基础上。它所追求的目标是：既要使人类的各种需要得到满足，个人得到充分发展；又要保护资源和生态环境，不对后代人的生存和发展构成威胁。它特别关注的是各种经济活动的生态合理性，强调对资源、环境有利的经济活动应给予鼓励，反之则应予摈弃。

2. 制定公路建设可持续发展的理论基础

可持续发展不是一个空洞的政治经济术语，它已作为一个概念为全社会所共识。在公路建设当中，公路不是为了自己而存在，应是满足社会的需求，其发展的战略不应仅考虑其本身，而应以社会的总体目标为目标。公路建设应从社会需求和经济发展的可持续性来考虑。"西部大开发"是我党在新的历史时期，促进我国国民经济持续、稳定、快速发展的可持续发展战略。是进行经济结构战略性调整，促进地区经济协调发展的重大部署，是增进民族团结，保持社会稳定和边防巩固的根本保证，是逐步缩小地区差距，最终实现共同富裕的必然要求，是实现现代化建设第三步战略部署的重要组成部分，不仅具有重大的经济意义，而且具有深远的政治意义。西部地区经济发展滞后，公路基础设施建设落后，"西部大开发"战略思想的提出，为制定和规划今后 20 年公路建设的可持续发展目标奠定了坚实的理论基础。

目前，西部有 12 省市区，面积 687 万平方千米，人口 3.6 亿，有 50 个少数民族。经过改革开放 20 余年的建设，东部地区已进入自我发展，自我积累的良性循环阶段。而西部地区还相差很远，东西部的差距在进一步拉大。目前，年人均国民生产总值（GDP）东部地区 9483 元，西部地区仅 4052 元。"西部大开发"，加快公路建设，正是邓小平同志"两个大局"和江泽民同志"三个代表"思想的具体体现。2001 年，党中央、国务院做出"西部大开发必须加强基础设施建设，近期要以公路建设为重点"的指示，这为进一步规划和制定公路建设的可持续发展战略指明了方向。

3. 公路建设的原则

在公路建设中应用可持续发展的战略思想，制定和完成可持续发展的公路基础设施建设，应考虑以下原则：

（1）公路建设的发展与经济、社会、资源与环境联系起来

依据可持续发展的战略思想，公路建设应与经济发展联系起来，不能一味地满足经济的发展要求，过度建设，造成国家资源以及财力、物力的极大浪费。也不能建设缓慢，成为经济发展的制约因素。而是应将其与社会、经济、资源与环境四者之间联系起来，不能以牺牲资源、环境为代价来满足经济、社会的发展需求。从短期目标来看，牺牲资源与环境似乎可以促进经济增长，但从长期目标来看，由于资源、环境受破坏必定会约束经济的增长。所以，公路建设的可持续性取决于与经济、社会、资源与环境之间协调度的高低。协调度愈高，公路建设的持续性就越具有可行性。反之，可行性就愈小。

（2）西部公路建设应与东部公路建设联系起来

世界是多样的、是统一的、是相互联系的。公路建设区域之间也存在着必然的联系。我国东部公路建设和西部公路建设是相互促进、互相影响的统一体。西部公路局域网的建设和完善，必将影响东部地区乃至全国的公路建设。反过来，东部公路建设为西部公路建设提供了科学的建设经验和技术支持。

（3）公路建设应与铁路、航空、水运的建设联系起来

公路运输是整个国家交通运输系统的一个重要的组成部分。公路建设的发展不仅对其他运输的发展有重大影响，也为整个交通运输系统的完善和建设发挥交通运输的整体优势有着至关重要的作用。在处理局部与整体的关系中，一定要头脑冷静。只重视公路建设而忽略其他运输形式的建设是十分片面的。整体的观念有助于我们将系统各部分有机地结合起来，互相促进、共同发展，满足国民经济的需求，增强交通运输的综合实力。

4. 公路建设发展规划及展望

（1）公路建设发展规划

公路主骨架是全国公路网的主动脉，也是全国综合运输大通道的重要组成部分。大力加快"五纵七横"国家道路主干线系统建设，可使公路交通基本适应国民经济和社会发展对城市间、快速旅客和货物运输的需求，满足全国统一开放社会主义市场体系发展和对外开放的要求，并加快我国工业化和城市化的进程。

当前，国道主干线的建设重点是基本贯通同江至三亚、北京至珠海、上海至成都、连云港至霍尔果斯，以及北京至沈阳、北京至上海、重庆至北海，即"两纵两横三个重要路段"；按照"五纵七横"国道主干线建设布局规划，逐步加大车流量大的国道主干线和省内重点经济干线路段的建设。加强国家定点扶贫县的公路建设，使每一个国家定点扶贫县

的商品产地（或集散地），有一条经济路通往干线公路，在实现县乡通公路的基础上，使全国行政村的如90%通公路；建设长江、黄河上的江阴、南京、重庆、济南及厦门海沧等跨江跨海大桥；起步建设公路主枢纽。

（2）展望

2020年，全国国道主干线形成沟通西中东部，贯穿西南、西北，通江达海，连通周边国家的公路网，形成完善的大通道，西部地区公路发展取得明显成效。届时，国道、省际的通道将构成2.8万千米骨架路网，除乌鲁木齐和拉萨市之间外，其他相邻省会、自治区首府及直辖市，西部与中东部相邻省会城市之间，均由高等级公路相连接。山岭重丘区行车时速超过60km，平原微丘区行车时速将超过80km。公路两侧将建成绿色植物高低错落的绿化带，形成赏心悦目的绿色长廊。西部各省会、首府及直辖市到所在本省地州市及区域对外通道干线公路达二级以上标准，车流较大的路段建成一级或高速公路。地州到县公路基本为三级标准的高级次高级路面，偏远地区达四级公路标准。县至乡镇为四级路以上标准，实现路面硬化。乡镇到行政村通机动车，有条件的同等级公路。

第三节　我国的桥梁建设与发展

中国被称为"桥梁之乡"，过去的几百年中，中国桥梁建设更是处于世界领先水平。改革开放之后，中国的桥梁建设者们更是与世界接轨，吸取外国桥梁建设的经验，融合中华民族的传统文化，中国桥梁数量由少变多，形式变化多样，为社会经济的发展提供了安全、稳健的通道，也越来越符合现代人的审美情趣。

一、桥梁建设的现状

现今，随着国家经济建设的发展，物质生活水平的大幅度提高，人们的审美意识和审美标准都更加成熟。对于桥梁，人们更是已经不满足于作为运输路线局部的要求，而是将其视为一种空间艺术品融入人们的社会文化之中。

1. 全球大跨度桥梁，我国占比超50%

"最长、最高、最大"不断被刷新

2017年7月初，随着世界最长的海底隧道——港珠澳大桥海底隧道贯通，这座中国建设史上里程最长、投资最多、施工难度最大的跨海桥梁主体工程终于全线贯通。将成为世界上最长的跨海大桥。

集桥、岛、隧道于一体，全长55 km——作为连接香港、珠海、澳门的超大型跨海通道，港珠澳大桥被誉为交通工程的"珠穆朗玛峰"，被外媒称为"新世界七大奇迹"之一。

如果说港珠澳大桥是一座令世人赞叹的"高峰"，那么，我国跨海大桥则早已整体站上了"高原"。东海大桥、杭州湾跨海大桥、深圳湾跨海大桥、舟山西堠门大桥、金塘大桥、青岛海湾大桥、嘉绍大桥……一座座雄伟的大桥跨越蔚蓝的海洋，宣告着桥梁建设的中国实力。

视线转向内陆，成就同样显著。北盘江大桥，桥面距谷底达到了 565m，相当于 200 层楼高，是世界第一高桥；四川干海子特大桥，世界第一座全钢管混凝土桁架梁桥，最高钢管格构桥墩达 117m；鹦鹉洲长江大桥，世界跨度最大的三塔四跨悬索桥；湘西矮寨特大悬索桥，创 4 项世界第一……近 5 年来，全球超过一半的大跨度桥梁都出现在中国，"最长、最高、最大、最快"这样的纪录，不断被写进世界桥梁史，让"中国桥"成为展示中国形象的新品牌。

交通运输部向记者提供了一组令人自豪的数字：目前，世界上已建成的跨度超 400m 的斜拉桥、悬索桥分别有 114 座、109 座，我国就分别拥有 59 座、34 座；全球在建及拟建的主跨 400m 以上的斜拉桥、悬索桥分别为 49 座、37 座，我国就分别占据了 39 座、29 座。

放眼未来，世界跨度最大的公路铁路两用大桥——沪通长江大桥，世界上跨径最大的钢箱梁悬索桥——虎门二桥等也于 2019 年通车。

2. 世界最高十座大桥，我国拥有 8 座

不断突破世界性技术难题

"纵观世界桥梁建设史，20 世纪 70 年代以前要看欧美，90 年代看日本，而到了 21 世纪，则要看中国。"在世界桥梁建筑领域，这已是大家公认的观点。

结出累累硕果的背后，是我国在桥梁建设技术上不断取得重大突破。十八大以来，我国广大桥梁建设者与科研人员在工程实践的基础上，紧跟国际桥梁建设前沿技术，不断在桥梁结构体系设计、核心材料研发、关键施工工艺、施工装备创新上刻苦攻关，使我国桥梁建设水平显著提升。

2013 年 7 月，嘉绍大桥正式建成通车。这座大桥一举攻克了多塔斜拉桥结构体系、刚性铰新型装置、钢箱梁检查设备关键技术难题，项目成果获得了 2016 年国际桥梁大会古斯塔夫·林德撒尔奖、2016 年国际道路联合会全球道路设计成就奖，在世界范围内得到了广泛认可。5 年来，这样突破世界性技术难题的中国桥梁还有很多。

2013 年建成的泰州长江公路大桥，在世界上首次实现了多塔连跨悬索桥的千米级突破，为建设跨越宽阔江海水域的桥梁提供了新的方案。

2016 年，马鞍山长江大桥获得第三十三届国际桥梁大会最高奖——乔治·理查德森奖，此前，武汉天兴洲长江大桥、南京大胜关长江大桥等多座桥梁先后斩获大奖。

国际桥梁与结构工程协会副主席、同济大学教授葛耀君表示，我国正从桥梁建设大国走向桥梁建设强国，未来 5 ~ 10 年中，我国桥梁技术和桥梁建造水平还将有更新更大的突破。

3. 公路桥梁，我国共有80.5万座

为区域发展打通瓶颈。

2016年12月29日上午，随着一辆辆汽车驶上桥面，北盘江大桥正式通车，这也使得杭瑞高速贵州段实现了全面贯通。至此，云贵两省又增加一条高速通道，云南宣威到贵州六盘水的车程由过去4小时缩短至1小时，黔川滇三省交界区域也得以快速融入全国高速公路网，从而步入发展快车道。

跨越江河湖海，联通深沟峡谷。5年来，一座座桥梁的建成，使一个个交通节点的连接更加紧密，也为不少地区的经济社会发展打通了瓶颈、铺平了坦途。

在江苏，泰州大桥三塔两跨悬索桥建成后，不仅缓解了省内过江公路交通的巨大压力，平衡了全省过江流量格局，还在缩小苏南、苏北区域经济社会发展差距，推动长三角主功能区的形成与发展等方面发挥了重要作用。

在浙江，自2010年建成通车以来，杭州湾跨海大桥的日均车流量超过5万辆。它缩短了宁波至上海间的陆路距离100多千米，对长江三角洲经济一体化和产业结构的调整、升级起到极大促进作用。

随着自身实力的增强，中国桥梁建设企业也在近年来更加积极地走出去，到世界舞台一展身手。2014年底，由中国交建承建的泽蒙—博尔察大桥建成通车，结束了近70年来贝尔格莱德市多瑙河上仅有一座大桥的历史。这座中国在欧洲修建的第一座大桥，被当地官员形容为"塞尔维亚近几十年来最好的基础设施项目"，更被当地百姓亲切地称作"中国桥"。马来西亚槟城二桥、巴拿马运河三桥、新奥克兰海湾桥……放眼五洲四海，近年来中国建设者主持或参加建设了一个个国际知名桥梁工程，赢得了全球同行的广泛赞誉。

一桥飞架南北，天堑变通途。党的十八大以来，一座座技术先进、姿态各异的桥梁建成通车，跨越江河湖海，联通深沟峡谷，使交通节点的连接更加紧密，极大地方便了周边居民的出行生活，为区域经济社会发展铺通了坦途，彰显了我国综合国力和科技进步。

4. 云南普立大桥

"串起一条黄金旅游线"——

耸立于高山峻岭之巅，穿行于云雾峡谷之间，位于G56杭瑞高速上云南宣威市普立乡境内的普立大桥，是国内山区高速公路首座钢箱梁悬索特大桥。

大桥桥面离峡谷485m，于2015年8月25日正式通车。

普宣高速公路全线建成通车后，从云南宣威至贵州边界4小时的车程缩短为1小时内，不仅给交通带来便利，还成为杭瑞高速公路上的重要景观，同时将遵义、六盘水、曲靖、昆明、大理、瑞丽等旅游景区串连起来，形成一条黄金旅游线路。

据不完全统计，通车后，仅是前来参观普立特大桥的市内外游客就达15万人次左右。

"我们在这里生活了几十年，过去想要到山对面，需要四五个小时，大桥通车之后，一个小时就能到了，再也不用翻山绕远路了。"普立乡普立村村民缪祥寿说。

5. 福建泉州湾跨海大桥

"加快区域经济圈形成"——

湛蓝的泉州湾上，一座全长 26.7 km 的大桥如长虹般飞架南北。这座 2015 年 5 月 12 日通车的泉州湾跨海大桥，已满四周岁。

眺望泉州湾跨海大桥，挺拔雄姿中蕴含浓浓的"泉州味道"，桥塔造型简洁朴素又肃穆大方。"大桥分左右双幅，路基宽度达到 41m。其中主桥为主跨 400m 的双塔分幅组合梁斜拉桥，可保证 5000 吨级杂货船双向通行、10000 吨级杂货船单向通行。"泉州湾跨海大桥副总工程师陈江握介绍，为了缩短复杂海域作业时间、降低施工风险，大桥的主桥主梁采用节段干拼的钢砼组合梁结构，工艺为国内首创。

"大桥贯通后，连接了晋江、石狮、惠安、台商投资区等泉州经济最活跃、发展最快的环湾区域。"陈江握表示，泉州湾南北两岸通途坦荡，环城高速公路闭合成环，将直接加快环泉州湾 980km² 经济圈的闭合和形成，助力泉州"21 世纪海上丝绸之路"先行区的建设。

6. 贵州清水河大桥

"回家再也不用兜大圈"——

2015 年 12 月 31 日，贵州省清水河大桥正式通车，标志着贵州成为西部地区第一个县县通高速公路的省份。大桥全长 2171.4m、主跨 1130m，横跨清水河大峡谷，桥面至谷底深达 406m，是世界第二高桥。

受困于复杂的喀斯特地质构造，大桥在建造之初，工程师们发现根本找不到让大型起吊设备进入施工现场的通道。"最终只能像搭积木一样，将所有材料化整为零。"清水河大桥总设计师郭俊礼介绍，清水河大桥在悬索桥建筑史上首次采用了板桁结合技术。

"现在过桥只需要 3 分钟，以前回老家必须得绕道贵定、福泉等地，相当于兜了个大圈子。"在贵阳工作的瓮安人侯显军说，大桥贯通后，贵阳到瓮安车程从以前的 4 个半小时缩短至 1 小时。

二、桥梁建设与意义

桥梁建设大发展，得益于我国综合国力提升和科技水平的发展，得益于国家发展对桥梁建设不断提出的新需求，得益于博采发达国家桥梁建设技术成果带来的实践，更凝聚了我国桥梁建设者不断超越自我的勇气和智慧。

随着科技发展和财力投入，我国有了建设大跨径桥梁的实力。然而，不容忽视的是，一些地方政府领导和桥梁设计建设者过度追求大跨度桥梁，在一些地方桥梁建设中出现了认识误区，把各种"之最""第一"作为建设目标，过度追求大跨度方案。

中国桥梁：跨越四海，通向未来若不是亲眼所见，难以置信桥梁已经成为中国的又一张靓丽名片和彰显综合国力的重要标志。无论数量规模还是科技含量，无论国内施工还是海外建设，中国桥梁正以其磅礴的气势和无穷的活力展现在世人面前，跨越四海，通向未来。

目前，世界建成跨度千米以上的悬索桥28座，中国占11座；世界在建的主跨1000m以上悬索桥13座，中国占9座；世界建成和在建跨度600m以上的斜拉桥21座，中国占17座。

中国桥梁承载着经济民生和科技进步。修桥筑路促进地方经济发展、便利百姓出行，是实实在在的民生之举。生活在深山的百姓可以通过桥走出封闭的世界，穿江跨海的桥可以让邻近城市实现便捷通达。桥梁建设更是一个国家科技水平和施工能力的综合展现。从图纸设计，到建筑施工，桥梁集中了当代最先进的理念和技术，展示的是综合国力。

中国桥梁连接着历史和现实的非凡跨越。几千年文明进程留下了大量堪称经典的桥梁艺术品，如赵州桥、卢沟桥等。到近代，由于国力衰弱，桥梁建设也逐渐落后。新中国成立后，中国桥梁重新焕发生机，武汉长江大桥、南京长江大桥、九江长江大桥，一座座大桥飞架南北。改革开放后，特别是近10年来，中国桥梁更是厚积薄发实现跨越，不断摘取世界桥梁行业的桂冠。

中国桥梁正在成为中国与世界的纽带。越来越多"走出去"的中国桥梁，成为海外的"中国地标"为"中国制造"和"中国装备"走出去提供了有效载体：美国旧金山新海湾大桥、马来西亚槟城二桥、孟加拉帕德玛大桥等，这些已经建成或在建的桥梁，连接中国与世界的纽带，成为"中国制造"矗立在海外的"名片"。

中国桥梁，其意义早已不仅于自身，更是发展之桥、友谊之桥、合作之桥和通向未来之桥。

第二章　公路工程

第一节　概　述

公路工程（highway engineering），指公路构造物的勘察、测量、设计、施工、养护、管理等工作。公路工程构造物包括：路基、路面、桥梁、涵洞、隧道、排水系统、安全防护设施、绿化和交通监控设施，以及施工、养护和监控使用的房屋、车间和其他服务性设施。

公路的新建或改建任务是根据公路网规划确定的。一个国家的公路建设，应该结合铁路、水路、航空等运输综合考虑它在联运中的作用和地位，按其政治、军事、经济、人民生活等需要，结合地理环境条件，制定全国按等级划分的公路网规划。从行政方面划分，一般分为国道、省道、县道、乡道等四个等级。此外，重大厂矿企业和林业部门内部，必要时也有各自的道路规划。每个国家公路等级的划分界限和方法及其相应标准，不尽相同，中国的国道规划由国家掌握，省以下的公路规划由各级地方政府掌握。

一、规划

公路网规划的制定是一项繁重复杂的工作。由于各地情况的变化，例如政治、军事等战略的改变，矿藏资源的开发，海岸、商埠经济的发展，城乡人民生活的改善，旅游事业的兴起，其他运输方式的改变，资金的增加等，都可能使规划随之变化。因此，在制定规划时，事先应充分掌握各方面的信息，进行有充分预见性的可行性研究，避免规划的盲目性带来不良后果，然后有计划按步骤地分期付诸实现。

二、勘察设计

拟建路线的第一步，应根据线路所经控制点，进行勘察和测量，选出距离最短、工作量最小、工程举办容易、造价低廉、后遗病害最少、养护费用最低、使用效益最大的线路。如果线路有几种选线方案，则应进行比选，以便从中选定最优方案。

各项新建或改建工程的设计，应本着就地取材、因材施用、利废增益的原则，重视长远的经济损益分析来进行设计。公路等级一旦确定，则线形几何标准也随之确定。尤其是丘陵区和山岭区的纵坡度是很难改变的。又如路基路面工程往往占造价比重最大，但可以从低级过渡到高级，分期修建。这些项目的设计，都必须充分考虑前期工程能为后期利用，而不致废弃，造成浪费。此外，路面等级愈低，造价愈低，但公路养护和更新费用则愈高，行车消耗费用愈大。因此，决定路面等级不能孤立地考虑造价，而是要根据较长时间，从造价、养护更新费用，特别是行车消耗费用这三者进行经济损益分析，选择经济合理方案。

现代的勘察设计工作已利用卫星地图或航测地图，并用电子计算机分析和绘图，用地震法探测地层地质，用 γ 射线量测密度含水量，用激光测距等新技术和其他新设备，使勘察设计工作缩短了作业时间，提高了作业效率和精度，降低了成本。

三、施工

优质工程不仅要有良好的设计，而且在更大程度上取决于施工质量的好坏。在施工中，材料、机具、操作是保证产品质量的主要环节。一切施工都必须严格遵守每项施工规范。一是材料的准备，包括检查材料品种、规格、数量、堆放场所、供应和保管工作等；二是施工机具，包括品种、型号、数量的配备及修理工作；三是操作，应精心进行，每道工序完毕须经检查合格后方可进行下一道工序。全部工序完毕，经检查验收后方可交付使用。

公路工程的一些项目在使用中，会随着时间的延续产生不可避免的损耗，如路面在行车荷载下产生轻微变形、车辙、磨损，就必须及时养护、整修，才能维持正常使用效能，延长使用寿命。公路工程对各个工程项目都制定有相应的养护规范。忽视养护，损坏严重才进行补救，造成的损失往往更大。

四、养护

早期的施工、养护工作，一般是用简单的工具和人力或畜力操作。随着机械工业的发展，蒸汽机和内燃机等动力机械广泛应用于施工中，并出现各种单用机械和联合操作机械。在筑路机械中，繁重、量大的工程所使用的机械，例如土石方的挖掘、运输、压实等使用的机械，正向着多用途、大功率的方向发展；路面铺装机械向着自动就地加工，提高废旧料利用率，简化工序，一次完成的大功率大型机械的方向发展。养路机械则向着一机多用和小型化的方向发展。桥梁工程用的机械趋向适用于轻型、装配化和预制构件所需机械发展；吊装设备则向大型机械发展。各种施工机械的发展，使以往难以进行的工序得到解决。施工机械的进步反过来又促进材料和结构物的革新。这种互相促进作用有益于提高工程质量、降低生产成本。

五、管理

公路工程管理系统和公路运输管理系统是两个不相统属的系统，但又是彼此有密切关系的系统。比如，汽车运输要开辟或加强改善某些路线的客货运输，必须预先调查研究沿线的客货来源、种类、运量、地点、季节等等，为此向工程部门提出工程的要求和指标。工程部门则研究满足这些要求的方法和措施，为运输服务。那么，究竟是先有公路然后考虑组织运输，还是先考虑运输需要来修建公路呢？一般讲，按后者安排为好。但有时也应根据具体情况，全面分析，决定对策。这个问题在国际公路论坛中是经常遇到的。有些国家已把运输工程和工程经济列为专业课程，在大学讲授。这是关系到公路发展的宏观经济、影响全局的问题，在公路管理中值得重视。

公路工程方案在实施过程中，工程管理部门应根据需要完成项目的先后顺序，编制分项工程进度表，然后根据各项进度排出总的进度表，并注意各分项工程之间不得互相干扰。如遇情况变化，应及时作相应修改。进度表是执行计划的指导纲领，某一环节不按计划进行就有可能打乱局部，甚至是全局的安排。执行计划包括内容繁多，主要方面有：施工前需补充的测量放样、材料供应和试验、机具配备和维修、运输工具的配备和维修、劳动力组织和调配、技工培训和考核、水电供应、工地安全设施、工地应急设施、医疗卫生、职工生活、工程定额和进度的统计分析、财务管理，等等。工地既要有分项管理人员，又要有全面管理的人员。

六、其他相关

1. 管理办法

为规范公路工程施工分包活动，引导公路工程施工分包市场健康、有序地发展，交通运输部日前发布了《公路工程施工分包管理办法》（以下简称《办法》）。

2. 《办法》出台的背景

加强市场监管，规范分包活动，是工程建设领域专项治理的重点工作。《办法》的出台是市场经济体制下行业健康发展的需要，是规范公路建设市场分包行为的需要，是完善公路建设市场法律法规体系的需要。

工程分包的产生是计划经济向市场经济过渡的产物，是社会分工专业化的必然结果，在国外工程管理中也普遍存在。规范引导施工单位进行合理、合法的分包，既有利于施工企业的发展壮大和结构调整，也有利于规范建设市场，提高工程质量，降低建设成本。我国《招标投标法》《建设工程质量管理条例》《公路建设市场管理办法》《公路建设监督管理办法》等法律、法规和部门规章相继对工程分包进行了相应规定，但由于种种原因，公路工程中的违法分包现象仍然屡禁不止。

3. 沉降预防

工后沉降就是指从施工完毕直到沉降稳定这段时间内的沉降量。利用高频液压振动锤施工筒桩、振动取土灌注桩，作为公路路基的承载桩，使路基在筒桩的施工过程中产生预沉降，汽车在以后的运行过程中地基不会产生沉降。利用这种新工法可以有效预防公路工程工后沉降。

4.计划实施

工程计划的实施要根据设计方案编制工程预算，经主管部门批准后作为投资依据，拨款举办。承办工程有部门自办制、招标发包制或部分自办、部分发包制等几种。自办制由主管部门委派负责人成立机构，负责完成计划内全部工程任务。如与原设计不符实际情况时，有变更设计权，但须向主管部门说明变更原因，经批准后执行。如因特殊原因，必须立即执行时，可以事后报告备案。工程负责人在预算范围内，根据法定财务制度有支付全部工程费用的权力。发包制由主办机构公开招标。凡领取开业执照的企业单位或承包商经审查合格者均可取得投标资格。一般由最低价格者得标，但仍须审查所投价格是否合理，经主办机构认可后方可取得承包权。对于工程所需材料供应、机具设备、劳动力的雇用，一般均由承包者自理。但在某种情况下，也可通过协商共同解决。

第二节　公路的组成

一、公路的组成

按所在位置、交通性质及其使用特点，可分为：公路、城市公路、厂矿公路、林区公路及乡村公路等。

1.公路的组成

（1）线形组成。公路线形是指公路中线的空间几何形状和尺寸。

（2）结构组成。公路的结构是承受荷载和自然因素影响的结构物，它包括路基、路面、桥梁、隧道、排水系统、防护工程、特殊构造物及交通服务设施等。

2.城市公路的组成

公路工程的主体是路线、路基（包括排水系统及防护工程等）和路面三大部分。

二、公路的等级划分

1.公路的等级划分根据使用任务、功能和适应的交通量分为高速公路、一、二、三、四级5个等级。

（1）高速公路。高速公路是具有4个或4个以上车道，设有中央分隔带，全部立体交叉，全部控制出入，专供汽车分向、分车道高速行驶的公路。

（2）一级公路。一级公路与高速公路设施基本相同。一级公路只是部分控制出入。

（3）二级公路。二级公路是中等以上城市的干线公路。

（4）三级公路。三级公路是沟通县、城镇之间的集散公路。

（5）四级公路。四级公路是沟通乡、村等地的地方公路。

2. 城市公路的等级划分

按城市公路系统的地位、交通功能和对沿线建筑物的服务功能分为四类。

（1）快速路。快速路主要为城市长距离交通服务。

（2）主干路。主干路是城市公路网的骨架。

（3）次干路。次干路配合主干路组成城市公路网，它是城市交通干路。

（4）支路。支路是一个地区（如居住区）内的公路，以服务功能为主。

三、路基

路基是按照路线位置和一定技术要求修筑的作为路面基础的带状构造物。

1. 路基基本构造

是指路基填挖高度、路基宽度、路肩宽度、路基边坡等。

2. 路基的作用

是路面的基础，是路面的支撑结构物。高于原地面的填方路基称为路堤，低于原地面的挖方路基称为路堑。路面底面以下80cm范围内的路基部分称为路床。

3. 路基的基本要求

（1）路基结构物的整体必须具有足够的稳定性

（2）路基必须具有足够的强度、刚度和水温稳定性

水温稳定性是指强度和刚度在自然因素的影响下的变化幅度。

4. 路基形式

（1）填方路基

1）填土路基。填方路基宜选用级配较好的粗粒土作为填料。用不同填料填筑路基时，应分层填筑，每一水平层均应采用同类填料。

2）填石路基。填石路基是指用不易风化的开山石料填筑的路堤。

3）砌石路基。砌石路基是指用不易风化的开山石料外砌、内填而成的路堤。砌石路基应每隔15~20m设伸缩缝一道。当基础地质条件变化时，应分段砌筑，并设沉降缝。

4）护肩路基。坚硬岩石地段陡山坡上的半填半挖路基，当填方不大，但边坡伸出较远不易修筑时，可修筑护肩。护肩高度一般不超过2m。

5）护脚路基。当山坡上的填方路基有沿斜坡下滑的倾向，或为加固、收回填方坡脚时，可采用护脚路基，其高度不宜超过5m。

（2）挖方路基。土质挖方路基。石质挖方路基。

（3）半填半挖路基。在地面自然横坡度陡于1：5的斜坡上修筑路堤时，路堤基底应挖台阶，台阶宽度不得小于1m，高速、一级公路台阶宽度一般为2m。

四、路面

（一）路面结构组成

一般由面层、基层、垫层组成。

1. 面层

面层是直接承受行车荷载作用、大气降水和温度变化影响的路面结构层次。应具有足够的结构强度、良好的温度稳定性，耐磨、抗滑、平整和不透水。沥青路面面层可由一层或数层组成，表面层应根据使用要求设置抗滑耐磨、密实稳定的沥青层；中间层、下面层应根据公路等级、沥青层厚度、气候条件等选择适当的沥青结构层。

2. 基层

设置在面层之下，并与面层一起将车轮荷载的反复作用传递到底基层、垫层、土基等起主要承重作用的层次。基层材料必须具有足够的强度、水稳性、扩散荷载的性能。在沥青路面基层下铺筑的次要承重层称为底基层。基层、底基层视公路等级或交通量的需要可设置一层或两层。当基层、底基层较厚需分两层施工时，可分别称为上基层、下基层，或上底基层、下底基层。

3. 垫层

路基土质较差、水温状况不好时，宜在基层（或底基层）之下设置垫层，起排水、隔水、防冻、防污或扩散荷载应力等作用。

面层、基层和垫层是路面结构的基本层次。为了保证车轮荷载的向下扩散和传递，较下一层应比其上一层的每边宽出0.25m。

（二）坡度与路面排水

路拱指路面的横向断面具有一定坡度的拱起形状，其作用是利于排水。路拱的基本形式有抛物线、屋顶线、折线或直线。为便于机械施工，一般采用直线形。

高速公路、一级公路的路面排水，一般由路肩排水与中央分隔带排水组成；二级及二级以下公路的路面排水，一般由路拱坡度、路肩横坡和边沟排水组成。

（三）路面的等级与分类

1. 路面等级

按面层材料的组成、结构强度、路面所能承担的交通任务和使用的品质划分为高级路面、次高级路面、中级路面和低级路面等四个等级。

2. 路面类型

（1）路面基层的类型。按照现行规范，基层（包括底基层）可分为无机结合料稳定类和粒料类。无机结合料稳定类有：水泥稳定土、石灰稳定土、石灰工业废渣稳定土及综合稳定土；粒料类分级配型和嵌锁型，前者有级配碎石（砾石），后者有填隙碎石等。

1）水泥稳定土基层。在粉碎的或原来扩散的土中，掺入足量的水泥和水，经拌和得到的混合料在压实养生后，当其抗压强度符合规定要求时，称为水泥稳定土。可适用于各种交通类别的基层和底基层，但水泥土不应用作高级沥青路面的基层，只能作底基层。在高速公路和一级公路的水泥混凝土面板下，水泥土也不应用作基层。

2）石灰稳定土基层。在粉碎或原来松散的土中掺入足量的石灰和水，经拌和、压实及养生得到混合料，当其抗压强度符合规定要求时，称为石灰稳定土。适用于各级公路路面的底基层，可作二级和二级以下的公路的基层，但不应用作高级路面的基层。

3）石灰工业废渣稳定土基层。一定数量的石灰和粉煤灰或石灰和煤渣与其他集料相配合，加入适量的水，经拌和、压实及养生后得到的混合料，当其抗压强度符合规定的要求时，称为石灰工业废渣稳定土，简称石灰工业废渣。适用于各级公路的基层与底基层，但其中的石灰土不应用作高级沥青路面及高速公路和一级公路上水泥混凝土路面的基层。

4）级配碎（砾）石基层。由各种大小不同粒径碎（砾）石组成的混合料，当其颗粒组成符合技术规范的密实级配的要求时，称其为级配碎（砾）石。级配碎石可用于各级公路的基层和底基层，也可用作较薄沥青面层与半刚性基层之间的中间层。级配砾石可用于二级及以下公路的基层及各级公路的底基层。

5）填隙碎石基层。用单一尺寸的粗碎石做主骨料，形成嵌锁作用，用石屑填满碎石间的空隙，增加密实度和稳定性，这种结构称为填隙碎石。可用于各级公路的底基层和二级以下公路的基层。

（2）路面面层类型。根据路面的力学特性，分为沥青、水泥混凝土和其他路面。

1）沥青路面。是指在柔性、半刚性基层上，铺筑一定厚度的沥青混合料面层的路面。沥青面层分为沥青混合料、乳化沥青碎石、沥青贯入式、沥青表面处治。

沥青混合料可分为沥青混凝土混合料和沥青碎石混合料。

热拌热铺沥青混合料路面是指沥青与矿料在热态下拌和、热态下铺筑施工成型的沥青路面。热拌热铺沥青混合料适用于各种等级公路的沥青面层。

高速公路、一级公路沥青面层均应采用沥青混凝土混合料铺筑，沥青碎石混合料仅适用于过渡层及整平层。其他等级公路的沥青面层的上面层，宜采用沥青混凝土混合料铺筑。

当沥青碎石混合料采用乳化沥青作结合料时，即为乳化沥青碎石混合料。适用于三级及三级以下公路的沥青面层、二级公路的罩面层施工以及各级公路沥青路面的联结层或整平层。乳化沥青碎石混合料路面的沥青面层宜采用双层式。

沥青贯入式路面是在初步压实的碎石（或轧制砾石）上，分层浇洒沥青、撒布嵌缝料，经压实而成的路面结构，厚度通常为 4 ~ 8cm；沥青贯入式路面适用于二级及二级以下公路，也可作为沥青混凝土路面的联结层。

沥青表面处治是用沥青和集料按层铺法或拌和方法裹覆矿料，铺筑成厚度一般不大于3cm的一种薄层路面面层。适用于三级及三级以下公路、城市公路支路、县镇公路、各级公路施工便道以及在旧沥青面层上加铺罩面层或磨耗层。

2）水泥混凝土路面。以水泥混凝土面板和基（垫）层组成的路面，亦称刚性路面。

3）其他类型路面。主要是指在柔性基层上用有一定塑性的细粒土稳定各种集料的中低级路面。

路面还可以按其面层材料分类，如水泥混凝土路面、黑色路面（指沥青与粒料构成的各种路面）、砂石路面、稳定土与工业废渣路面以及新材料路面。这种分类用于路面施工和养护工作以及定额管理等方面。

五、公路主要公用设施

（一）停车场

宜设在其主要服务对象的同侧。停车场的出入口，有条件时应分开设置，单向出入，出入口宽通常不得小于7.0m。尽可能避免出场车辆左转弯。

为了保证车辆不发生自重分力引起滑溜，停放场的最大纵坡与通道平行方向为1%，与通道垂直方向为3%。出入通道的最大纵坡为7%，一般以小于等于2%为宜。停放场及通道的最小纵坡以满足雨雪水及时排除及施工可能高程误差水平为原则，一般取0.4% ~ 0.5%。

（二）公共交通站点

城市公共交通站点分为终点站、枢纽站和中间停靠站。

（三）公路照明

1.照明标准

通常用水平照度和不均匀度来表示。

2.公路照明灯具

了解即可。

（四）人行天桥和人行地道

修建人行立交桥是人车分离、保护过街行人和车流畅通的最安全措施。在下列情况下，可考虑修建人行地道：①重要建筑物及风景区附近，修人行天桥会破坏风景或城市美观；②横跨的行人特别多的站前公路等；③修建人行地道比修人行天桥在工程费用和施工方法上有利；④有障碍物影响，修建人行天桥需显著提高桥下净空时。总之，要充分考虑设置地点的交通、公路状况及费用等。

（五）公路交通管理设施

公路交通管理设施通常包括交通标志、标线和交通信号灯等，广义概念还包括护栏、统一交通规则的其他显示设施。

1. 交通标志

分为主标志和辅助标志两大类。主标志按其功能可分为警告、禁令、批示及指路标志等四种。辅助标志系附设在主标志下面，对主标志起补充说明的标志，它不得单独使用。

2. 交通标线

主要是路面标线，还有少数立面标记。

3. 交通信号灯

（六）公路绿化

分公路绿化和城市公路绿化。按其目的、内容和任务不同，又分为：营造行道树、营造防护林带、营造绿化防护工程、营造风景林。

第三节 施工准备

公路工程的一些项目在使用中，会随着时间的延续产生不可避免的损耗，如路面在行车荷载下产生轻微变形、车辙、磨损，就必须及时养护、整修，才能维持正常使用效能，延长使用寿命。公路工程对各个工程项目都制定有相应的养护规范。忽视养护，损坏严重才进行补救，造成的损失往往更大。

一、施工现场准备

施工单位接到中标通知后，与业主进行合同签订的同时，开始施工现场准备工作，施工现场准备工作主要应做好以下几项工作：

1. 复查和了解现场

复查和了解现场的地形、地质、文化、气象、水源、电源、料源或料场、交通运输、通信联络以及城镇建设规划、农田水利设施、环境保护等有关情况。

对于扩（改）建工程，应将拟保留的原有通信、供电、供水、供暖、供油、排水沟管等地下设施复查清楚，在施工中要采取保护措施，防止损坏。

2.确定工地范围

施工单位应根据施工图纸和施工临时需要确定工地范围，及在此范围内有多少土地，哪些是永久占地、哪些是临时占地，并与地方有关人员到现场一一核实（是荒地或是良田、果园等）、绘出地界、设立标志。

3.清除现场障碍

施工现场范围内的障碍如建筑物、坟墓、暗穴、水井、各种管线、道路、灌溉渠道、民房等必须拆除或改建，以利施工的全面展开。

4.办妥有关手续

上述占地、移民和障碍物的拆迁等都必须事先与有关部门协商，办妥一切手续后方可进行。

5.作好现场规划

施工单位按照施工总平面图搭设工棚、仓库、加工厂和预制厂；安装供水管线、架设供电和通信线路；设置料场、车场、搅拌站；修筑临时道路和临时排水设施等。在有洪水威胁的地区，防洪设施应在汛期前完成。

6.道路安全畅通

道路施工需要许多大型的车辆机械和设备，原有道路及桥涵能否承受此种重载，需要进行调查、验算，不合要求的应作加宽或加固处理，保证道路安全畅通。

二、劳力、机具备和材料准备

1.劳力

道路施工需要大量劳动力，而且时间相对集中，因此，开工前落实劳力来源，按计划适时组织进（退）场，是顺利开展施工、按期完成任务、避免停工或窝工浪费的重要条件之一。

目前公路工程施工劳力多为民工，组织民工队伍时做好以下工作：

（1）要注重素质。民工素质直接影响工程质量，民工队伍素质审查要严把"四关"，即政治素质、道德纪律、身体条件和技术水平四个方面。政治素质：主要看参加施工的动机，要有为社会主义建设做贡献、尽义务的意识，一切朝钱看的施工队伍是难以圆满完成任务的；道德纪律：主要看民工队伍的精神面貌、组织纪律性，要求是一支能吃苦耐劳、有组织、守纪律、过得硬、有领导的队伍；身体条件：道路工程施工劳动强度很大，作业时间长，有时要发扬连续作战的精神，没有健康的体格是难以完成任务的，故要选身强力壮以中年为主的队伍；技术水平：应选择参加过公路工程施工的队伍，他们中有相对稳定的作业手、泥瓦工、木工、电工等技术工人，具有一定的独立施工能力。

（2）要注重教育。教育是先导，只有适时耐心的教育，才能使民工队伍的素质不断提高。教育内容要有针对性，包括：改革开放政策与形势教育、法制教育、作风纪律教育、文化技术教育等。特别是在开工前，对进场民工要进行集中教育。要把工程建设的意义、任务情况、质量要求、效益情况交代给大家，使大家心中有数。从而感到工程施工责任重大、任务光荣、效益不错，从而安下心来，积极热情地投入施工。

（3）签订好施工合同。在市场经济条件下，民工参加工程建设，希望获得好的经济效益是无可非议的。要使民工安心施工，把精力集中到工程质量上来，必须按经济规律办事，改过去的任务分配制为合同制。合同内容应包含人员数量、工程数量、取费标准、质量标准、奖罚标准、施工进度、安全施工等方面。

2. 机具设备

公路工程施工需要大量的机械设备和运输车辆，其中大、中型机械设备和运输车辆更是施工的主力。在以往施工时，常因某一关键机械（或设备、车辆）跟不上而严重影响施工，造成很大浪费。这种现象多为准备工作不充分或计划不落实所致。因此，施工单位根据现有装备的数量、质量情况和周密的计划，分期分批地组织进场。其中需要维修、租赁和购置的，应按计划落实，并要适当留有备份，以保证施工的需要。

3. 材料

公路工程施工需要大量材料，除水泥、木材、钢材、沥青等主要外购材料外，还有砂、石、石灰等大宗的地方材料，材料费占到工程总费用的三分之二左右，因此，其费用高低直接关系到工程造价。同时，材料的品质、数量、以及能否及时供应也是决定工程质量和工期的重要环节。材料准备工作的要点是：品质合格、数量充足、价格低廉、运输方便、不误使用。在保证材料品质的前提下，本着就地取材的原则，广泛调查料源、价格、运输道路、工具和费用等，做好技术经济比较，择优选用，同时根据使用计划组织进场，力争节省投资。

三、技术准备

1. 熟悉图纸资料和有关文件

施工单位接受工程任务后，应全面熟悉施工图纸、资料和有关文件，参加业主工程主管部门或建设单位组织的设计交底和图纸会审并做好记录。

（1）设计图纸是施工的依据，施工单位和全体施工人员必须按图施工，未经业主和监理工程师同意，施工单位和施工人员无权修改设计图纸，更不能没有设计图纸就擅自施工。

（2）施工单位应组织有关人员对施工图纸和资料进行学习和自审，做到心中有数，如有疑问或发现差错应在设计交底和图纸会审中提出，请上级给予解答。

（3）设计交底和图纸会审中，着重要解决以下几个问题：

1）设计依据与施工现场的实际情况是否一致。

2）设计中所提出的工程材料、施工工艺的特殊要求，施工单位能否实现和解决。

3）设计能否满足工程质量及安全要求，是否符合国家和有关规范、标准。

4）施工图纸中土建及其他专业（水、电、通信、供油等）相互之间有无矛盾，图纸及说明是否齐全。

5）图纸上的尺寸、高程、轴线、预留孔（洞）、预埋件和工程量的计算有无差错、遗漏和矛盾。

2. 施工组织设计

根据设计文件、现场条件，各单位工程的施工程序及相互关系，工期要求以及有关定额等编制施工组织设计。

施工总平面图是施工组织设计中的重要组成部分，实践证明：其布局合理与否，不仅直接关系到是否便于施工，而且对工程造价、工期、质量，乃至与当地关系等方面都会产生很大的影响，因此，必须做好该项工作。

施工总平面的布局应符合下列要求：

（1）应与现场的地物地貌相结合，做到布局合理、工程量少、便于施工及使用。

（2）各项临时工程设施应尽可能与永久工程相结合，尽量不占或少占耕地，不应早占或占而不用，以便减少投资和节约用地。

（3）临时排水、防洪设施，不得损害邻近的永久性建（构）筑物的地基与基础、挖（填）方区边坡以及当地的农田、水利设施等。

3. 技术交底

施工单位应根据设计文件和施工组织设计，逐级做好技术交底工作。

技术交底是施工单位把设计要求、施工技术要求和质量标准贯彻到基层以至现场工作人员的有效方法，是技术管理工作中的一个重要环节。它通常包括施工图纸交底、施工技术措施义底以及安全技术交底等。这项交底工作分别由高一级技术负责人、单位工程负责人、施工队长、作业班组长逐级组织进行。

施工组织设计一般先由施工单位总工程师负责向参加施工的班组长和作业人员交底，并认真讨论贯彻落实。

4. 技术保障

对于施工难度大、技术要求高以及首次采用新技术、新工艺、新材料的工程、施工单位应根据工程特点，结合本单位的技术状况，制定相应的技术保障措施，做好技术培训工作，必要时应先行试点，取得经验并经监理单位批准后推广。确保工程质量的措施

（1）具体质量目标

本标段工程质量一次验收优良率100%，不允许出现不合格工程，坚决杜绝不合格项目，不论是自检，还是业主监理的中检、抽检、终检，任何时候都达到100%的优良率，获取

良好的信誉。

（2）质量控制机构和创优规划

质量管理领导小组是整个工程质量管理的最高领导机构，由项目总经理、总工程师、副经理、质检部长、实验室主任、工程管理部长组成，制定整个合同段工程质量创优规划、方针、措施。各施工队分别设质量管理现场领导组，由施工部长、质检部长、工程部长、主任工程师组成。质检部和试验室专职抓现场质量管理。施工队一级的质量管理机构在项目经理部质量管理小组领导下，制定本工段施工区段的创优措施，质量实施计划，并重在现场落实。施工队所属各施工班组根据自己的创优任务，拟定项目工程具体的分项实施计划，责任到人，严格要求，全员全过程质量控制。

（3）强化质量意识，健全规章制度

1）建立施工组织设计审批制度

①施工组织设计必须有项目经理、副经理、项目工程师、安全员、材料员、监理工程师等的签字。

②施工组织设计必须在工程实施前15天报监理工程师和工程部，由工程管理部主任工程师审核后报总工程师审批。

③施工组织设计必须经各级审批并最后由监理工程师审批后，并且按审批意见进行修改完善，方可进行施工。

2）技术复核、隐蔽工程验收制度。

①技术复核应在施工组织设计中编制技术复核计划，明确复核内容、部位、复核人员及复核方法。

②公路工程技术复核。

③技术复核结果应填写《分部分项工程技术复核记录》，作为施工技术资料归档。

④凡分项工程的施工结果被后道施工所覆盖，均应进行隐蔽工作验收。隐蔽验收的结果必须填写《隐蔽工程验收记录》。

3）技术、质量交底制度

技术、质量的交底工作是施工过程基础管理中一项不可缺少的重要工作内容，交底必须采用书面签证确认形式，具体可分以下几方面：

①项目经理必须组织项目部全体人员对图纸进行认真学习，并同设计代表联系进行设计交底。

②施工组织设计编制完毕并送业主和总监审批确认后，由项目经理牵头，项目工程师组织全体人员认真学习施工方案，并进行技术、质量、安全书面交底，列出关键分部工程和施工要点。

③本着谁负责施工谁负责质量、安全工作的原则，各分管分项工程负责人在安排施工任务的同时，必须对施工班组进行书面技术质量、安全交底，必须做到交底不明确不上岗，不签证不上岗。

4）二级验收及分部分项质量评定制度

①分项工程施工过程中，各分管负责人必须督促班组做好自检工作，确保当天问题当天整改完毕。

②分项工程施工完毕后，各分管负责人必须及时组织班组进行分项工程质量评定工作，并填写分项工程质量评定表交施工队长确认，最终评定由项目经理部的质检部专职质量员检定。

③项目经理部每月组织一次施工队之间的质量互检，并进行质量讲评。

④质检部对每个项目进行不定期抽样检查，发现问题以书面形式发出限期整改指令单，项目施工队负责在指定期限内将整改情况以书面形式反馈到质检部。

5）现场材料质量管理

①严格控制外加工、采购材料的质量。

各种地方材料、外购材料到现场后必须由质检部和材料部有关人员进行抽样检查，发现问题立即与供货商联系，直到退货。

②搞好原材料二次复试取样、送样工作。

水泥必须取样进行物理试验；钢筋原材料必须取样进行物理试验，有效期超过三个月的水泥必须重新取样进行物理试验，合格后方可使用。

6）计量器具管理

①工程管理部和中心试验室负责所有计量器材的鉴定、督促及管理工作。

②现场计量管理器具必须确定专人保管、专人使用。他人不得随意动用，以免造成人为的损坏。

③损坏的计量器必须及时申报修理调换，不得带病工作。

④计量器具要定期进行校对、鉴定；严禁使用未经核对过的量具。

7）工程质量奖罚制度

①遵循"谁施工、谁负责"的原则，对各施工队，班组进行全面质量管理和追踪管理。

②凡各施工队、班组、包工队在施工过程中违反操作规程，不按图施工，屡教不改或发生了质量问题，项目部有权对其进行处罚，处罚形式为整改停工，罚款直至赶出本工地。

③凡各施工队、班组在施工过程中，按图施工，质量优良且达到优质，项目部对其进行奖励，奖励形式为表扬、表彰、奖金。

④项目部在实施奖罚时，以平常检查、抽查、业主大检查、监理工程师评价等形式作为依据。

（4）分部分项工程质量控制

1）路基土方施工质量控制

①路基填筑严格按照试验段试验结果并经监理工程师批准的数据和填筑工艺组织施工。路基施工中除保证达到规范要求压实度外，还要达到层层找平，即每层均有一定的平整度，每层都要有路拱，随时阻止雨水聚积，影响填方质量。对路基填料随时检测含水量，

偏低时洒水，偏高时晾晒，保证碾压时达到最佳含水量。路堤基底未经监理工程师验收，不得开始填筑，下一层填土未经工程师检验合格，上一层填土不得进行。

②斜坡上填筑路基时，原地挖成台阶，台阶宽度不小于1m，用小型压路机加以压实。

③每层填料铺设的宽度，每侧应超出路堤的设计宽度，30cm，以保证修整路基边坡后的路缘有足够的压实度。

④路堑开挖，无论是人工或机械作业，必须严格控制路基设计宽度，若有超挖，应用与挖方相同的土壤填补，并压实至规定要求的密实压，如不能达到规定要求，应用合适的筑路材料补填压实。

⑤桥台背后、管涵两侧与顶部、锥坡与挡土墙等构造物背后的填土均应分层压实，每层压实的松铺厚度不宜超过20cm。拱涵两侧的填土与压实和桥台背后与锥坡的填土与压实，均应对称地或同步进行。由于工作面限制和构造物受压影响，应尽量采用小型手扶式振动压路机，拱涵顶部50cm内须采用轻型静力压路机压实，以符合规定的压实度为准。

2）路基排水工程质量控制

①边沟、截水沟、急流槽等排水设施的位置、断面、尺寸、坡度、标高及使用材料严格遵照设计图纸要求。

②边沟线型美观，直线线形顺直，曲线圆滑。

③砌体砂浆配比正确，砌筑紧密，嵌缝饱满、密实，勾缝平顺无剥落，缝宽一致。

④沟槽开挖后即时平整夯拍密实，如土质干燥须洒水湿润，遇有空洞陷穴，应堵塞夯实。水泥砂浆随拌随用，砌筑完后注意养生，砌筑过程中随时注意沟底沟壁的平整坚实，砂浆要饱满，无空隙松动。

3）护面墙和挡土墙质量控制措施

①严格挂线施工，保证护面墙坡面平整、密实、线型顺适。

②浆砌砌体紧密、错缝，严禁通缝、叠砌和浮塞。

③为排水所设置的汇水孔位置应有利于泄水流向路侧边沟或排水沟并保持其畅通。

④砌石工程材料符合《公路路基施工技术规范（JTJ033～95）》和招标文件要求。

4）桥梁基础质量控制

基坑开挖应避免超挖，已经超挖或松动部分，应将松动部分予以清除。挖至标高后不得长时间暴露、扰动或浸泡，而削弱其承载能力。挖至接近标高时。

保留10～20cm一层（俗称最后一锹工）在基础施工前以人工突击挖除，并迅速检验，随即进行基础施工。

5）墩台施工质量控制

①墩台的钢模板具有足够的强度、刚度和稳定性，可承受施工中可能产生的各项荷载，保证结构物各部尺寸、形状准确。桥台模板基本使用大尺寸钢模，板面平整，接缝严密不漏浆。

②浇注墩台混凝土施工中，严格控制技术标准，切实保证混凝土的配合比、水灰比和

坍落度等指标要求。

6）空心板、矩型板质量控制

①浇筑预制大梁的场地，必须平整、坚实、避免低洼、积水。

②浇筑预制大梁的模板尺寸、垫块、钢筋位置和预埋件的固定，均经检查符合设计、施工要求后，方可进行浇筑，并在浇筑过程中随时复查，防止跑模。

③每块大梁的混凝土均一次浇筑完成，不得中途间断。

④采用附着式振动器和插入式振捣棒组合振捣密实。

⑤及时进行养护。

（5）保证工期的主要措施：

为使该项目能以"四个一流"的标准按期完成，尽早发挥投资效益，主要采取下列措施：

1）指挥机构迅速成立及时到位

为加快本合同的建设，公司将成立有力的合同段项目经理，对内指挥施工生产，对外负责同履行及协调联络。经理部主要成员已经确定，一旦中标，即可迅速到位行使职能。

2）施工力量迅速进场

实施本合同的施工队伍已选定，目前已开始熟悉投标图纸，中标后即可迅速进场，进行施工准备。机械设备将随同施工队伍迅速抵达，确保主体工程按时（或提前）开工。

3）施工准备抓早抓紧

尽快做好施工准备工作，认真复核图纸，进一步完善施工组织设计，落实重大施工方案，积极配合业主及有关单位办理征地拆迁手续。主动疏通地方关系，取得地方政府及有关部门的支持，施工中遇到问题影响进度时，将统筹安排，及时调整，确保总体工期。

4）施工组织不断优化

以投标的施工组织进度和工期要求为据，及时完善施工组织设计，落实施工方案，报监理工程师审批。根据施工情况变化，不断进行设计、优化，使工序衔接，劳动力组织、机具设备、工期安排等有利于施工生产。

5）施工调度高效运转

6）建立从经理部到各施工处的调度指挥系统，全面、及时掌握并迅速、准确地处理影响施工进度的各种问题。对工程交叉和施工干扰应加强指挥和协调，对重大关键问题超前研究，制定措施，及时调整工序和调动人、财、物、机，保证工程的连续性和均衡性。

7）强化施工管理严明劳动纪律，对劳动力实行动态管理，优化组合，使作业专业化、正规化。

8）实行内部经济承包责任制。既重包又重管，使责任和效益挂钩，个人利益和完成工作量挂钩，做到多劳多得，调动施工队，个人的积极性和创造性。

9）安排好冬、雨季的施工

根据当地气象、水文资料，有预见性地调整各项工作的施工顺序，并用好预防工作，使工程能有序和不间断地进行。

10）加强机械设备管理

切实做到加强机械设备的检修和维修工作，配齐维修人员，配足常用配件，确保机械正常运转，对主要工序要储备一定的备用机械，确保机械化施工顺利进行。

11）确保劳力充足，高效

根据工程需要，配备充足的技术人员和技术工人，并采用各项措施，提高劳动者技术素质和工作效率。

5. 冬雨季施工及农忙季节的工作安排

（1）雨季施工

雨季施工时，路基施工要做好排水工作；桥涵施工中注意钢筋的锈蚀及模板和支架的变形、下沉，做好水泥等材料的保管工作。

1）施工前的准备

雨季施工前应做好下列准备工作：

①对选择的雨季施工地段进行详细的现场调查研究，编制实施性的雨季施工组织计划；

②施工便道保证晴雨畅通；

③住地、仓库、车辆机具停放场地、生产设施都应设在最高洪水位以上地点，并应与泥石流沟槽冲积堆保持一定的安全距离。

④修建临时排水设施，保证雨季作业的场地不被洪水淹没并能及时排除地面水；

⑤贮备足够的工程材料和生活物资。

2）施工

①路堤填筑

场地处理；在填筑路堤前，应在填方坡脚以外挖掘排水沟，保持场地不积水。如果原地面松软，还应采取换填等措施进行处理。

填料选择；在路堤填筑时，应选用透水性好的碎石土、卵石土、砂砾、石方碎渣和砂类土作为填料。利用挖方土作填方时，应随挖随填及时压实。含水量过大无法晾干的土不得用作雨季施工填料。

填筑方法：路堤应分层填筑。每一层的表面，应做成2% ~ 4%的排水横坡。当天填筑的土层应当天完成压实。防止表面积水和渗水，将路基浸软。如需借土填筑时，取土坑距离填方坡脚不宜小于3m，平原区顺路基纵向取土时，取土坑深度不宜大于1m。

路床排水；路堤填筑完成后，为防止路床积水，应在路肩处每隔5 ~ 10m挖一道横向排水沟，将雨水排出路床。

②路堑开挖

场地处理。路堑开挖前在路堑过坡顶2m以处修筑截水沟，并做好防漏处理。截水沟应接通出水口。

土方开挖方法：雨季开挖路堑宜分层开挖，每挖一层均应设置排水纵横坡。挖方边坡不宜一次挖到设计位置，应沿坡面留 30cm 厚。待雨季过后再整修到设计坡度。以挖作填的挖方应随挖、随运、随填。开挖路堑至路床设计标高以上 30 ~ 50cm 时应停止开挖，并在两侧挖排水沟。待雨季过后再挖到路床设计标高后压实。如果土的强度低于规定要求时，应超挖 50cm，并用粒料分层回填并按路床要求压实。

石方开挖方法：雨季开挖石路堑，炮眼应尽量水平设置，以免炸药受潮发生瞎炮。边坡应按设计坡度自上而下层层刷坡，并应随时核对其坡度是否合乎设计要求，使边坡在雨水冲刷时，能保持稳定。应尽量利用挖出的石渣，石渣必须废弃时，弃土堆应符合规定要求。

弃土堆；雨季施工开挖路堑的弃土要远离路堑边坡坡顶堆放。弃土堆高度一般不应大于 3m。弃土堆坡脚到路堑边坡顶的距离一般不应小于 3m，深路堑或松软地带应保持 5m 以上。弃土堆应摊开整平，严禁把弃土堆放在路堑边坡顶上。

③注意事项

雨季期间安排计划，应根据施工现场情况，对因雨易翻浆地段优先安排施工。对地下水丰富及地形低洼处等不良地段，优先施工的同时，还应集中人力、机具，采取分段突击的方法，完成一段再开一段，切忌在全线大挖大填。

施工坚持"两及时"，即遇雨要及时检查，发现路基积水尽快排除；雨后及时检查，发现翻浆要彻底处理，挖出全部软泥，大片翻浆地段尽量利用推土机等机械铲除，小片翻浆相距较近时，应一次挖能处理。填筑透水性好的砂石材料并压实。

（2）农忙季节的工作安排

合理安排各施工项目的劳动力，将需要劳力少的项目和工序排在农忙季节，尽量雇用不受农忙干扰的长期劳力工和临时工，同时考虑提前留有足够的机动劳力，补充受影响工序等。

（3）冬季施工安排

根据本标段的气候、地理情况，冬季较长，为节省工期，合理安排工程进度，冬季也安排部分项目的施工作业。主要有以下几方面：

1）利用冬季水位较低的条件，安排构造物基础开挖和防护工程基础开挖，以及在河滩地段备砂砾料等。

2）开挖路堑或使用开炸的石方作填石路基。

3）清理施工场地，并做好已完工程的防冻工作。

6. 文明施工和环保的措施

为合同段工程建成一条环境优美的公路。在施工中尽量最大限度维护原来的地貌地形，保持原来的生态环境，在施工中，从以下几个方面加强施工管理：

（1）现场布置

根据场地实际情况合理地进行布置，设施设备按现场布置图规定设置存放，并随施工基础、下部、上部等不同阶段进行场地布置和调整，最大限度地减少耕地占用。

（2）道路和场地

工区内道路通畅、平坦、整洁，不乱堆乱放，无散落物；场地平整不积水，排水成系统，并畅通不堵；施工废料集中堆放，及时处理。

（3）材料堆放

砂石分类堆放成方，砌体料归类成垛，堆放整齐。

（4）周转设备存放

施工钢模、机具、器材等集中堆放整齐。专用钢模成套放置，专用钢模及零配件、脚手扣件分类分规格，集中存放。

（5）水泥库

袋装、散装不混放，分清标号，堆放整齐，目能成数。有制度、有规定，专人管理，限额发放，分类插标挂牌，记载齐全而正确，牌物帐相符，库容整洁。

（6）构、配件及特殊材料

砼构件分类、分型、分规格堆放整齐。空心板存放要注意地基承载处理和支垫点正确稳定。钢材、钢绞线分类集中堆放整齐。锚具、支座、垫板、预埋件等分门别类妥善保管。

（7）消除施工污染

场地废料、土石弃方处理，应按设计要求，按监理工程师指定地点处理，防止水土流失，尽量减少对周围绿化的影响和破坏。施工废水、生活污水不得污染水源、耕地、农田、灌溉渠道，采用渗井或其他措施处理，工地垃圾及时运到指定地点。清洗集料，机具或含有油污的操作用水，采用过滤的方法或沉淀池处理，使生态环境受损降到最低程序。

四、质量保证体系

质量是生命——是单位生存、发展之本，更是公司全体员工各自工作岗位上，始终坚守的信念，并在实施全过程中落实，确保该合同的顺利实施，确保高速公路的高质量管理体系的实施。

1. 具体质量目标——争创国优，誓夺"优良工程"

本标段质量一次验收优良率100%，不允许出现评价不合格工程，坚决杜绝不合格项目，不论是自检，还是业主、监理工程师的中检、抽检、终检，任何时间都要达到100%的优良率，必须都要达到部优标准，争创国优，誓夺"优良工程"。

2. 总则

（1）认真落实《公路工程施工企业质量自检体系管理暂行规定》，严格贯彻执行《高速公路建设工程优质优价实施办法》。

（2）整个工程及分项、分部工程按施工规定施工，按《施工监理程序和实施细则》进行检查。

1）质量领导组定期抽查。

2）质检部配合驻地监理人员对分项、分部工程的检验和自检，起以作用。

（3）质量工程依据设计文件要求，交通部颁发的施工技术规程、规范、质量检查、验收标准，做到严格认真、准确及时，真实可靠、系统达标。

（4）质量指标以数据考评来起到把关，指导作用，并实行奖罚制度。

3. 质量控制机构和创优规划

工程质量的优劣是关系到工程运营生产的百年大计的问题，也是关系到施工承包企业生死存亡、能否在市场竞争中取得胜利的根本问题，作为工程施工的承包商和项目经理，应该从领导和决策方面，以战略的眼光看待这一问题，为此公司特建立质量保证体系，实施项目经理负责制。

质量管理领导小组是整个工程质量管理的最高领导机构，由项目总经理、总工程师、副经理、质检部长、实验室主任、工程管理部长组成，制定整个合同段工程质量分创优规划、方针、措施。

各施工队分别设质量管理现场领导组，由施工队长、质检科长、工程科长、主任工程师组成。质检科和试验室专职抓现场质量管理。施工队一级的质量管理机构在项目经理部质量管理小组领导下，制订本工段施工区段的创优措施，质量实施计划，并重在现场落实。施工队所属各施工班组根据自己的创优任务，拟定项目工程具体的分项实施计划，责任到人，严格要求，全员全过程质量控制。对各段的施工难点、关键工序进行分析，选定有关课题，成立 QC 小组科学指导施工，积极推广新技术、新工艺、新材料，为质量全优的目标共同努力。

建立一系列责任制度，包括项目经理质量责任制、总工程质量责任制、质检工程师责任制、试验人员责任制、测量人员责任制、生产班长责任制、操作人员责任制，每个管理员、操作人员都同工程质量紧密联系，到全员质量控制。针对施工过程、内容、程度制定不同的制度，严格执行施工组织设计审批制度、技术质量交底制度、工序交接制度、技术复核、隐蔽工程验收制度、二级验收及分部分项质量评定制度、现场材料质量管理制度，并且作业人员坚持定期质量教育和考核。施工前组织人员，对照工地实际情况，细致复核图纸，发现问题与工程师取得联系，要工程师的指导下，即实行开工报告审批制、工地实验检测制、分阶段技术交底制、定期与日常质量教育检查制，并严格招待工程质量奖罚制度。

项目经理部建立严格的质量检查组织机构（机构图附后）全力支持和充分发挥质检机构人员的作用。主动接受监理工程师的监督和帮助，积极为监理工程师的生活提供和创造便利的条件。

4. 项目质量管理

保证质量，重点是操作、控制上下功夫，必须严格履行下列程序：

（1）奠定良好的质量管理基础，狠抓工程技术工作。

工程技术工作以招标文件和合同规范和图纸为依据，参照工程量清单，制定相应的技术管理制度，做好施工组织设计，采用先进合理的施工工艺和技术，以保证质量目标的实现。

1）熟悉合同条件中有关技术和质量要求和条款，有关这方面的合同条款，要做到了如指掌，严格遵照执行。

2）熟悉设计图纸并建立审核把关制度，领会设计意图，对图示各结构以及轴位尺寸标高必须一一验证，并与实地核对，做到准确无误，以免出现缺陷返工浪费。

3）熟悉并掌握施工技术规范和质量验收标准，施工承包合同中的技术规范和质量标准是提高工程技术管理的重要依据，该技术规范包括了工程项目规范和范围、施工工艺和方法、材料及设备的性能与指标，对施工过程起着指导的制约作用。

4）做好施工组织与技术设计工作，指导施工进度。同时选择有技术性专业的精兵强将，采用高、先进技术和现代化的电脑管理手段，使人员和技术水平相协调，发挥出各自的积极作用。

5）建立必要的技术规章制度，注意完善技术档案工作。严格执行工地现场的信息报告联络制度，工地会议制度、即时将有关合同文件、规范、图纸、变更令、会议纪要、信息、财务专账分门别类归档保管。

6）技术交底必须及时全面彻底，手续一律以书写形式出现，做到责任明确，由工程技术主管负责执行。根据工程特点设立测量组承担线型纵横轴线测量放线工作，放线时工程队的责任技术员参加，将定位桩由施工技术人员负责保护。

7）施工过程质量控制要做到工序层层把关，实验室负责实验配比及剂量配合及现场过磅，质检科除履行全面质检评定之外，还要配合驻地监理作好施工与监理程序和资料工作，工程分项、分部的开工，施工中前后设计变更，工程质量现场把关、控制、逐项签认以及质量合格与否和质量隐患、事故等，均按《公路工程监理工作实施细则》执行。

树立一切为用户服务的观点，强调工程质量的全面管理，要围绕用户展开，建立行之有效的自我质量监督检查体系。

①确立"防检结合、以防为主、重在提高"的观点，不仅要对工程质量的结构进行管理，更重要的是对原因的管理，对施工工艺方法及各施工环节进行检查，检验采购材料是否符合质量标准，检查预防施工工序和方法是否符合标准，对关键工种操作的技术工人要事先培训并进行技术，合格后才能上岗操作。

②树立"一切用数据说话"的观点。工程施工的全面质量有定性的变化趋势的预测、分析的判断，有要求。

③严格执行标号砼操作细则，施行责任并设专门技术人员和质检人员负责技术指导量监督。

④认真做到检查凭证的签证工作。

施工过程中的系统检查、签证工作，是工程质量的保证，签证前要认真进行检查，合格后填写检查凭证并请监理工程师会同检查签证。

五、技术保证措施

1. 工程开工前，必须按分部、分项编写完善的施工组织和施工要点。常规分部、分项编写标准施工组织设计和要点，特殊分布、分项要特殊编写施工组织设计和施工工艺及要点。施工组织设计和施工要点必须经主任工程师和监理工程师审核后方可执行。

施工工艺设计的主要内容包括：工程概况、主要工序施工方法和操作规程、施工大样图、结构计算、质量要求级标准、试验测量的要求及方法、施工人员、材料和设备使用计划等。

2. 加施工技术管理，以施工组织设计为纲领，以施工工艺设计和施工要点为指导，以三级技术交底、操作规程和工序交接检查为保证，严格各施工工序的控制与管理。对易产生问题或出现质量病的部位要加大技术投入和管理力度，严格遵守操作规程用施工工艺流程。

3. 为防止路基不均匀沉降、桥头跳车和桥面砼脱落，对路基土方工程实行压实度、弯沉值双控制；桥头填土采取特殊技术处理措施，按独立分项进行质量检测和评定；桥面水泥砼表面须经凿毛、涂刷粘层油后，方右摊铺沥青砼面层。

4. 水泥砼工程须集中拌合，小型砼工程和高标号砂浆须机械拌合，零星砼及砂浆一律严格计量（严禁使用体积法）；T型主梁、工型梁、25m以上空心板梁及箱梁的预制或现浇工程、所有表露砼构件一律使用钢模板；严格控制预应力反拱度；确保工型梁桥面板的设计厚度。

5. 按要求配置施工机械和试验检测设计，提高施工机械化水平、质量监测水平和各种设备的应用效率。

第四节　公路施工技术

一、工程测量技术

为了保证工程施工质量，做到按图施工，严格按有关施工规范和规程指导施工，创造合格工程，必须做好工程施工过程中的测量工作。施工测量必须跟随施工进度及时进行，并应起到指导施工的目的。

施工测量准备工作是保证施工测量全过程顺利进行的重要环节，包括图纸的审核，测量定位依据点的交接与校核，测量仪器的检定与校核，测量方案的编制与数据准备，施工场地测量等；

1. 检查各专业图的平面位置标高是否有矛盾，发现问题及时向有关人员反映，以便及时纠正。

2. 对所有进场的仪器设备及人员进行初步调配。

3. 复印预定人员的上岗证书，由总工程师组织进行技术交底。

4. 根据图纸条件及工程内部结构特征确定轴线控制网形式。

二、公路施工技术

1. 挖路槽土方

开挖方式以机械开挖为主，人工开挖进行配合。路槽开挖过程中，不同土层面标高须报验监理、业主确认，并做好记录。

2. 路基砂垫层

3. 施工准备及操作工艺

（1）回填垫层前应验槽，将基底表面浮土、淤泥、杂物等清理干净，控制好砂厚度。

（2）砂高度 3m 回填分十层回填，每层需铺厚度 330mm 左右。

（3）垫层铺设时，严禁扰动垫层下卧层及侧壁的软弱土层，防止被践踏或受浸泡，降低其强度。

（4）铺设垫层时，控制每层的铺设厚度，并有专人指挥、找平，从基槽的一端依次向另一端铺设。

（5）垫层铺设完毕，用插入式振捣棒及平板振动器振捣，振捣时，应做到"快擦慢拔"，振动棒插入垫层中应上下抽动，严禁插入基底原土层或基槽边部，每点振捣时间一般为 20 ~ 30s，排除垫层中的空气，垫层不再震落，不再出现气泡，方可拔出振动棒。

（6）振动棒间距 500mm ~ 600mm。

（7）振动棒依次振捣密实后，用平板振动器找平，平板振动器在每一位置上连续捣 25 ~ 40s，移动速度为 2 ~ 3m/min，并随动随找平，控制好垫层上口的标高。

（8）回填砂采用大水漫灌。

（9）以上工序每层需进行贯入度实验，经验收合格后方可进行下一道工序。

4. 文明施工及安全措施

（1）所有进入施工现场人员必须佩戴好安全帽。

（2）施工完毕应将砂材料集中归堆放好，做到材料堆放整齐，施工现场整洁。

（3）所有投入使用的机械必须试运转正常方可使用，机械必须定期进行保养和维修，不得带病作业。

（4）用手推车运料应依次进行，不得拥挤、抢先。

（5）使用振动棒和平板振动器的人员应穿绝缘鞋，戴绝缘手套，电源线不得有破皮和漏电现象，电线及闸刀应放在绝缘的地方，禁止电线拖地。

（6）夜间施工应有足够的照明，临时用电电线必须架空在 2.05m 高以上，所有电器设备的休息、拆换工作应由电工进行。

5.砼路面施工

（1）施工准备工作

1）路面开工前，应在全面熟悉设计文件和技术交底的基础上，进行现场核对和施工调查。

2）根据总工期要求、施工难易程度和人员、设备、材料准备情况，确定混凝土路面施工工艺流程、施工方案，编制实施性的施工组织设计，报现场监理工程师和业主批准，并及时提出开工报告。

3）混凝土拌和站应设置在摊铺路段的中间位置，内部布置应满足原材料储运、混凝土运输、供水、供电、钢筋加工等使用要求，并尽量紧凑，减少占地。

（2）施工测量：路面开工前应做好施工测量工作，施工测量的精度应符合交通部《公路路线勘测规程》要求。

1）导线复测：原有导线点不能满足施工要求时，应进行加密，保证在道路施工的全过程中，相邻导线点间能互相通视；复测导线时必须和相邻施工段的导线闭合。

2）中线复测：路面开工前应全面恢复中线，并固定路线主要控制桩；恢复中线时应与结构物中心、相邻施工段的中线闭合。

3）校对及增设水准基点：使用设计单位设置水准点之前应仔细校核，并与国家水准点闭合；水准点间距不宜大于1Km，在结构物附近、高填深挖地段、工程量集中及地形复杂地段宜增设临时水准点。临时水准点必须符合精度要求，并与相邻路段水准点闭合。

4）施工放样：路面施工前，根据恢复的路线中桩、设计图表、施工工艺和有关规定订出路面中线和边线位置，确定路面施工宽度。

6.水泥混凝土路面

铺筑路面层前，应检查下卧层的质量，不符要求的不得铺筑。旧路面必须清洗或经铣刨处理后方可铺筑。混合料必须在对同类公路配合比设计和使用情况调查研究的基础上，充分借鉴成功的经验，选用符合要求的材料，进行配合比设计。

施工要点：

（1）模板制作与安装

1）制作

①模板及支架材料的种类、等级应根据其结构的特点、质量要求及周转次数确定。应优先选用钢及混凝土等材料，尽量少用木材。

②模板材料的质量标准应符合现行的国家标准和规定。

③钢模板厚度为2.5mm。所有连接件与设计须使模板能整装，并使其拆除时不致损坏混凝土。钢板连接缝尽可能光滑紧密，不允许带凹坑、皱皮或其他表面缺陷。面板及活动部分应涂防锈的保护涂料，其他部分应涂防锈漆。

2）安装

①应按施工图纸进行模板安装的测量放样，重要结构应设置必要的控制点，以便检查校正。

②模板安装过程中，应设置足够的临时固定设施，以防变形和倾覆。

③模板的钢拉条不应弯曲，直径要大于8mm，拉条与锚环的连接必须牢固。预埋在下层混凝土中的锚固件（螺栓、钢筋环等），在承受荷载时，必须有足够的锚固强度。

④模板之间的接缝必须平整严密。分层施工时，应逐层校正下层偏差，模板下端不应有"错台"。

⑤模板及支架上，严禁堆放超过其设计荷载的材料和设备。

3）模板的清洗和涂刷

钢模板在每次使用前和使用之后应清洗干净，为防锈和拆模方便，钢模面板应涂刷矿物油类的防锈保护涂料，不得采用污染砼的油剂，不得影响砼或钢筋砼的质量。若检查发现在已浇的砼面沾染污迹，应及时采取有效措施予以清除。

4）拆除

①模板拆除时限，除符合施工图纸的规定外，还应遵守下列规定：不承重侧面模板的拆除，应在砼强度达到22.5MPa以上，并保证其表面及棱角不因拆模而损伤时，方可拆除；

②拆模作业必须使用专门工具，按适当的施工程序十分小心地进行，以减少混凝土及模板的损伤。

（2）砼配合比设计

1）按照施工图纸的要求和监理工程师指示，通过室内试验成果进行砼配合比设计，并报送监理工程师审批。不同的混凝土，根据设计要求，应分别满足抗压、抗渗、抗冻、抗裂（拉）、抗冲耐磨、抗风化和抗侵蚀的要求，并同时满足施工和易性等的要求。

2）砼的坍落度，应根据建筑物的性质、钢筋含量、砼运输、浇筑方法和气候条件决定，尽量采用小的坍落度，一般选用3～5cm。

（3）拌和

1）拌制现场浇筑砼时，必须严格遵守试验室提供并经监理工程师批准的砼配料单进行配料，严禁擅自更改配料单。

2）除合同另有规定外，施工中应采用固定拌和设备，设备生产率必须满足本工程高峰浇筑强度的要求，所有的称量、指示、记录及控制设备都应有防尘措施，设备称量应准确，应按监理工程师的指示定期校核称量设备的精度。

3）拌和设备安装完毕后，应会同监理工程师进行设备运行操作检验。

4）因砼拌和及配料不当，或因拌和时间过长而报废的砼应弃置在指定的场地或清运出施工现场。

（4）运输

1）应根据施工进度、运量、运距及路况，选配车型和车辆总数。总运力应比总拌和能力略有富余。确保新拌混凝土在规定时间内运到摊铺现场。

2）砼出拌和机后，应迅速运达浇筑地点，运输中不应有分离、漏浆和严重泌水现象。

3）砼入仓时，应防止离析，若发生离析，需重新拌和。

4）混凝土在运输过程中应尽量缩短运输时间。

（5）铺筑

1）路基必须验收合格后，方可进行砼铺筑；

2）不合格的砼严禁入仓，已入仓的不合格砼必须予以清除，并按相关规定弃置在指定地点。

3）人工摊铺混凝土拌和物的坍落度应控制在 5～20mm 之间，松铺系数宜控制在 K=1.10～1.25 之间。铺筑砼时，严禁在仓内加水，如发现砼和易性较差，应采取加强振捣等措施，以保证质量。

4）应保证每车道使用 2 根振捣棒，组成横向振捣棒组，沿横断面连续振捣密实。应轻插慢提，不得猛插快拔，严禁在拌和物中推行和拖拉振捣棒振捣。

5）振捣时，应辅以人工补料，应随时检查振实效果、模板、拉杆、传力杆和钢筋网的移位、变形、松动、漏浆等情况，并及时纠正。

6）砼铺筑的间歇时间：砼浇筑应保持连续性，浇筑砼允许间隙时间应按试验确定。若超过允许间歇时间，则应按工作缝处理。

7）两相邻块浇筑间歇时间不得小于 1h。

（6）砼表面缺陷处理

砼表面蜂窝凹陷或其他损坏的砼缺陷应按监理工程师指示进行修补，直到监理工程师满意为止，并作好详细记录。修补前必须用钢丝刷或加压水冲刷清除缺陷部分，或凿去薄弱的砼表面，用水冲洗干净，应采用比原砼强度等级高一级的砂浆、砼或其他填料填补缺陷处，并予以抹平，修整部位应加强养护，确保修补材料牢固黏结，色泽一致，无明显痕迹。

（7）养护

针对本工程不同情况，选用洒水或薄膜进行养护。

1）采用洒水养护，应在砼浇筑完毕后 12～18h 内开始进行，其养护期时间宜为 14～21 天，在干燥、炎热气候条件下，不宜少于 14 天，低温天不宜少于 21 天。

2）薄膜养护：初始时间以不压坏细观抗滑构造为准。薄膜厚度应合适，宽度应大于覆盖面 600mm。两条薄膜对接时，搭接宽度不宜小于 400mm，养生期间应始终薄膜完整盖满。

3）混凝土板养生初期，严禁人、畜、车辆通行，在达到设计强度 40% 后，行人方可通行。

4）铺筑好的路面层应严格控制交通，做好保护，保持整洁，不得造成污染，严禁在路面层上堆放施工产生的土或杂物，严禁在已铺面层上制作水泥砂浆。

7. 混凝土涵管

（1）施工前准备

1）在已清表的路基上用全站仪放出涵洞的中心桩及其轴线，并在适当位置进行保护。据此进行涵洞的施工放样。

2）根据放出的轴线与现行的排灌系统进行现场核对，如有涵洞位置、标高与设计意图不相符的地方立即上报监理工程师。待经有关部门批复后方可进行施工。

3）在涵洞附近路基范围以外不易碰到的地方加密一水准点，以此进行施工标高的测量和复核。

4）如果涵洞所在位置处在现有排灌水系处，应将原有水系进行改道或必要时进行围堰处理，采用草袋进行围堰，然后进行基坑开挖和清淤。

5）做好原材料的检测及临时用电准备工作（本工程计划采用自备100kW发电机组）、组织机械设备进场。

（2）测量放样

在基坑开挖前，精确定出圆管涵轴线控制桩并报验测量监理工程师进行检验。

（3）基坑开挖

1）基坑开挖采用人工或人工配合挖掘机进行，挖方边坡采用1∶0.5，从基坑中挖出的素土按监理工程师指定的地点进行堆放。

2）若在基坑开挖过程中，地下水渗流量过大，则在基坑两端开挖集水坑用人工或水泵及时将渗水排除。

开挖基坑时做好排水沟及集水坑，开挖过程中控制好开挖深度及几何尺寸，超挖机械开挖底部应预留30cm作为人工清底，基础每侧加宽30cm～50cm的工作宽度。如发生超挖严禁用原土回填，需采用砂砾回填，基坑回填时，要进行夯实，夯实密度不小于93%。

基础处理采用砂砾垫层分层回填压实处理，其处理宽度根据基础处理深度按35cm～45cm角放坡至基底标高处加宽。

3）砂砾石垫层

回填管基底部的砂垫层采用砂砾石填筑，砂垫层采用人工回填，采用水密法使其密实，其施工方法为先将砂垫层洒水至饱和状态，然后将砂垫层渗流水从集水坑中抽出使砂垫层达到密实状态。

4）管基砼浇筑

浇筑管基混凝土分为两次浇筑，第一次浇筑管基底下部分，待管涵安装完后，浇筑管底第二次上部混凝土，在浇筑管基底混凝土时要严格控制好标高，浇筑时预留管基厚度及安放管节座浆2～3cm。

（4）混凝土管安装及加固

1）钢筋混凝土管圈管厂购置，并抽样检验报监理工程师审批，其各项技术指标必须满足设计规范的要求。

2）管基混凝土分两次浇筑，先浇筑管底以下部分，然后浇筑管座混凝土。第一次管基浇筑前对准设计中线位置在砂石垫层上支撑组合钢模板，将现浇混凝土流槽入模，插入式振捣器振捣密实，浇筑时注意预留管壁厚度，混凝土初凝前拉毛养生，保证与管座混凝土紧密结合，达到要求强度后，准备安装管节。接缝完成后进行护管混凝土的第二次浇筑，方法同上。

3）混凝土管采用吊车或者装载机、挖掘机卸管和起吊，人工配合安装，管节安装位置准确无误后进行临时底部木楔支撑。

4）管节接头处用浸过沥青的麻絮填塞，外面用满涂热沥青的油毛毡圈裹二道。在沉降缝位置处预留 1～1.5cm 缝宽，用沥青麻絮填塞，然后用（三油两布法）三层沥青两层沥青浸渍的麻布沿接缝处缠绕管壁一周（麻布宽≥15cm），并用铁丝将麻布扎紧。

5）剩余管基砼的浇注

管节安装完毕后，在已凿毛的管基上支立模，浇注管基第二层砼。采用插入式振捣器振捣，使管底三角区砼充分密实与管壁紧密贴合。

6）抹带

砼浇注完成后，用钢刷将管接缝两侧各 8CM 范围内混凝土管表面进行刷毛处理，刷毛完毕后用 1：3 的水泥砂浆进行抹带，管口内砂浆勾缝。抹带完成后及时洒水养生。并在涵管的整个表面涂抹两层沥青。

7）涵洞端墙及帽石混凝土浇筑

在圆管涵管节安装、抹带完毕后，进行涵洞端墙及帽石的支模工作，其模板采用组合钢模，用对拉、外加斜支撑方式进行加固，模板支撑完毕后进行混凝土浇筑，浇筑前所有拉杆、螺栓都必须拧紧，用木楔处也要将木楔背紧，拼装模板时注意模板是否变形，以及相邻模板的接荐是否超出允许偏差，及时自检，发现问题及时调整。砼浇筑时按照一定的厚度、顺序、方向分层浇筑。砼浇筑时其分层厚度不得超过 30cm，且应在下层砼初凝或重塑前浇筑完成上层砼，我部采用插入式振动器，其移动间距不应超过振动器作用半径的1.5 倍，与侧模保持 5～10cm 的距离，每一处振运完毕后，应边振动边徐徐提出振动棒，振动过程中避免触碰模板，对某一振动部位必须振动到该部位砼密实为止，砼浇筑完毕后及时对砼表面进行修整抹平。

8）回填

①砼强度及砂浆强度达到设计强度 75% 后可进行回填，采用 5% 灰土在涵洞两侧对称分层填筑，回填范围为涵洞洞身两侧不小于两倍孔径范围，在靠路基填土一侧按 1：0.5 边坡开挖向上形成台阶状。

②回填时采用行走式夯机进行夯实，每层填土厚度不超过 15cm。压实度达到 95%。

三、盖板涵的施工工艺

1. 施工放样

仔细对施工图纸进行复查，领会设计意图。根据图纸确定的构造物的位置和标高，准确计算结构物中桩坐标和轴线方向，然后根据设计图纸的具体位置进行施工放样，为便于开挖后的检查校核，基础轴线控制桩应延长至基坑处加以固定。放样完成后，根据基础的结构尺寸放出结构基础的边线，申请驻地监理工程师复查，得到确认之后，方可进行基坑开挖。

2. 基坑开挖

基础开挖采用挖掘机施工并辅以人工整修，并在基础底四周做排水沟和集水井，利用水泵排除。基坑开挖至设计标高后，立即进行地基承载力的检验（方法采用动力触探方法），如承载力小于设计值，底部换填片石，使其达到设计要求，自检合格后，向监理工程师报验，经监理认可后，立即进行基础圬工施工。基础分两段间隔浇注，每段接缝设在沉降缝处，缝间安设 2cm 厚的硬质泡沫板，基础顶面墙身位置处预留接茬筋或接茬石。

3. 钢筋工程

（1）钢筋进场后，严格按规范要求，由试验员负责抽取试样做试验，确定质量是否合格，严禁不合格材料进场。

（2）钢筋工程严格按图纸及规范施工，由现场施工员检查合格后报监理检查。

（3）钢筋采用电弧搭接焊连接，钢筋焊接前，必须根据施工条件进行可焊性试验，合格后方可正式施焊。双面焊缝长度不小于 5d，单面焊缝长度不小于 10d。焊缝表面平顺、饱满、无缺口、裂纹和较大的金属焊瘤，焊缝断面满足规范要求。

（4）钢筋在加工场地集中制作，现场人工绑扎，下料制作钢筋时，使同一断面内焊接根数不大于 50%。

（5）钢筋的交叉点处，用绑扎丝按逐点改变绕方向（8 字形）交错扎结，或按双对角线（十字形）结扎。

（6）为保证保护层厚度，在钢筋与模板之间设置同等强度的砂浆垫块，垫块应与钢筋扎紧，并互相错开，保护层厚度要符合设计规定。

（7）在浇筑混凝土前，对已安装好的钢筋进行检查，合格后请监理工程师进行检查签证。

4. 模板与支架

（1）基础砼模板采用尺寸标准、表面平整光洁的木模板，模板必须保证其表面平整，板缝间不漏浆等要求。

（2）模板安装前，在模板表面涂层脱模剂，不得使用易粘在混凝土上或使混凝土变色的油料。

（3）支立模板时为了防止模板移位变形，支立基础侧模时在模板外设立支撑固定。墙身的侧模设立对拉杆固定，浇筑在混凝土中的拉杆，按拉杆拔出的要求设计，拉杆外套塑料管，模板拆出后拔出重复利用。

（4）模板安装完毕后，为保证位置正确，必须对其平面位置、平整度、垂直度、顶部标高、节点联系及纵横向稳定性进行自检，合格后方可报监理工程师抽检，监理工程师认可后方能浇筑。混凝土浇筑时，发现模板有超过允许偏差值的可能及时纠正。

5. 混凝土工程

混凝土由现场搅拌机进行拌和，农用运输车水平运输，人工配合入模，墙身砼串筒配合入模；盖板浇筑采用插入式振捣棒配合平板振捣器振捣，其他混凝土均采用插入式振捣器振捣。浇注完成后利用土工布覆盖洒水养生。

（1）混凝土基础

基础为整体式混凝土，当基坑开挖到设计基底标高后，经试验检查地基承载力等于或大于设计值，人工清除松软泥土，测量定点放样，跨段挂线安装基础模板，支撑牢固。自检合格后报监理检测，检查合格方可浇筑混凝土，混凝土分层连续浇筑，每层厚不大于30cm。

（2）混凝土涵身、台帽

墙身与台帽一次性立模完成施工，并分段进行浇注；首先在已完工的基础上定点挂线安装内外模板，模板设立对拉杆固定加固，两侧设斜撑。每段墙身一次浇筑完毕，浇注时分层自两端向中间浇注，每层厚30cm，插入式振捣棒捣固。

（3）钢筋混凝土盖板预制及安装

①钢筋的加工、绑扎成型：钢筋统一在钢筋场地按图纸要求下料、弯曲、制作，严格按规范要求进行焊接、绑扎，安装时做到尺寸准确。

②模板的支立：模板采用木模板，同时应具备足够的刚度以防浇筑混凝土时有明显的挠曲变形。模板安装前，在其表面涂刷脱模剂，不得使用易粘在混凝土上或使混凝土变色的油料。在支立过程中，要注意检查模板内侧是否与钢筋接触，以确保结构物构件有足够的保护层厚度。

③混凝土的拌合、浇筑：严格按配合比进行配料，采用现场拌合，最短拌合时间应符合施工规范要求，拌合时，在水泥和集料进入拌合机之前，应先加入一部分拌合用水，并在搅拌的最初15s内将水全部均匀注入拌合机中，拌制的混合料肉眼观察应分布均匀、颜色一致。混合料采用农用车运输，人工配合浇注，必须对混合料进行检查（包括混合料的坍落度、和易性等），浇筑前先对模板进行检查，清除模板内的杂物、积水，模板如有缝隙必须填塞严密。在浇注混凝土期间，应设专人检查模板、钢筋的稳固情况，当发现有松动、变形、移位时，应及时处理。

砼浇筑采用分层浇筑，厚度不超过 30cm，采用插入式振捣棒振捣，插入点按梅花型或等边三角形布置，移动间距不应超过振捣器作用半径的 1.5 倍，棒头应插入下层砼 5～10cm，保证上下层的整体性，振捣过程中应使砼密实表面泛浆，不再有气泡冒出时，停止振捣，振捣棒应垂直提落，施工中应及时填写砼施工记录。

④混凝土的养生：混凝土浇注完成之后，待表面收浆后尽快对混凝土进行人工洒水养生，洒水养生最少保持 7 天时间，结构物在拆模前应连续保持湿润。

6. 进口处理

进口设置检修踏步，急流槽面采用卵石镶嵌进行加糙处理。

混凝土采用现场搅拌，施工方法与涵身施工一致。浇筑完毕后，覆盖草袋，并洒水养生。

7. 沉降缝的处理

沉降缝的设置根据设计图纸洞身每墙 4～6 米设一道沉降缝，沉降缝的构造严格按施工图执行。沉降缝的设置必须上下贯通成一条垂线，基础墙身根据沉降缝的设计长度分段浇筑。浇筑时先在沉降缝位置处用泡沫板隔开。

先清除缝口杂物，用水冲洗干净，晾晒风吹干，置入沥青麻絮或不透水材料于缝内，压平，保持缝宽一致、缝深达 5～10cm；墙外坡面按桥涵施工规范要求进行施工。

8. 防水层

涵洞防水层施工是涵洞施工的关键工序，施工前首先编制作业指导书，对施工人员进行岗前培训，施工中严格按设计及规范要求进行。

9. 涵背回填

当涵身及盖板的砼强度达到 80% 以上后方可进行台背回填，所有台背填土必须分层填筑，每层厚度 20cm，采用小型碾压机碾压。

对于靠近墙身处及边缘、死角等地方可填筑碎石材料，用夯实机夯实，在填筑过程中必须对应涵台两侧对称分层碾压密实，压实度符合规范要求，严禁单侧填土及使用大型碾压机进行碾压。

当涵洞上填土高度不足 50cm 后时，禁止采用振动或碾压设备对涵顶和涵洞范围的填土进行碾压。

10. 八字墙

八字墙施工基本要求

（1）混凝土和砂浆按规定配合比施工。

（2）地基承载力及基础埋置深度符合设计要求。

（3）嵌填饱满密实，不得有空洞。

（4）抹面应压光，无空鼓现象。

11. 涵底铺砌

涵洞内底部采用浆砌片石铺砌，要求砂浆饱满，按规范按照桥涵施工规范规定及施工图要求进行施工。

12. 质量标准

涵洞施工完成后，按照《公路桥涵施工技术规范》的有关规定及施工图设计中的相关设计要求进行质量检查，检查主要包括：轴线偏位、流水面高程、涵洞长度等。

四、土方路堤施工技术

1. 土方路堤填筑施工工艺流程

2. 土方路堤操作程序

取土—运输—推土机初平—平地机整平—压路机碾压。

3. 土方路堤填筑作业常用推土机、铲运机、平地机、挖掘机、装载机等机械按以下几种方法作业

（1）水平分层填筑法：填筑时按照横断面全宽分成水平层次，逐层向上填筑。是路基填筑的常用方法。

（2）纵向分层填筑法：依路线纵坡方向分层，逐层向上填筑。常用于地面纵坡大于12%，用推土机从路堑取料填筑，且距离较短的路堤。缺点是不易碾压密实。

（3）横向填筑法：从路基一端或两端按横断面全高逐步推进填筑。填土过厚，不易压实。仅用于无法自下而上填的深谷、陡坡、断岩、泥沼等机械无法进场的路堤。

（4）联合填筑法：路堤下层用横向填筑而上层用水平分层填筑。适用于因地形限制或填筑堤身较高，不宜采用水平分层法或横向填筑法自始至终进行填筑的情况。单机或多机作业均可，一般沿线路分段进行，每段距离以 20 ~ 40m 为宜，多在地势平坦，或两侧有可利用的山地土场的场合采用。

4. 施工一般技术要领

（1）必须根据设计断面，分层填筑、分层压实。

（2）路堤填土宽度每侧应宽于填层设计宽度，压实宽度不得小于设计宽度，最后削坡。

（3）填筑路堤宜采用水平分层填筑法施工。如原地面不平，应由最低处分层填起，每填一层，经过压实符合规定要求之后，再填上一层。

（4）原地面纵坡大于12%的地段，可采用纵向分层法施工，沿纵坡分层，逐层填压密实。

（5）山坡路堤，地面横坡陡于 1：5 且基底符合规定要求时，路堤可直接修筑在天然的土基上。地面横坡陡于 1：5 时，原地面应挖成台阶（台阶宽度不小于1m），并用小型夯实机加以夯实。填筑应由最低一层台阶填起，并分层夯实，然后逐台向上填筑，分层夯实，所有台阶填完之后，即可按一般填土进行。

（6）公路和一级公路，横坡陡峻地段的半填半挖路基，必须在山坡上从填方坡脚向上挖成向内倾斜的台阶，台阶宽度不应小于1m。

（7）不同土质混合填筑路堤时，以透水性较小的土填筑于路堤下层时，应做成4%的双向横坡；如用于填筑上层时，除干旱地区外，不应覆盖在由透水性较好的土所填筑的路堤边坡上。

（8）不同性质的土应分别填筑，不得混填。每种填料层累计总厚度不宜小于0.5m。

（9）凡不因潮湿或冻融影响而变更其体积的优良土应填在上层，强度较小的土应填在下层。

（10）河滩路堤填土，应连同护道在内，一并分层填筑。可能受水浸淹部分的填料，应选用水稳性好的土料。

五、填石路基施工技术

1. 填料要求

石料强度（饱水试件极限抗压强度）要求不小于15MPa，风化程度应符合规定，最大粒径不宜大于层厚的2/3。在公路及一级公路填石路堤路床顶面以下50cm范围内，填料粒径不得大于10cm，其他等级公路填石路堤路床顶面以下30cm范围内，填料粒径不得大于15cm。

2. 填筑方法：竖向填筑法、分层压实法、冲击压实法和强力夯实法

（1）竖向填筑法（倾填法）主要用于二级及二级以下且铺设低级路面的公路在陡峻山坡施工特别困难或大量爆破以挖作填路段，以及无法自下而上分层填筑的陡坡、断岩、泥沼地区和水中作业的填石路堤。该方法施工路基压实、稳定问题较多。

（2）分层压实法（碾压法）是普遍采用并能保证填石路堤质量的方法。该方法自下而上水平分层，逐层填筑，逐层压实。公路、一级公路和铺设高级路面的其他等级公路的填石路堤采用此方法。填石路堤将填方路段划分为四级施工台阶、四个作业区段、八道工艺流程进行分层施工。四级施工台阶是：在路基面以下0.5m为第1级台阶，0.5～1.5m为第2级台阶，0.5～3.0m为第3级台阶，3.0m以下为第4级台阶。四个作业区段是：填石区段、平整区段、碾压区段、检验区段。施工中填方和挖方作业面形成台阶状，台阶间距视具体情况和适应机械化作业而定，一般长为100m左右。填石作业自最低处开始，逐层水平填筑，每一分层先是机械摊铺主骨料，平整作业铺撒嵌缝料，将填石空隙以小石或石屑填满铺平，采用重型振动压路机碾压，压至填筑层顶面石块稳定。

石方填筑路堤8道工艺流程是：施工准备、填料装运、分层填筑、摊铺平整、振动碾压、检测签认、路基成型、路基整修。

（3）冲击压实法。利用冲击压实机的冲击碾周期性大振幅低频率地对路基填料进行冲击，压密填方；强力夯实法用起重机吊起夯锤从高处自由落下，利用强大的动力冲击，迫使岩土颗粒位移，提高填筑层的密实度和地基强度。

强力夯实法简要施工程序：填石分层强夯施工，要求分层填筑与强夯交叉进行，各分层厚度的松铺系数，第一层可取1.2，以后各层根据第一层的实际情况调整。每一分层连续挤密式夯击，夯后形成夯坑，夯坑以同类型石质填料填补。由于分层厚度为4~5m，填筑作业采用堆填法施工，装运用大型装载机和自卸汽车配合作业，铺筑时用大型履带式推土机摊铺和平整，夯坑回填也用推土机完成，每层主夯和面层的主夯与满夯由起重机和夯锤实施，路基面需要用振动压路机进行最后的压实平整作业。

强夯法与碾压法相比，只是夯实与压实的工艺不同，而填料粒径控制、铺填厚度控制都要进行，强夯法控制夯击击数，碾压法控制压实遍数，机械装运摊铺平整作业完全一样，强夯法需要进行夯坑回填。

六、土质路堑施工技术

路堑的开挖方法根据路堑深度、纵向长短及现场施工条件，有横向挖掘法、纵向挖掘法和混合式挖掘法等几种基本方法。

1. 横向挖掘法包括适用于挖掘浅且短的路堑的单层横向全宽挖掘法和适用于挖掘深且短的路堑的多层横向全宽挖掘法；纵向挖掘法具体方法有分层纵挖法、通道纵挖法、分段纵挖法；混合式挖掘法为多层横向全宽挖掘法和通道纵挖法混合使用。

2. 推土机开挖土质路堑作业

推土机具有操作灵活、运转方便、所需土作场地小、短距离运土效率高等特点，既可独立作业，也可配合其他机械施工，带松土器的推土机还可进行松土作业，因此是土方路堑施工中最常用的机械之一。推土机开挖土方作业由切土、运上、卸土、倒退（或折返）、空回等过程组成一个循环。影响作业效率的主要因素是切土和运土两个环节。因此，必须以最短的时间和距离切满土，并尽可能减少土在推运过程中散失。推土机开挖土质路堑作业方法与填筑路基相同的有下坡推土法、槽形推土法、并列推土法、接力推土法和波浪式推土法。另有斜铲推土法和侧铲推土法。

3. 公路工程施工中以单斗挖掘机最为常见，而路堑土方开挖中又以正铲挖掘机使用最多。正铲挖掘机挖装作业灵活，回转速度快，工作效率高，特别适用于与运输车辆配合开挖土方路堑。正铲工作面的高度一般不应小于1.5m，否则将降低生产效率，过高则易塌方，损伤机具。其作业方法有侧向开挖和正向开挖。

七、石质路堑施工技术

（一）基本要求

在开挖程序确定之后，根据岩石条件、开挖尺寸、工程量和施工技术要求，通过方案比较拟定合理的方式。其基本要求是：保证开挖质量和施工安全；符合施工工期和开挖强度的要求；有利于维护岩体完整和边坡稳定性；可以充分发挥施工机械的生产能力；辅助工程量少。

（二）开挖方式

1. 钻爆开挖：是当前广泛采用的开挖施工方法。有薄层开挖、分层开挖（梯段开挖）、全断面一次开挖和特高梯段开挖等方式。

2. 直接应用机械开挖：该方法没有钻爆工序作业，不需要风、水、电辅助设施，简化了场地布置，加快了施工进度，提高了生产能力。但不适于破碎坚硬岩石。

3. 静态破碎法：将膨胀剂放入炮孔内，利用产生的膨胀力，缓慢的作用于孔壁，经过数小时至 24h 达到 300 ～ 500MPa 的压力，使介质裂开。

（三）石质路堑爆破施工方法

1. 常用爆破方法

（1）光面爆破：在开挖限界的周边，适当排列一定间隔的炮孔，在有侧向临空面的情况下，用控制抵抗线和药量的方法进行爆破，使之形成一个光滑平整的边坡。

（2）预裂爆破：在开挖限界处按适当间隔排列炮孔，在没有侧向临空面和最小抵抗线的情况下，用控制药量的方法，预先炸出一条裂缝，使拟爆体与山体分开，作为隔震减震带，起保护和减弱开挖限界以外山体或建筑物的地震破坏作用。

（3）微差爆破：两相邻药包或前后排药包以毫秒的时间间隔（一般为 15 ～ 75ms）依次起爆，称为微差爆破，亦称毫秒爆破。多发一次爆破最好采用毫秒雷管。当装药量相等时其优点是：可减震 1 / 3 ～ 2 / 3 左右；前发药包为后发药包开创了临空面，从而加强了岩石的破碎效果；降低多排孔一次爆破的堆积高度，有利于挖掘机作业；由于逐发或逐排依次爆破，减少了岩石夹制力，可节省炸药 20%，并可增大孔距，提高每米钻孔的炸落方量。炮孔排列和起爆匝序，根据断面形状和岩性。多排孔微差爆破是浅孔深孔爆破发展的方向。

（4）定向爆破：利用爆破能将大量土石方按照指定的方向，搬移到一定的位置并堆积成路堤的一种爆破施工方法，称为定向爆破。它减少了挖、装、运、夯等工序，生产效率高。在公路工程中用于以借为填或移挖作填地段，特别是在深挖高填相间、工程量大的鸡爪形地区，采用定向爆破，一次可形成百米以至数百米路基。

（5）洞室爆破：为使爆破设计断面内的岩体大量抛掷（抛坍）出路基，减少爆破后的清方工作量，保证路基的稳定性，可根据地形和路基断面形式，采用抛掷爆破、定向爆破、松动爆破方法。抛掷爆破有三种形式：

平坦地形的抛掷爆破（亦称扬弃爆破）。自然地面坡角 a 在 <150，路基设计断面为拉沟路堑，石质大多是软石时，为使石方大量扬弃到路基两侧，通常采用稳定的加强抛掷爆破。

斜坡地形路堑的抛掷爆破。自然地面坡角。a 在 150 ~ 500 之间，岩石也较松软时，可采用抛掷爆破。

斜坡地形半路堑的抛坍爆破。自然地面坡度 a>300，地形地质条件均较复杂，临空面大时，宜采用这种爆破方法。在陡坡地段，岩石只要充分破碎，就可以利用岩石本身的自重坍滑出路基，提高爆破效果。

2. 综合爆破施工技术

综合爆破是根据石方的集中程度，地质、地形条件，公路路基断面的形状，结合各种爆破方法的最佳使用特性，因地制宜，综合配套使用的一种比较先进的爆破方法。一般包括小炮和洞室两大类。小炮主要包括钢钎炮、深孔爆破等钻孔爆破；洞室炮主要包括药壶炮和猫洞炮，随药包性质、断面形状和微地形的变化而不同。用药量 1t 以上为大炮，1t 以下为中小炮。

（1）钢钎炮通常指炮眼直径和深度分别小于 70mm 和 5m 的爆破方法。

1）特点：炮眼浅，用药少，每次爆破的方数不多，并全靠人工清除；不利于爆破能量的利用。由于眼浅，以致响声大而炸下的石方不多，所以工效较低。

2）优点：比较灵活，在地形艰险及爆破量较小地段（如打水沟、开挖便道、基坑等），在综合爆破中是一种改造地形，为其他炮型服务的辅助炮型。因而又是一种不可缺少的炮型。

（2）深孔爆破是孔径大于 75mm、深度在 5m 以上、采用延长药包的一种爆破方法。

1）特点：炮孔需用大型的潜孔凿岩机或穿孔机钻孔，如用挖运机械清方可以实现石方施工全面机械化，是大量石方（万方以上）快速施工的发展方向之一。

2）优点：劳动生产率高，一次爆落的方量多，施工进度快，爆破时比较安全。

（3）药壶炮是指在深 2.5 ~ 3.0m 以上的炮眼底部用小量炸药经一次或多次烘膛，使眼底成葫芦形，将炸药集中装入药壶中进行爆破。

1）特点：主要用于露天爆破，其使用条件是：岩石应在XI级以下，不含水分，阶梯高度（H）小于 10 ~ 20m，自然地面坡度在 700 左右。如果自然地面坡度较缓，一般先用钢钎炮切脚，炸出台阶后再使用。经验证明，药壶炮最好用于Ⅶ—Ⅸ级岩石，中心挖深 4 ~ 6m，阶梯高度在 7m 以下。

2）优点：装药量可根据药壶体积而定，一般介于 10 ~ 60kg 之间，最多可超过

100kg。每次可炸岩石数十方至数百方，是小炮中最省工、省药的一种方法。

（4）猫洞炮系指炮洞直径为 0.2 ～ 0.5m，洞穴成水平或略有倾斜（台眼），深度小于 5m，用集中药锯炮洞中进行爆炸的一种方法。

1）特点：充分利用岩体本身的崩塌作用，能用较浅的炮眼爆破较高的岩体，一般爆破可炸松 15 ～ 150ma。其最佳使用条件是：岩石等级一般为Ⅸ级以下，最好是 V—Ⅶ级；阶梯高度最小应大于眼深的两倍，自然地面坡度不小于 500，最好在 700 左右。由于炮眼直径较大，爆能利用率甚差，故炮眼深度应大于 1.5 ～ 2.0m，不能放孤炮。猫洞炮工效，一般可达 4 ～ 10ma，单位耗药量在 0.13 ～ 0.3kg／m³ 之间。

2）优点：在有裂缝的软石坚石中，阶梯高度大于 4m，药壶炮药壶不易形成时，采用这种爆破方法，可以获得好的爆破效果。

第三章　路基工程施工建设

第一节　概　述

路基作为公路的重要组成部分，是路面的基础，它不仅承受着土体本身的荷载作用，还承受着行车荷载的反复作用，是公路的承重主体，所以路基的强度和稳定性是非常重要的。有些新建公路投入运行不久，路面就发生破坏或下陷，其主要原因之一就是路基的施工质量问题。因此，必须确保路基工程的施工质量。

一、路基工程的特点

公路路基是由土石方修筑而成的一种巨型的线性构造物，它具有以下特点：结构形式简单，工程量大。受地形、地质、气候等因素的影响极大；施工范围广，作业内容多，技术复杂，质量要求高；投资大，工期长。因此，路基工程必须采取合理的施工方法，选择合适的填筑材料，采用先进的施工技术、机械设备及周密的施工组织和科学的管理来有效地保证路基工程的高质量标准和要求。

二、路基的重要性

路基是支承路面的土工构筑物，在挖方地段，路基是开挖天然地层形成的路堑；在填方地段，则是用密实的土石填筑而成的路堤。由于路基在使用过程中要承受由路面传递来的行车荷载作用并抵御各种环境因素的影响，因此，要求路基必须具有足够的强度、良好的稳定性和耐久性。所谓路基施工，就是以设计文件和施工技术规范为依据，以工程质量为中心，有组织、有计划地将设计图纸转化为工程实体的建筑活动。

路基施工的重要性突出地表现为对工程质量的高标准要求。强度高、稳定性和耐久性良好的路基将成为路面结构的良好支承体系，有利于提高路面整体强度和使用性能，延长路面的使用寿命，同时，还可以降低路面工程造价和公路养护维修费用。反之，若路基工程质量低劣，将给路面和路基自身留下许多隐患，路面的使用品质和使用寿命会因此而降低，严重的路基或路面破坏甚至会中断交通，造成重大经济损失。

路基施工的重要性还在于工程质量受到多种因素的不利影响。虽然路基施工主要是开挖、运输、填筑、压实等比较简单的工序，但由于路基施工存在着条件变化大、工程数量大、施工难度大、施工方法多等特点，对于保证路基工程质量有一定的难度。特别是地质条件不良的特殊路基段及隐蔽工程较多的路基，在施工时常会遇到复杂的技术问题和各种突发性事故需要处理，可以说路基施工技术是简单中蕴涵着复杂。

第二节　路基施工方法

一、路基土方作业的基本类型

1. 路基土方作业可以分为以下几种基本类型

（1）挖取边沟和路侧土坑（单侧或双侧）的土填筑路堤；

（2）挖取上侧半路堑的土填下侧半路堤（半填半挖路基）；

（3）挖取集中取土坑或路堑的土运到填土处填筑路堤；

（4）挖取路堑的土运到弃土点，或者把台口式路堑的土弃至路堑下侧。

2. 各种工作类型

由于填挖要求、地形和运输距离不同，所用的施工方法和施工组织也就完全不同。在施工时，可根据各自的特点及对填挖工作沿路基宽度和高度（或深度）的推进顺序，采用不同的施工方案，使方案尽量能够达到如下要求：

（1）创造良好的施工条件，使工人和生产机具的生产效率得到充分的发挥；

（2）有足够的工作面，便于布置施工所需的全部工人和机具；

（3）有利于提高施工质量，保证安全施工，各个施工阶段都有排水出口。

3. 施工准备工作

路基施工需要消耗大量的人工、物资、机械和时间等资源，是一项历时长、技术要求高的工作。路基施工前，必须根据工程的实际情况做好组织准备、物资准备和技术准备工作，使各项施工活动能正常进行。在施工过程中，所有的施工活动都必须严格按有关施工规范进行，以确保工程质量，最后得到质量优良的路基实体。

二、路基施工的基本方法

路基土石方的施工作业主要包括开挖、运输、铺填、压实和修整等工作。有时为了提高挖土的效率，还要先松土。路基施工的基本方法可分为以下几种：

（1）人工和半机械化施工。主要依靠人力，使用手工工具和简易机械设备。适用于缺少筑路机械的工地和工程量小而分散的零星工程以及某些辅助性工程。

（2）水力机械化施工。运用水泵、水枪等水力机械喷射强力水流，把土冲散并泵送到指定点沉积。这种方法可以用来挖掘比较松软的土层和填筑路堤（高等级公路不宜用），或者进行软土地基加固的钻孔等工作。施工现场需有充足的水源和动力。

（3）爆破施工。这是开挖岩石路堑的基本方法，也可以用来松动冻土（硬土）、排除淤泥、开采石料。定向爆破可将路基挖方直接移作填方，挤压和扩孔爆破可以用来处理软土地基。

（4）机械化施工。采用推土机、铲运机、平地机、挖掘机、压路机及松土机等机械，经过选配，共同协调地进行施工的方法。它可以极大地提高劳动生产率，显著地加快施工速度，并确保工程质量。

第三节　路基施工主要机械

一、公路工程施工机械的选择与配置

（一）合理选择施工机械的一般原则

公路建设采用机械化施工，目的是为了优质、高效、安全、低耗地完成工程建设任务，在提高劳动生产率的同时减轻施工人员的劳动强度，这是公路建设机械化施工应遵循的基本原则。因此，在公路建设采用机械化施工时，选择施工机械应遵循以下原则：

1. 适应性

施工机械与公路建设项目的具体实际相适应，即施工机械要适应公路建设项目的施工条件和作业内容。例如，路基工程的施工范围广、施工条件变化大，选用的施工机械一方面应适应公路工程所在地的气候、地形、土质、场地大小、运输距离、施工断面形状与尺寸、工程质量要求等；另一方面施工机械的工作容量、生产率等要与公路工程进度及工程量相符合，尽量避免因施工机械的作业能力不足而延误工期，或因作业能力过大而使施工机械利用率降低。在条件许可的情况下（购买新的施工机械，或租赁施工机械或挖掘现有设备潜力），尽量选择最适合公路建设项目内容的施工机械。

2. 先进性

新型的公路工程施工机械具有高效低耗、性能优越稳定、工作安全可靠、施工质量优良等优点，产品单价虽然不同于一般，但其胜价比仍较高，更能保质保量地完成公路工程施工任务。此外，采用先进的施工机械，由于其性能优点、安全可靠、故障费低，最终可取得较好的技术经济效益。

3. 经济性

公路工程施工机械经济性选择的基础是施工单价，它主要与施工机械的固定资产消耗及运行费用等因素有关。采用先进的大型的施工机械进行公路工程施工，虽然一次性投资较大，但它可以分摊到较大的工程量当中，对公路建设项目的成本影响较小。因此在选择公路工程施工机械时，必须权衡工程量与机械费用的关系，同时要考虑施工机械的先进性和可靠性，这是影响公路工程机械化施工经济效益的重要因素。

4. 安全性

施工进度的同时，在选择合适的施应充分考虑施翻车或落体保护装置、防尘隔音机械、保证公路建设项目工程质量和机械的安全可靠性，如行驶稳定、有危险施工项目可遥控操作等。此外，在保证施工人员、设备安全的同时，应注意保护自然环境及已有的建筑设施，不致因所采用的施工机械及其作业而受到破坏。

5. 通用性和专用性

根据公路建设项目的技术要求，选择合适的施工机械是保证工程质量和施工进度的重要条件之一。在此过程中，应充分考虑施工机械的通用性和专用性。通用施工机械可以一机多用，用一种机械代替一系列机械，简化工序，减少作业场地，扩大机械使用范围，提高机械利用率，方便管理和修理。专用施工机械生产率高、作业质量好，因此某些作业量较大或有特殊施工要求的公路建设项目，选择专用性强的施工机械较为合理。

（二）公路工程施工机械配置

1. 根据项目作业内容配置施工机械，以公路工程路基施工为例，其作业内容包括土石方的挖掘、铲运、填筑、压实等内容，另外还包括一次辅助作业，比如在进行石方开挖过程中，由于要进行砾石开采和岩石开采，可以配置挖掘机、推土机、凿岩机、移动式空气压缩机等机械和设备；在进行冻土路基的开挖情况下，可以配置推土机、冻土犁、冻土钻等机械和设备；在进行土石填筑中的高质量路基、场地等施工的时候，可以配置推土机、铲运机、羊足碾、压路机、夯板、碾压机、洒水车、平地机、推土机、平地机、铲运机、大犁等机械设备；松土、爆破、表层清理等，可以配置伐木机、推土机、挖掘机、装载机、水泵、松土器等；在开挖底部宽度大于 2.5m 的基坑的时候，可以配置推土机、挖掘机、装载机等。

2. 根据施工机械技术性能配置机械，主要指主要机械和配套机械的配置，配套机械的生产效率、工程容量等方面应略大于主要施工机械，防止因配套机械的工作能力的不足而影响主要机械的作业效率。比如，自卸运输车的车厢容积应是挖掘机铲斗工作容量的 4 倍左右。

3. 施工机械类型与其数量的合理配置，在进行施工作业的过程中，尽量不要只依靠一套施工机械作业，因为当主要施工机械发生故障时，就会造成公路建设项目全线停工，故应选用两套或多套施工机械并列作业,这样可避免或减少全线停工现象的发生。例如沥青路面施工中人们多采用两套沥青摊铺机、压路机并列作业;另外,施工机械类型及数量不宜过多,应根据公路工程施工的内容,尽可能选用高作业效率和大工作容量的施工机械,因为施工机械的类型的减少,便于施工机械的维护、管理和调度,也有利于提高协同作业的效率。

4.根据气象条件配置施工机械,在选择施工机械时要充分考虑公路建设项目施工期间的气象情况,不良的气候条件使得某些施工机械不适用例如,持久下雨、土壤过分潮湿和作业场地及道路泥泞时,宜配置履带式施工机械进行作业。

5.根据外部环境,施工机械在路基工程施工,配置施工机械时应考虑运输机械的经济运距和道路条件。所谓经济运距,是指机械施工时较为经济的范围。道路条件是指道路的类别、路况、坡度和路面阻力等。在沥青路面施工,为保证沥青混合料摊铺工序所需温度和压实工序所需温度,自卸车运输沥青混合料的距离不宜超过30km。

6.根据公路建设项目工程量配置施工机械,在合同工期内,按照施工进度中的日作业量和月作业强度配置施工机械。比如,摊铺设备应根据沥青路面基层的设计宽度、摊铺厚度、平整度及拌合设备产量和运料车能力等配置。压实是保证工程质量的重要步骤。按照沥青摊铺机的摊铺能力、铺层厚度、骨料粒径、公路等级等配置两台12～15t的压路机足以满足施工要求。沥青混合料拌和设备配置生产能力不小于60t/h,运输车辆应配置额定载荷为10吨的自卸车,为保证沥青混合料拌合设备连续工作,现场应保证3～5辆的运料车等候。

二、公路路基土方机械施工和施工机械管理

大型机械在公路施工中有着不可替代的重要作用,尤其是路基上方工程,施工期较短,上量集中,任务重,在大型机械的辅助下,不仅工效高,进度快,而且还可以很好的保证工程质量。在公路路基上方施工过程中,各种机械要根据施工现场的设计要求、环境条件等实际情况,有针对性地加以控制,以合理、科学的方式来进行生产操作,大幅度提高公路施工的质量和生产效率。

(一)路基土方机械施工

1.前期准备

在路基上方机械施工之前,要根据项目施工方案和设计图纸中的横断面、纵断面设计图,来对施工现场的各个加桩以及白米桩、中心线主桩、交点桩等进行校对,全部复测以后,实施路基放样,对于转交桩和白米桩,需要对其增设护桩并进行相应的加固处理。和公路项目设计中的上方作业量相结合,对施工场地中的取弃上,每隔40～60m以左右分别钉一桩的方式,来布置内外两侧的边界桩,同时要钉好拔脚桩。其他工序施工以及上方

机械的发掘都会崛起一定的上体,为了避免路基的边桩受到不必要的破坏、覆盖、掩埋,要对上方施工范围内的百米桩进行外移栓桩。布置施工现场临时水准点的位置时,要将水准点的间隔距离保持在 500m 左右,如果施工现场有大幅度的起伏情况,可以将水准点的间隔距离保持在 300m 左右,布置好后,要在每个临时水准点留下明显、清晰的水准点标记。后续施工时,要在施工现场有桩位的地方,插上一个高度为 1.5 ~ 2.0m 的标杆,使用色彩比较鲜艳、容易识别的彩旗、油漆进行绑扎、涂覆,为后续施工管理奠定基础。

2. 路基土方机械施工

公路路基施工过程中,土方生产作业要根据项目的施工方案和设计图纸,加强对高程的控制,结合施工现场的填上高度、放样边桩来进行机械施工,对于施工场地内的纵向上方,要使用合理、科学的方式进行适当的调配,注意对施工现场周边环境的治理和保护以及对路基护坡道、纵向排水设施的影响。根据我国相关规定的具体要求,路基各个松铺层的厚度要尽量保持在 30cm 左右,路基填上时,尽量使用上方施工范围内的上体,使用碾压、平地设备,用分层的方式来摊平、密实上体,使其符合项目设计的相关要求,审查验收、技术交底之后,再开始下层填上的施工。路基填上过程中,如果实际填上的宽度和标高达到项目设计的标准,就要立刻停止操作,找平处理的同时,要测量好几何、中线的尺寸,为后续路基整修奠定基础。在进行路基填上、高填路堤施工时,填上高度每上升 1m,就要测量一次路基的中线桩和高程,同时对填上施工的标高进行重新设置,避免路中线出现偏离的现象。

3. 路堑机械施工

公路单个路段的填方作业、上方机械施工,可以借助于临床路段的挖方上,来进行具体的操作,同时选择重量、规格、功率都比较人的铲运机、推上机等。路堑施工过程中,如果路堑的深度在 3m 以下,一般情况下,是将运距设定、控制在 100m 以内,推上机的运行以纵向路侧推上为主,如果路基两侧的地形允许弃上、比较平整,或者施工范围内没有可以利用的填方,可以使用推上机路侧通道横向弃上的方法来进行施工,这种方法不仅可以人幅度减少弃上的运距、提高机械的运行效率,还可以人幅度提高经济效益,在传统车运弃上法的 3.2 倍左右。如果路堑的实际深度超过了 3m,可以使用车运输、机械推上同步操作的方法来进行施工,提高项目的经济效益和生产效率。值得注意的是,施工期间下雨时,为了避免雨水浸泡路基,在路堑施工前就要挖截水沟排水,当路堑挖至路肩标高时,要挖侧沟以便排水。

(二)施工机械的选择方法

1. 根据气象条件选择

施工期间的天气情况会影响施工机械的选择。下雨时,土壤会比较潮湿,施工场地会比较泥泞,应该使用履带式的施工机械;如果天气晴朗,上质比较干燥,应该使用轮式的施工机械。在实际施工过程中，会出现各种各样的问题，从不同程度上影响着机械化施工，如机械的转场问题、机械的燃料供应问题等，所以施工单位在选择施工机械时，不可粗心大意、盲目进行选择，要根据施工场地的实际环境、施工期间的气象条件以及施工需求等综合考虑，科学合理的选择一种合适的机械，确保机械的作用可以充分发挥，顺利完成施工任务，达到加快进度、保质保量、节省人力的目的。

2. 根据土质选择

施工现场的土质情况会影响施工机械的选择，因为施工机械作业的一个重要对象就是施工现场的土壤。土质和施工质量、效率、成本都有着密切的关系，所以选择施工机械时，必须要考虑施工范围内的上质情况。土方施工机械的种类有很多，如挖掘机、推土机、装载机等，压实机械有振动压路机、光面压路机、轮胎压路机等，实际施工中，施工单位要根据施工范围内土质的实际情况，选择合适的施工机械。

3. 根据运输距离和道路情况选择

由于沥青路面施工过程中的压实、摊铺两道工序对沥青混合料的温度有一定的要求，所以自卸车运输沥青混合料的距离不能超过 30km，所以在选择施工机械时，要综合考虑经济运输距离和机械施工的道路情况。经济运输距离指的是在机械施工过程中，比较经济的范围；道路情况指的是道路的路而阻力、坡度、路况、类别等。

4. 根据公路建设项目工程量选择

根据公路建设项目工程的施工进度表，将机械的工作量细化到每天，然后根据具体的作业强度和作业量来选择合适的施工机械。

5. 根据公路建设项目作业内容选择

公路建设中的工程包括很多部分，而每个部分又包括很多作业内容。如：公路建设项目包括路基工程施工，而路基工程施工又包括上石方的填筑、铲运、挖掘等作业内容，此外，还有表层清理、爆破等辅助施工，所以在选择施工机械时，要根据工程类别进行科学选择。

（三）施工机械的管理

1. 施工机械的管理方法

所有的施工机械都要进行编组，并且在机械身上留下明显的标号，为后续运行期间的管理、调配奠定基础。施工机械管理时，不仅要先行制定可行、完整的技术责任制、绩效考核制、二包责任制、岗位责任制等制度、规范、标准，还要根据机械的动态情况以及上工作业范围内的工程量、地形、土质等，设计、编制机械施工进度不意图。施工机械操作人员必须具有上岗证或相关的资质证明，定期对其进行培训、教育，提高业务水平和专业素质，严格落实各项制度，由专门的管理人员或技术人员进行指挥，保证施工安全，减少安全事故，充分发挥施工机械的作用。

2. 施工机械的日常维护和检查

在施工过程中，要对施工机械进行定期维护和检查，避免机械发生短路、损坏、故障等安全隐患，提高机械的生产效率和完好率，确保施工机械时刻处于最佳运行状态，断绝一切延误施工进度的可能，保证安全生产和工程进度。

3. 合理布置生产任务

施工过程中，要根据项目施工方案、组织计划、设计图纸，针对机械停放的位置、机械进场的顺序、施工现场的布局等业务活动，合理规划平面布局，结合路基上方作业强度和作业量，用分段、分区的方式分派生产任务。

第四节 一般路基施工

一、挖方路基施工

（一）土质路堑开挖

1. 开挖方法的确定

路堑开挖是将路基范围内设计标高之上的天然土体挖除并运到填方地段或其他指定地点的施工活动。开挖路堑将破坏土体原有的平衡状态，开挖时保证挖方边坡的稳定性是一个十分重要的问题。深长路堑往往工程量巨大，开挖作业面狭窄，常常是一段路基施工进度的控制性工程。因此应因地制宜，以加快施工进度、保证工程质量和施工安全为原则，综合考虑工程量大小、路堑深度与长度、开挖作业面大小、地形与地质情况、土石方调配方案、机械设备等因素，制定切实可行的开挖方式。根据路堑深度和纵向长度，开挖时可按横挖法、纵挖法或混合式开挖法进行。

2. 开挖方法

（1）横挖法

横挖法是从路堑的一端或两端在横断面全宽范围内向前开挖，主要适用于短而浅的路堑。路堑深度不大时，一次挖到设计标高的开挖方式称为单层横挖法。若路堑较深，为增加作业面，以便容纳较多的施工机械，形成多向出土以加快工程进度，而在不同高度上分成几个台阶同时开挖的方式称为多层横挖法，各施工层面具有独立的出土通道和临时排水设施。用人工按多层横挖法开挖路堑时，所开设的施工台阶高度应符合安全施工要求，一般为 1.5 ~ 2.0m。若采用机械开挖路堑，每层台阶高度为 3 ~ 4m。当运距较近时宜采用推土机进行开挖；运距较远时宜采用挖掘机配合自卸汽车进行开挖，或用推土机推土堆积，再用装载机配合自卸汽车运土。开挖时应配合平地机或人工分层修刮、整平边坡。

（3）纵挖法

纵挖法是开挖时沿路堑纵向将开挖深度内的土体分成厚度不大的土层依次开挖，分为分层纵挖法和通道纵挖法两种。当开挖地段地面横坡较陡、开挖长度较短（不超过100m）且开挖深度不大于3m时，宜采用推土机作业。当挖掘的路堑较长（超过1000m）时，宜采用铲运机或铲运机加推土机助铲作业。

通道纵挖法适用于路堑较长、较宽、较深而两端地面坡度较小的情况。开挖时先沿纵向分层，每层先挖出一条通道，然后开挖通道两旁，通道作为机械运行和出土的路线。

如果所开挖的路堑很长，可在路堑适当位置将路堑横向挖穿，把路堑分为几段，各段再采用纵向开挖的方式作业，这种挖掘路堑的方法称为分段挖掘法。这种挖掘方法可以增加施工作业面，减少作业面之间的相互干扰并增加出料口，从而大大提高工效，适用于傍山的深长路堑开挖。

（4）混合式开挖法

混合式开挖法是将横挖法与纵挖法混合使用。开挖时先沿路堑纵向开挖通道，然后从通道开始沿横向坡面挖掘，以增加开挖坡面，每一开挖坡面能容纳一个施工作业组或一台机械。在挖方量较大的地段，还可沿横向再挖掘通道以安装运土传送设备或布置运土车辆。这种方法适用于路堑纵向长度和深度都很大的地段。

土方开挖不论开挖工程量和开挖深度大小，均应自上而下进行，不得乱挖超挖。严禁掏洞取土。在不影响边坡稳定的情况下采用爆破施工时，应经过设计审批。在开挖过程中土质发生变化时，应及时修改施工方案和边坡坡度。对于已经开挖的适于种植草皮和有其他用途的土，应储备利用。严禁在岩溶漏斗处、暗河口处、贴近桥墩台处弃土。

（二）石质路堑开挖

1. 施工方法的选择

由于岩石坚硬，石质路堑开挖往往比较困难，这对路基的施工进度影响很大，尤其是工程量大而集中的山区石方路堑更是如此。因此，采用什么样的开挖方法对施工进度有着决定性的意义。通常在选择施工方法时，应根据岩石类别、风化程度、节理发育程度、施工条件及工程量大小等选择爆破法、松土法或破碎法进行开挖。

2. 施工方法

（1）爆破法开挖

爆破法是利用炸药爆炸的能量将土石炸碎以利于开挖运输或借助于爆炸能量将土石移到预定位置。用这种方法开挖路堑具有工效高、速度快、劳动力消耗少、施工成本低等特点。对于岩质坚硬，不可能用人工或施工机械开挖的石质路堑，通常要用爆破开挖法。爆破后用机械清方，是非常有效的路堑开挖方法。

根据炸药用量的多少，爆炸法分为中小型爆破和大爆破，其中使用频率最高的是中小型爆破，大爆破的应用通常受到诸多因素的影响。例如在开挖山岭地带的石方路堑时，如果岩层不太破碎、路堑较深且路线通过突出的山嘴时，采用大爆破开挖可有效提高施工效率。如果路堑位于页岩、片岩、砂岩、砾岩等非整体性岩石时，则不宜用大爆破开挖法。尤其是路堑位于岩石倾斜朝向路线且有夹砂岩、粘土层的软弱地段及易坍塌的堆积层时，禁止采用大爆破开挖，以免对路基的稳定性造成危害。

石方需用爆破法开挖的路段，如空中有缆线，应查明其平面位置和高度；还应调查地下有无管线，如果有管线，应查明其平面位置和埋设深度；同时应调查开挖边界线外的建筑物结构类型、完好程度、距开挖边界线的距离，然后制定爆破方案。任何爆破方案的制定，必须确保空中缆线、地下管线和施工区边界处建筑物的安全。进行爆破作业时必须由经过专业培训并取得爆破证书的专业人员施爆。土质深挖路堑无论是单边坡或双边坡，均应按照有关规范的规定开挖，靠近边坡 3m 以内禁止采用爆破法炸土施工。在距边坡 3m 以外准备采用爆破法施工时，应进行缜密设计，防止炸药量过多，并报请批准。

（2）松土法开挖

松土法开挖是充分利用岩体的各种裂缝和结构面，先用推土机牵引松土器将岩体翻松，再用推土机或装载机与自卸汽车配合将翻松的岩块搬运到指定的地点。松土法开挖避免了爆破作业的危险性，而且有利于挖方边坡的稳定和附近建筑设施的安全，凡能用松土法开挖的石方路堑，应尽量不采用爆破施工法。随着大功率施工机械的使用，松土法愈来愈多地应用于石质路堑的开挖，而且开挖的效率越来越高，能够使用松土法施工的范围越来越广。

松土法施工的效率与岩石破裂面情况及风化程度有关。岩体被破碎岩石分割成较大的块体时，松开效率高。当岩体已裂开成为小块石或呈粒状时，松土只能劈成沟槽，效率低。砂岩、石灰岩、页岩等沉积岩有沉积层面，是比较容易松开的岩石，沉积层愈薄松动愈容易。片麻石、片岩、石英岩等变质岩的松动要根据其破裂面的发育情况而定。花岗岩、玄武岩、安山岩等岩浆岩不成层状或带状，松动比较困难。坚硬完整的岩石难于翻松，可进行适当的浅孔松动爆破，再进行松土作业。松土施工所采用的松土器分为单齿松土器和多齿松土器两种。

（3）破碎法开挖

破碎法开挖是利用破碎机凿碎岩块，然后进行挖运作业。这种方法是将凿子安装在推土机或挖土机上，利用活塞的冲击作用使凿子产生冲击力以凿碎岩石，其破碎岩石的能力取决于活塞的大小。破碎法主要用于岩体裂缝较多、岩块体积小、抗压强度低于 100MPa 的岩石，由于开挖效率不高，只能用于上述两种方法不能使用的局部场合，作为爆破法和松土法的辅助作业方式。

二、路堤填筑施工

（一）基底的处理

基底处理是保证路堤稳定、坚固极为重要的措施。在路堤填筑前进行基底处理，能使路堤填土与原地表土密切结合，增加承载力，避免路堤沿基底发生滑动，防止因草皮、树根腐烂而引起的路堤沉陷，保证路堤填筑的质量，保证路堤具有足够的强度和稳定性。对于一般的基底处理，应按下列规定执行：

1. 基底土密实，且地面横坡不陡于 1：10 时，经碾压符合要求后，可直接在地面上修筑路堤，但在不填不挖或路堤高度小于 1m 的地段，应采用先人工后机械方法清除树根、草皮等杂物。

2. 地面横坡陡于 1：5 时，原地面应挖成台阶，台阶宽度不小于 2m，高度不小于 1m。若地面横坡超过 1：2s 时，外坡脚应进行特殊处理，如修护墙和护脚。

3. 基底土为腐殖土，必须用人工或机械将其表层土清除换填，厚度视具体情况而定般不小于 30cm 为宜。并予以分层压实，压实度应符合规范要求。

4. 路堤修筑范围内，原地面的坑、洞、墓穴等，应用原地的土或砂性土回填，并按规定进行压实。

5. 路基受到地下水影响时，应予以拦截或排除，引地下水至路堤基础范围之外。当路基经过水田、池塘或洼地时，应根据具体情况进行排水疏干、挖除淤泥、打砂桩、抛填片石、砂砾石或石灰（水泥）处理土等措施，以保持基底稳固。

（二）填筑材料的选择

公路路基的强度和稳定性很大程度上取决于路基填料的性质及其压实的程度。为了保证路堤具有足够的强度、良好的水温稳定性及耐久性，从现有条件出发，选择合理的填筑方法、改进填料要求和压实条件是保证路基质量最有效和经济的方法。

1. 路基填料选择

在选择路基的填筑材料时，由于各类用土具有不同的工程性质，应根据不同种类的土分别采取不同的工程技术措施，并尽可能选用稳定性良好且具有一定强度的土石作为填料。公路路基施工技术规范规定：

（1）路堤填料不得使用淤泥、沼泽土、冻土、有机土、含草皮土、生活垃圾、树根和含有腐朽物质的土。采用盐渍土、黄土、膨胀土填筑路堤时，应遵照有关规定执行。

（2）液限大于 50，塑性指数大于 26 的土，以及含水量超过规定的土，不得直接作为路堤填料；需要应用时，必须采取满足设计要求的技术处理，经检查合格后方可使用。

（3）钢渣、粉煤灰等材料可用作路堤填料，其他工业废渣在使用前应进行有害物质的含量试验，避免有害物质超标，污染环境。

（4）捣碎后的种植土可用于路堤边坡表层。

黄土、膨胀土及盐渍土的填料强度分别按各自的规定办理。

路基填料中最稳定的填料主要有石质土、砂性土和钢渣、粉煤灰等材料，这几类材料摩擦系数大，不宜压缩，透水性好，其强度受水的影响很小，是填筑路堤的最佳材料。

一般填土和其他工业废渣，经压实后能够获得足够的强度和稳定性，是较好的、常用的填筑材料。使用时应注意：土中的有机质含量不可超过 50；易溶盐含量不应超标；施工时按规定厚度分层铺设、压实，并控制最佳含水量。

砂土粘结性小，易于松散，对流水冲刷和风蚀的抵抗能力很弱，压实困难。但是经充分压实的砂土路基，则压缩变形小，稳定性好。为了加强压实和提高稳定性，可以用振动法压实，并可适量掺些粘土，以改善级配组成，并应将边坡予以加固，以提高路基的稳固性。

在路基填料中稳定性差的填料主要有高液限粘土、粉质土等，它们不宜作为公路路基用土。特殊情况下必须调节含水量并掺入适当的外加剂改良后方可使用。

（三）路基填筑方式

路基填土是把选定的路基填料运送到路基上逐层填起，进行铺平并碾压密实的过程。路基的填土方式可分为水平分层填筑法、纵向分层填筑法、横向填筑法和混合填筑法等。

1. 水平分层填筑法

水平分层填筑时按照横断面全宽分成水平层次，逐层向上填筑。如原地面不平，应由最低处分层填起，每填一层，经压实合格后再填上一层。此法施工操作方便、安全、压实质量容易保证。

2. 纵向分层填筑法

纵向分层填筑适用于推土机或铲运机从路堑取土填筑运距较短的路堤。填方侧应按要求，经人工开挖土质台阶后，依纵坡方向分层、逐层推土填筑碾压密实。原地面纵坡大于 120°的地段常用此法施工。

3. 横向填筑法

横向填筑从路基一端按各横断面的全部高度，逐步推进填筑，适用于无法自下而上分层填土的陡坡、断岩或泥沼地区。此法不易压实，且有沉陷不均匀的缺点。为此，应采用必要的技术措施，如选用高效能的压实机械（振动压路机）碾压，采用沉陷量较小的砂性土或废石方作填料等。

4. 混合填筑法

混合填筑是当公路路线穿过深谷陡坡，尤其是要求上部的压实度标准较高时，施工时下层采用横向填筑，上层采用水平分层填筑，此种方法称为混合填筑法。

三、路基压实施工

路基压实是保证路基质量的重要环节，路堤、路堑和路堤基底均应进行压实，且技术等级越高的公路，对路基的压实要求越严格。路基压实的作用是提高填料的密实度，减小孔隙率，增强填料颗粒之间的接触面，增大凝聚力或嵌挤力，提高内摩阻力，减少形变，为路基的正常工作提供良好的基础。

（一）土质路基的压实

土质路基的压实过程，其本质上是土体在压力作用下，克服土颗粒间的内聚力和摩擦力，使原有结构受到破坏，固体颗粒重新排列，大颗粒之间的间隙被小颗粒所填充，变成密实状态，达到新的平衡。在施工作业中，表现为土壤的体积被压缩，而达到一定程度后，这个过程不再持续，这是因为在颗粒重新排列后，土中气体被挤出，由快变缓，最终趋于结束，这时，作用于土体的压力只能引起弹性变形，而压力过大时，则可能使土壤产生剪切破坏，影响土体强度。

路基压实状况通常用压实度来表征。这里应注意的是，压实度与另一个概念密实度容易产生概念上的混淆。密实度亦称理论密实度，是指单位体积内固体颗粒排列的紧密程度，即土的固体体积率越大，土的干密度也越大，所以，有时也用干密度来表示土的密实度。但在物理意义上是有区别的。压实度是指土压实后的干密度与标准的最大干密度之比，用百分率表示，亦称干密度系数，或相对密实度。所谓标准的最大干密度，是指用标准击实试验方法，在最佳含水量条件下得到的干密度。

1. 影响压实效果的主要因素

影响路基压实效果的因素是多方面的，有内因也有外因，但与施工作业有关的主要因素有以下几点：

（1）土的含水量

任何有粘结力的土，在不同的湿度下，用同样的压实功能来挤压，将得到不同的密实度和不同的强度。

压实开始时，原状土相对湿度低，土颗粒之间的内摩阻力大，因而外力难以克服，故压实的干密度小，表现出土的强度高、密度低；当相对湿度缓慢增加时，水分在土粒间起润滑作用，压实的结果使被压材料（土粒）得以重新调整其排列位置，达到较紧密的程度，表现出密度增大。但与此同时，由于水的作用，内摩阻力有所减小，因而强度继续下降；当含水量继续增加，超过图中曲线顶点的最优值时，水的润滑作用已经足够，水分过多，使起润滑作用以外的多余水分进入土粒孔隙中，反而促使土粒分离而不易得到良好压实效果，从而降低了土的干密度；又由于土粒间距增大，内摩阻力与粘结力减小，使土的强度也随之减小，在压实曲线中出现驼峰形式。这就是说，在一定功能的压实作用下，含水量的变化会导致土的干密度随之变化，在某一含水量（最佳含水量）下，干密度达到最大值（最大干密度）。各种土的最佳含水量大小不同，一般来说，土在天然状态下的含水量值很接近于最佳含水量，因此在施工作业中，新卸填土应当立即推平压实。

（2）土的性质

不同土质的压实性能差别较大。一般来说，非粘性土的压实效果较好，而且最佳含水量较小、最大干密度较大，在静力作用下，压缩性较小，在动力作用下，特别是在振动作用下很容易被压实。粘质土、粉质土等分散性土的压实效果较差，主要是由于这些细分散性的土颗粒的比表面积大、粘聚力大、土粒表面水膜需水量大，最佳含水量偏高，而最大干密度反而偏小。

（3）压实功能

压实功能是由碾压（或锤击）的次数及其单位压力尺（或荷重）所决定的，若在一定限度内增加压实功能，则可降低含水量数值，提高最佳密实度的数值。

土在不同压实功能作用下的压实性质是决定压实工作量和选择机具、选择施工方法的依据。事实上，对任何一种土，当密实度超过某一限值时，欲继续提高它的密实度，降低含水量值，往往需要增加很大的压实功能。而过分加大压实功能，不仅密实度增加幅度小，还往往因所加荷载超过土的抵抗力，即土受压部位承受压力超过土的极限强度，从而导致土体破坏。因此，对路基填土的压实，在工艺方法上要注意不使压实功能太大。

（4）碾压时的温度

在路基碾压过程中，温度升高可使被压土中水的粘滞度降低，从而在土粒间起润滑作用，易于压实，但气温过高时，又会由于水分蒸发太快而不利于压实。温度低于0℃时，因部分水结冰，产生的阻力更大，起润滑作用的水更少，因而也得不到理想的压实效果。

（5）压实土层的厚度

土受压时，能够以均匀变形的深度（即有效压实深度）近似地等于两倍的压模直径或两倍的压模与土接触表面的最小横向尺寸，超过这个范围，土受到的压力急剧变小，并逐渐趋于零，可认为此时土的密实度没有变化。

土所受的外力作用随深度增加而逐渐减弱，当超过一定范围时，土的密实度将与未碾压时相同，这个有效的压实深度（产生均匀变形的深度）与土质、含水量、压实机械的构造特征等因素有关，所以正确控制碾压铺层厚度，对于提高压实机械生产率和填筑路基质量十分重要。

（5）地基或下承层强度

在填筑路堤时，若地基没有足够的强度，路堤的第一层难以达到较高的压实度，即使采用重型压路机或增加碾压遍数，也只能是事倍功半，甚至使碾压土层起"弹簧"。因此，对于地基或下承层强度不足的情况，填筑路堤时通常采取以下措施处理：

1）填筑路堤之前应先碾压地基；

2）若地基有软弱层，则应用砂砾（碎石）层处理地基；

3）路堑处路槽的碾压，先应铲除 30～40cm 原状土层并碾压地基后，再分层填筑压实。

2. 压实机具和碾压方法

（1）压实机具和碾压方法对压实效果的影响反映在以下几个方面：

1）压实机具不同，压力传布的有效深度也不同，一般来说，夯击式机具的压力传布最深，振动式次之，碾压式最浅。根据这一特性即可确定各种机具的最佳压实度。然而，同一种机具的压实作用深度在压实过程中并不是固定不变的。如钢筒式压路机，开始碾压时，因土体松软，压力传布较深，但随着碾压次数的增加，上部土层逐渐密实，土的强度相应提高，其作用深度就逐渐减小了。

2）压实机具的质量较小时，碾压遍数越多（即时间越长），土的密实度越高，但密实度的增长速度则随碾压遍数的增加而减小。并且密实度的增长有一个限度，达到这个限度后，继续以原来的施压机具对土体增加压实遍数则只能引起弹性变形，而不能进一步提高密实度（从工程实践来看，一般碾压遍数在小于或等于6遍时，密实度增大明显，6～10遍增长较慢，10遍以后稍有增长，20遍后基本不增长）。压实机具较重时，土的密实度随碾压遍数增加而迅速增加，但超过某一极限后，土的变形急剧增加而达到破坏，机具过重以至超过土的强度极限时，将立即引起土体破坏。

3）碾压速度越高，压实效果越差。土的粘性越小，应力作用速度越高，变形量越小，土的粘性越大，影响就越显著。因此，为了提高压实效果，必须正确规定碾压机具的行驶速度。

（2）压实标准与碾压控制

1）压实标准

压实标准包括两个方面：一是确定标准干密度的方法；二是要求的压实度。

关于标准干密度的确定方法，过去沿用的"标准击实试验"是一种轻型击实方法，其试验结果与现代化施工机械能力和车辆载荷不相适应，目前推行的主要是与国外公路压实要求相同的重型击实试验法。

3. 正确选择和使用压实机械

（1）压实机械的选择

压实机械的类型和数量选择是否恰当，直接关系到压实质量和工效。选择时应综合考虑以下几点：

1）土的性质、状态。不同的压实机械对不同土质的压实效果不同。如对砂性土，以振动式机械效果最好，夯击式次之，碾压式较差；对粘性土，以碾压式和夯击式较好，而振动式较差甚至无效。压实机械的单位压力不应超过土的强度极限，否则会立即引起土基破坏。选择机械时，还应考虑土的状态及对压实度的要求，一般来说，土的含水量小、压实度要求高时应选择重型机械，反之可选轻型机械。

2）压实工作面。当工作面较大时，可采用碾压机械；较狭窄时宜用夯实机械。

3）机械的技术特性与生产率。选择机械类型、确定机械数量时应考虑与其他工序的配合，使机械的生产能力互相适应。

（2）注意事项

为了能以尽可能小的压实功获得良好的压实效果，在压实机械的使用上应注意以下两点：

1）压实机械应先轻后重，以便能适应逐渐增长的土基强度。

2）碾压速度宜先慢后快，以免松土被机械推走，形成不适宜的结构，影响压实质量，尤其是粘性土，高速碾压时压实效果明显下降。通常压路机进行路基压实作业时行驶速度在4km1h以内为宜。

此外，在路基土的压实中，除了运用不同性能的各种专用压实机械外，还应特别注意尽可能利用其他土方施工机械和运输车辆进行分层压实，有计划、有组织地利用运土车辆碾压填方土料。施工中要注意采用合理的技术措施，一般应控制填土厚度不大于0.25～0.30m，并用推土机或平地机细致平土，控制合适的含水量；同时，还要在机械的运行线路上使各次行程能大体均匀地分布到填土土层表面，保证土层表面全部被压到。

4. 分层填筑、分层碾压

（1）分层填筑。一方面要把握每层填土厚度的大小。填土层厚度过大，其深部不能获得要求的压实度；填土层厚度过小会影响工作效率和经济效益。一般认为，对于细粒土，用12～15t光轮压路机时，压实厚度不得超过25cm，用22～25t振动压路机时（包括液压振动），压实厚度不超过60cm。利用运土工具压实时。另一方面，每层填土应平整，且自中线向两边设置2%～4%的横向坡度，并及时碾压，雨季施工时更应注意。

（2）分层碾压。碾压前应对填土层的松铺厚度、平整度和含水量进行检查，符合要求后方可进行碾压。分层碾压的关键是控制碾压遍数，有条件的情况下，可通过试验性施工来确定达到设计密实度所需的碾压遍数。

在施工中，当含水量为最佳含水量时，还可采用下列经验值：对低粘质土，压实所需的碾压遍数平均为4～6遍；对粘质土，压实所需的碾压遍数平均为10～12遍。

一般压实遍数宜控制在10遍以内，否则应考虑减少填土层厚。经压实度检验合格后方可转入下道工序。不合格处应进行补压后再检验，一直达到合格为止。

5. 加强质量检查

（1）填方地段基底。路堤填筑前应对基底进行压实。高速公路、一级公路和二级公路路堤基底的压实度不应小于85%，当路堤填土高度小于路床厚度（80cm）时，基底的压实度不宜小于路床的压实度标准。

（2）路堤。每一压实层均应检验压实度，合格后方可填筑其上一层。否则应查明原因，采取措施进行补压。检验频率为每2000 ㎡检验8点，不足2000 ㎡时，至少应检验8点，必要时可根据需要增加检验点，每点都必须符合规定值。

路床顶面压实完成后，还应根据《公路路基设计规范（JTGD30—2004）》进行弯沉值检验。

（3）路堑路床。零填及路堑路床的压实应符合其压实标准的规定。换填超过3m时，按90%的压实标准控制。

（4）桥涵处填土。桥台背后、涵洞两侧与顶部、锥坡背后的填土均应分层压实，分层检查，检查频率为每50㎡检验1点，不足50㎡时至少检验1点，每点都应合格，每一压实层松铺厚度不宜超过20cm。高速公路和一级公路的桥台、涵身背后和涵洞顶部的填土压实度，从填土基底或涵洞顶部至路床顶面均为95%，其他公路为93%，以确保不因密实度不足而产生错台，影响行车速度与安全。

桥涵处填土的压实采用小型的手扶振动夯或手扶振动压路机，但涵顶填土50cm内应采用轻型静载压路机压实，以达到规定的压实度为准。

（二）填石路堤、土石混填路堤及高填方路堤的压实

1. 填石路堤

（1）压实标准

填石路堤不能用土质路基的压实度来判定路基的密实程度，其判定方法目前国内外尚无统一规定。国外填石路堤曾采用在振动压路机的驾驶台上装设的压实计反映的计数值来判定是否达到要求的紧密程度，但无定量值的规定，且只限于设有此种装置的压路机。我国现行《公路路基施工技术规》（TJT033）规定的压实标准为：在规定深度范围内，以12t以上振动压路机压实，当压实层顶面稳定，不再下沉（无轮迹）时，可判为达到密实状态。

（2）压实方法及检查

填石路堤在压实之前，应用大型推土机摊铺平整。个别不平处应用人工配合以细石屑找平，使石块之间无明显高差台阶才便于压路机碾压，或使夯锤下坠到地面时，受力基本均匀，不致使夯锤倾倒。填石路堤填料石块本身是密实的不能压缩的，压实工作是使各石块间松散接触状态变为紧密咬合状态。由于石块块径较大，质量较大，必须选择工作质量12t以上的重型振动压路机、工作质量在2St以上的夯锤或25t以上的轮胎压路机压实，才能达到规定的密实状态。

填石路堤应先压两侧后压中间，对于轮碾，其压实路线应纵向互相平行，反复碾压。夯锤的压实路线应成弧形，当夯实密实程度达到要求后，再向后移动一夯锤位置。行与行之间应重叠40～50cm，前后相邻区段应重叠1.0～1.5cm，其余注意事项与土质路基压实相同。

填石路堤使用各种压实机具时的注意事项与压实填土路基相同，而填石路堤压实到所要求的紧密程度所需的碾压或夯压的遍数应经过试验确定。采用重锤夯实时，当重锤下落时不下沉而发生弹跳现象时，可进行压实度检验。

填石路堤顶面至路床顶面 30 ~ 50cm（高速公路、一级公路为 50cm，其他公路为 30cm）范围内应填筑符合路床要求的土，并按要求进行压实。

（3）土石混填路堤

土石混填路堤的压实方法与技术要求，应根据混合料中巨粒土（粒径大于 200mm 的颗粒）的含量多少确定。当混合料中巨粒土含量多于 70% 时，其压实作业接近于填石路堤，应按填石路堤的方法和要求进行。当混合料中巨粒土的含量低于 50% 时，其压实作业接近于填土路堤，应按前述填土路堤的方法和要求进行。

土石路堤的压实度可采用灌砂法或水袋法检测。其标准干密度应根据每一种填料的不同含石量的最大干密度做出标准干密度曲线，然后根据从试坑中挖取的试样的含石量，从标准干密度曲线上查出对应的标准干密度。当采用灌砂法或水袋法检验有困难时，可根据填石路堤的方法进行检验，即通过 12t 以上振动压路机压实试验，当压实层顶面稳定，不再下沉（无轮迹）时，可判定为密实状态。

如果是几种填料混合填筑，则应从试坑挖取的试样中计算各种填料的比例，利用混合料中几种填料的标准干密度曲线查得对应的标准干密度，用加权平均的方法计算所挖试坑的标准干密度。

（4）高填方路堤

高填方路堤的基底承受路堤土本身的荷载很大，因此对基底应进行场地清理，并按照设计要求的基底承压强度进行压实。设计无要求时，基底的压实度不应小于 90%。当地基松软仅依靠加厚土压实不能满足设计要求的承压强度时，应进行地基加固处理，以达到设计要求；当基底处于陡峻山坡上或谷底时，应作挖台阶处理，并严格分层填筑压实；当场地狭窄时，压实工作应采用小型的手扶式振动压路机或振动夯进行；当场地较宽广时，应采用自行式 12t 以上的振动压路机碾压。

第五节　路基排水设施施工

排水设施是高速公路的一个重要组成部分，排水系统对于公路路基的稳定性及路面的使用寿命有着显著的影响，因此，做好路基排水，确保路基达到足够的强度和稳定性有着重要意义，而解决路基排水问题的方法多种多样，在此，对路基排水设施的种类和施工要点探讨如下。

一、排水设施分类

根据水源的不同，影响路基路面的水流分为地面水和地下水两大类，所以路基排水工程分为地面排水及地下排水两大类。

1. 地面排水

地面排水可采用边沟、截水沟、排水沟、跌水、急流槽、拦水带、蒸发池等设施。其作用是将可能停滞在路基范围内的地面水迅速排除，防止路基范围内的地面水流入路基内。地面排水又分为临时排水和永久排水，临时排水应与永久排水设施相结合，排走的雨水不得流入农田、耕地，亦不得引起水沟淤积和路基冲刷。当地下水位较高时，应采取疏导、堵截、隔离等工程措施。

2. 地下排水

地下排水设施有排水沟、暗沟（管）、渗沟、渗井、检查井等。其作用是将路基范围内的地下水位降低或拦截地下水并将其排出路基范围以外。

二、排水设施设置原则

1. 地面排水施

（1）边沟

边沟设置于挖方地段和填土高度小于边沟深度的填方地段，以利于将雨水及路面水排出路基以外。路堤靠山一侧的坡脚应设置不渗水的边沟。边沟和涵洞接合处应与涵洞洞口建筑配合，以便水流通畅进入涵洞。平曲线处边沟施工时，沟底纵坡应与曲线前后沟底纵坡平顺衔接，不允许有积水或外溢现象发生。

（2）排水沟

排水沟的线形要求平顺，尽可能采用直线形，转弯处宜做成弧线，其半径不宜小于10m。排水沟长度通常不宜超过500m。沟底纵坡不宜小于0.3%。排水沟的出水口，应设置跌水和急流槽将水流引出。

（3）截水沟

截水沟应根据地形条件及汇水面积等进行设置。挖方路基的堑顶截水沟应设置在坡口5m以外。填方路基上侧的路堤截水沟距填方坡脚的距离，应不小于2m。截水沟应先施工，与其他排水设施应衔接平顺。截水沟长度超过500m时应选择适当的地点设出水口。

截水沟设置时主要考虑位置。在无弃土堆的情况下，截水沟的边缘离开挖方路基坡顶的距离视土质而定，以不影响边坡稳定为原则；路基上方有弃土堆时，截水沟应离开弃土堆脚1~5m，弃土堆坡脚离开路基挖方坡顶不应小于10m，弃土堆顶部应设2%倾向截水沟的横坡；山坡上路堤的截水沟离开路堤坡脚至少2.0m，并用挖截水沟的土填在路堤与截水沟之间，修筑向沟倾斜坡度为2%的护坡道或土台，使路堤内侧地面水流入截水沟排出。截水沟必须有牢靠的出水口，必要时须设置排水沟、跌水或急流槽。截水沟的出水口必须与其他排水设施平顺衔接。

（4）跌水与急流槽

水流通过坡度大于 10%，水头高差大于 1.0m 的陡坡地段，或特殊陡坡地段时，宜设置跌水与急流槽。急流槽槽底表面粗糙。急流槽分节长度宜为 5 ~ 10m，接头处用防水材料填缝。砼预制块分节长度宜为 2.5 ~ 5m，接头采用榫接。

（5）蒸发池

气候干旱且排水困难地段，可利用沿线的取土坑或专门设置蒸发池。蒸发池边缘距路基边沟应不小于 5m。蒸发池池底宜设 0.5% 的横坡。蒸发池四周应进行围护。

2. 地下排水设施

（1）暗沟（管）

暗沟（管）用于排除泉水或地下集中水流。沟底必须埋入不透水层内，沟壁最低一排渗水孔应高出沟底至少 200mm。暗沟设在路基旁侧时，宜沿路线方向布置；设在低洼地带或天然沟谷时，宜顺山坡的沟谷走向布置。暗沟的沟底纵坡宜大于 1%。出水口处应加大纵坡，并高出地表排水沟常水位 200mm 以上。寒冷地区的暗沟应做好防冻保温处理。坡度宜大于 5%。暗沟顶面必须设置砼盖板或石料盖板，板顶上填土厚度应大于 500mm。

（2）渗沟

渗沟用于降低地下水位或拦截地下水。当地下水埋藏浅或无固定含水层时，宜采用渗沟。各类渗沟均应设置排水层、反滤层和封闭层。渗沟有填石渗沟、管式渗沟和洞式渗沟三种形式。填石渗沟纵坡不宜小于 1%；管式渗沟长度大于 100m 时，应在其末端设置疏通井，并设横向泄水管。洞式渗沟填料宜高于地下水位。反滤层包括材料反滤层、土工布反滤层和无砂砼板反滤。渗沟基底应埋入不透水层。渗沟顶部应设置封闭层，宜采用浆砌片石或干砌片石水泥砂浆勾缝。渗沟宜从下游向上游开挖。

（3）渗井

当地下水埋藏较深或有固定含水层时，宜采用渗井。井内填充材料按层次在下层透水范围内填碎石或卵石，上层不透水层范围内填砂或砾石。

（4）检查、疏通井

深而长的暗沟（管）、渗沟及渗水隧洞，在线段每隔一定距离及平面转弯、纵坡变坡点等处，宜设置检查、疏通井。检查井一般采用圆形，内径不小于 1.0m，在井壁处的渗沟底应高出进底 0.3 ~ 0.4m，井底铺一层厚 0.1 ~ 0.2m 的混凝土。

3. 排水设施施工要点

（1）施工放样

根据路基有关参数，用全站仪放出路基排水设施的位置中轴线，并测出相应标高；在地面上标出里程桩号以及标高，并根据所测结果对施工人员进行交底；用石灰或线绳拉出沟的相应轮廓线，示出相应的挖坑深度。

（2）现场复核

施工前先校核设计排水系统是否完善合理，必要时予以修改或补充并报监理工程师批准。

（3）沟槽开挖

沟槽开挖采用人工配合挖掘机开挖，自卸汽车运输，开挖至距设计尺寸 10 ~ 15cm 时用人工挖掘修整。开挖前应加强高程及边线的测量，严格控制超挖。

基础开挖完成后应就平面位置、开挖面高程、开挖尺寸、开挖坡度、开挖面平整度、基底承载力等项目自检，自检合格报请监理工程师进行隐蔽工程验收，签发合格证后，及时进行基础覆盖。

基础挖方应始终保持良好地排水，在挖方的整个施工期间都不致遭受水的危害。

基坑开挖完毕，报请监理工程师到现场监督检验，将检验情况填写地基检验表，报请监理工程师复验批准后，方可进行基础施工。

（4）铺设底浆

沟槽检验合格后，先用木桩每 10 米一处钉好铺筑位置，挂好的结构尺寸线，即可按线施工。底浆铺筑层要均匀铺设。

（5）材料选用及拌合

石料选用厚度不小于 15cm 具有一定长度和宽度的片状石料，石料质地强韧、密实，无风化剥落、裂纹和结构缺陷，表面清洁无污染。

砂浆使用强制式拌和机现场拌和，材料使用中（粗）砂，且为河砂，过筛后机拌 3 ~ 5min 后使用。砂浆随拌随用，保持适宜稠度；在拌和 3 ~ 5h 使用完毕；存贮过程中发生离析、泌水砂浆，砌筑前重新拌和；已凝结的砂浆不得使用。

施工现场不堆放不合格材料，废弃的材料及时清理出场。

（6）片石砌筑

排水沟采用挤浆法分层砌筑，每分层高度 10 ~ 15cm，分层与分层间的砌筑砌缝应大致找平，各工作层应相互错开，不得贯通。

较大的片石使用于下层且大面朝下，砌筑时选取形状及尺寸较为合适的片石，尖锐突出部分敲除，竖缝较宽时，在砂浆中塞以小石块，砌缝宽度不大于 2cm。

砌筑过程中要注意选用较大、较平整的石块为外露面和坡顶、边口，石块使用时应洒水湿润，若表面有泥土、水锈先冲洗干净，尤其下层砌及角隅石不能偏小，砂浆要饱满，石缝以砂浆和小碎石充填。

片石不能竖立使用，石料挤浆要符合要求，不能紧贴无砂浆，宽度要一致，不能有假缝，当分几段同时砌筑时，相邻高差不大于 1.2m，各段水平砌缝一致。

砌筑中的三角缝不得大于 20mm，各工作缝相互错开。若石块松动或砌缝开裂，要将石块提起，将垫层砂浆与砌缝砂浆清扫干净，然后将石块重铺砌在新砂浆上。

在砂浆凝固前将外露缝勾好，勾缝深度不小于 2cm，若不能及时勾缝，则将砌缝砂浆刮深20mm为以后勾缝做准备。所有缝隙均应填满砂浆。

（7）沉降缝的设置

根据施工段长度以20m～50m分段进行砌筑，以每10m～15m设置一道自下而上贯通的沉降缝，缝宽2cm，沉降缝用沥青麻筋或其他防水材料填充，沥青用建筑沥青，填塞时不得污染墙面，沉降缝上下必须垂直，与砌体同步进行。

勾缝及养生

边沟、排水沟、截水沟内壁浆砌片石部分采用M10砂浆抹面，抹面厚度1cm；

勾缝分凹缝和凸缝，勾缝采用的砂浆强度M12.5，若采用凹缝，砌体勾缝嵌入砌缝2cm深，缝槽深度不足时应凿够深度后再勾缝；若采用凸缝，缝宽3cm，宽窄一致，表面平顺美观，底部砌筑的片石，可用砂浆找平即可。

每砌好一段，待浆砌砂浆初凝后，用湿草帘覆盖定时洒水养护，覆盖养生7～14d。养护期间避免外力碰撞、振动或承重。

（9）砂浆试验和报请检验

在砌筑片石时，根据适当的方量或台班数进行砂浆试块的制作，通常情况下以一个台班制作2组或100m³制作2组，试块要在拆模后，立即进行标准养生，到期后，应送试验室进行试压，并报请监理工程师进行验收。

（10）排水设施施工注意事项：

路堑和路堤交接处的边沟应徐缓引向路堤两侧的天然沟或排水沟，不得冲刷路堤。路基坡脚附近不得积水。

1）所有排水沟渠应从下游出口向上游开挖。

2）沟基稳固，严禁将排水沟挖筑在未加处理的弃土上；

3）沟形整齐，沟底、沟坡平顺，沟内无浮土杂物；

4）沟水排泄不得对路基产生危害；

5）沟渠边坡必须平整、稳定，严禁贴坡。

6）排水设施要求纵坡顺适，沟底平整，排水畅通，无冲刷和无阻水现象。

7）各类防渗加固设施要求坚实稳定，表面平整美观。

第六节　路基防护与支挡工程施工

一、坡面防护

1. 植草防护

（1）种草防护：适用于坡面稳定，坡面受雨水冲刷轻微，边坡土易于草类生长的情况。

播种方法有撒播法、喷播法和行播法及目前推广适用的新型方法：湿式喷播技术和客土喷播技术。

（2）铺草皮：适用于需要快速绿化的土质边坡。

（3）植树、植灌木：与种草和铺草皮配合使用，适用于坡度较缓的土质边坡（可用于膨胀土边坡）和堤岸边的河滩上（可以降低流速，促使泥沙淤积）。

2.骨架植物防护

（1）浆砌片石或混凝土骨架植草：

（2）预制混凝土空心块植草：适用于石料缺乏的地区，预制块强度不低于C15，严寒地区不低于C20。

（3）锚杆混凝土框架植草：适用于土质或风华岩石边坡。

3.圬工防护

（1）喷浆或喷射混凝土防护：适用于较完整，但易于风化、坡面不平整的石质挖方边坡。

（2）锚杆、钢丝网喷浆或喷射混凝土防护：适用于表面较破碎的硬岩、层状结构的不连续地层或坡面岩石与基岩分离并有可能下滑的石质挖方边坡

（3）干砌片石护坡：适用于易受水流侵蚀的土质边坡、严重剥落的软质岩边坡及受水流冲刷较小或周期性冲刷的岸坡。

（4）浆砌片石护坡：适用于水流冲刷较大的边坡

（5）护面墙：适用于封闭各种软质岩石边坡、较破碎的石质挖方边坡及坡面易受侵蚀的土质边坡。挖方边坡采用护面墙防护时，不宜陡于1∶0.5。

（6）抹面：适用于较完整，但易于风化的软质岩石挖方边坡。

（7）捶面：适用于易受雨水冲刷的土质边坡和易于风化的石质边坡。

4.土工织物防护

（1）挂网式坡面防护：适用于风化碎落较严重的石质边坡，当落石直径较大或边坡倾角大于40°时不宜使用。

（2）土工织物复合植被防护：即三维土工网植草防护，适用于边坡坡度缓于1∶1，高度小于3米的土质边坡。

（3）草坪植生带：

（4）锚杆挂高强塑料网格喷浆或喷射混凝土：适用于破碎或易风化破碎的石质挖方边坡。

（5）土工织物作为反滤层的边坡。

二、沿河路基防护

1. 直接防护

（1）抛石：适用于经常浸水或水深较大的路基边坡、坡脚或挡土墙基础的防护，多用于抢修工程。

（2）石笼：适用于受水流冲刷的路基边坡、坡脚或挡土墙基础的防护。钢丝石笼多用于抢修或临时工程，不能用于急流或滚石河段，必要时可以对钢丝笼灌注小石子混凝土。钢筋混凝土框架石笼可以用于急流和滚石河段。

2. 间接防护

（1）护坝：

（2）丁坝：挑流或降低流速，减轻水流对河岸或路基的冲刷。

（3）顺坝：调整流水曲线和改善流态。

（4）改移河道：适用于流水冲刷严重、防护工程艰巨、路线多次跨越弯曲河道时。对于主河槽改动频繁的变迁性河流或支流较多的河段不宜采用。

三、加固工程

按照路基加固的部位不同分为：坡面防护加固、边坡支挡、湿弱地基加固。

（一）重力式挡土墙

1. 特点

依靠墙体的重力抵抗墙后土体的侧向推力，多采用浆砌片石结构。缺点是墙身的界面大、圬工数量大，在软弱地基上修建时受到承载力的限制，墙高不宜过高。

2. 仰斜式

墙背承受的土压力较小，适用于路堑墙和墙趾处地面平坦的路肩墙或路堤墙。

3. 俯斜式

墙背承受的土压力较大，适用于地面横坡陡峻时，墙背可采用折线形，以加强墙背与填土的摩擦力。

4. 垂直式

介于仰斜和俯斜之间。

5. 凸折式

上部俯斜，下部仰斜，由仰斜式发展而来，可以减小上部截面尺寸，多用于路堑墙。

6. 衡重式

利用衡重台上的填土重量使全墙的重心后移，增加了墙身的稳定。多用于山区地形陡峻处的路肩墙或路堤墙。由于衡重台上有较大的空间，上墙墙背加缓冲墙后，可作为拦截崩坠石之用。

7. 施工要求

（1）基坑开挖前要做好截排水措施。

（2）墙身应分层错缝砌筑，砌筑出地面后应及时回填基坑并夯实，完善排水。

（3）伸缩缝与沉降缝两侧壁应垂直、平齐、无搭叠，缝中按照要求填塞防水材料。

（4）墙身应设置泄水孔，确保排水通畅。泄水孔后设置反滤层，并设置黏土隔水层防止渗水。

（5）墙身强度达到设计的 75% 时，方可回填。在距墙背 0.5～1m 的范围内不得用重型压路机碾压。

（二）加筋土挡土墙

1. 由填料、分布在填料中的拉筋、墙面板组成。适用于地形平坦且宽敞的填方路段，挖方地段或地形陡峭的山坡，由于不利于拉筋的布置，一般不宜采用。

2. 受力特点：利用拉筋与土的摩擦作用，改善土体的变形条件和提高土体的工程特性，从而达到稳定土体的目的。

3. 优点：施工简便、快速、节省劳动力、节约占地、缩短工期、造价低、具有良好的抗震性能。

4. 施工工序：基槽开挖—地基处理—排水设施—基础浇筑—（墙面板预制与安装—拉筋铺设—填料填筑与压实）—墙顶封闭。括号中的部分交替循环进行。

（三）锚杆挡土墙：

1. 受力特点：依靠锚杆与地层之间的锚固力来平衡土的侧压力保持平衡。

2. 优点：结构自重轻，节省大量圬工，节约投资；装配化施工，劳动生产率高；基坑开挖量少，克服不良地基开挖的困难，有利于施工安全。

3. 适用于岩石路堑或其他具有锚固条件的路堑，也可用于陡坡路堤。

4. 柱板式锚杆挡土墙：由挡土板、肋柱和锚杆组成。传力途径：土的侧压力—挡土板—肋柱—锚杆—锚杆与地层之间的锚固力。

5. 壁板式锚杆挡土墙：由墙面板、锚杆组成。多用于岩石边坡的防护。受力途径：土的侧压力—墙面板—锚杆—锚杆与地层之间的锚固力。

6. 施工工序：基槽开挖—基础浇筑—锚杆制作—钻孔—锚杆安装—注浆—肋柱和挡土板预制及安装—墙后填料填筑与压实。

第四章　土质路基施工建设

第一节　土质路基施工

土质路基包括路堑和路堤虽然基本操作是挖、运、填等简单工序，但条件复杂，在简单的工序中经常会遇到极为复杂的技术和管理难题，因而施工方法也较多样化。路基施工中要处理好场地布置、临时排水、用土处置、土基压实等因素的影响，路基大部分属于隐蔽工程，一旦质量控制不好就会给路面及其自身留下隐患，产生病害时损害道路的使用品质，造成经济损失。因此要确保工程质量、实现快速、高效、安全施工，重视施工技术和管理，建立和健全施工技术操作规程和质量验收制度。

一、路基施工的基本方法

按照路基施工的技术特点可以大致分为：人工及简易机械化、综合机械化、水力机械化和爆破方法等。

人工施工使用手工工具，劳动强度大，功效低、进度慢，具体施工时作为某些辅助性工作。现代化施工工艺中强调施工进度，提高劳动生产率，实现高标准高质量施工，对于劳动强度大和技术要求高的工序要配备充足、齐全的施工机械，实现综合机械施工，科学严密的组织施工，是路基施工现代化的重要途径。

施工时方法的选用要根据工程性质、施工期限、现有条件等因素而定，并因地制宜的综合各种方法。

1. 施工前的准备工作

土质路基和其他路基一样施工时可以大致分为准备工作和基本工作两大部分。土质路基的基本工作是路堑挖掘成型、土的运输、路堤填筑压实，以及附属工程，施工期长、工程量大。

2. 施工的准备工作大致包括：

（1）组织施工工作，建立健全施工队伍和管理机构，明确施工任务，制定必要的规章制度，确立施工目标。

（2）技术准备工作，施工单位要全面熟悉设计文件和设计交底，核对设计文件，发现问题及时的根据相关程序提出修改意见。编制施工组织计划，恢复路线，施工放样与清除施工场地，搞好临时工程的各项工作等。

施工组织计划是具有全局性的大事，包括选择施工方案、确定施工方法、布置施工现场、编订施工进度计划，拟定关键工程的技术措施等；恢复路基定线、清除路基用地范围内的一切障碍；临时工程包括施工现场的供电、给水，修建便道、便桥，架设临时通信设施，设置施工用房等。

路基开工前要做好施工测量工作，内容包括导线、中线、水准点复测，横断面检查与补测，增设水准点等。对路基工程范围内的地质、水文情况要进行详细核查，通过取样、试验确定其性质和范围，并了解附近现有建筑物对特殊土的处理方法。

3. 物质准备工作

包括各种材料与机具设备的购置、采集、加工、调运与存储以及生活后勤供应等。物质工作准备同样要制订具体的计划，必须保证施工组织的顺利实施，作为施工组织计划中一个重要的组成部分。

二、施工要点

1. 基本要求

土质路基的挖填，要首先做好施工排水，包括开挖地面的临时排水沟槽以及设法降低地下水位，保证施工场地的干燥。控制水的湿度是确保路堤填筑质量的关键。土质路基的施工作业面不宜太大，这样有利于组织快速施工，随挖随运，及时填筑压实成型。

路基挖填范围内的地表障碍物要事先拆除干净，包括原有的房屋、树木根茎以及表层种植土、规程规定的杂物等。

路堑开挖要全横断面进行，自上而下一次成型，注意按设计要求放样，不断检查校正。路堑地面尽量不要扰动坚实的土质，对水文条件不良、地质较差的情况，要根据设计要求，加深边沟、设置下盲沟以及挖松表层一定深度的土层。

土质路堤要根据路基高度清理和加固地基。路堤填土范围内要在全宽范围内，分层填平，充分压实，每天工作结束后表层填土要压实完毕，防止间隔期中雨淋和暴晒。在路堤和新旧土层搭接处，原土层应挖成台阶，逐层填新土，不允许将薄层新填土层贴在原路基的表面。

2. 填挖方案

土质路堤按照填土顺序可以分为分层平铺和竖向填筑两种方案。

分层平铺有利于压实，可以保证不同用土按规定层次填筑。施工要点是：不同用土水平分层，以保证强度均匀；透水性差的用土，宜填于下层，表面成双向横坡，防止水害；同一层次有不同用途时，使搭接处成斜面，以保证该层厚度范围内，强度比较均匀，防止产生明显变形。

竖向填筑，指沿路中心线方向逐步向前深填，这种方法适用于在深谷或者池塘，地面高差大，填土面积小，难以水平分层卸土，以及陡坡地段上半挖半填路基，局部路段横坡较陡或难以分层填筑。

路堑开挖，根据挖方数量大小以及施工方法的不同，按掘进方向可以分为全宽掘进和横向通道掘进。

纵向全宽掘进是沿路线纵向向前开挖，掘进时逐段成型向前推进，土由反方向送出。单层纵向掘进会受到人工操作安全以及机械操作等因素的影响，在施工紧张的情况下可以考虑双层掘进，上层在前，下层随后，在下层施工面上预留上层操作的出土和排水通道。

横向通道掘进，是现在路堑纵向挖出通道，然后分段同时横向掘进。这种方法扩大了施工面，加速施工进度，在开挖长深路堑时较多使用。施工时可以分层、分段的进行。缺点是运土的通道受到限制，施工的干扰性大，混乱中容易出现质量安全事故，施工时要特别注意。

3. 机械化施工的要点

常用的机械有松土机、平土机、推土机、铲运机和挖掘机等。选择机械种类和操作方案是组织施工的第一步，要根据工程性质、施工条件、机械性能择优选用。各种机具设备都有独特的性能和操作技巧，组织机械施工时要注意以下几点：

成立专业化的机械施工队伍，以便统一经营管理，独立经济核算；

（1）对每项路基工程，要有严密的施工组织计划，合理选择施工方案，在总调度的安排下，进行各组的具体计划，加强作业工作；

（2）在条件限制的条件下，善于抓重点，兼顾一般。注意关键线路，保证主机的生产效率；

（3）加强技术培训，坚持技术的考核，实行安全生产，文明施工，把提高劳动生产率、节约能源、减少开支等指标具体化、制度化。

4. 路基的压实

路基施工破坏了土体的天然状态，为了使路基具有足够的强度和稳定性要予以压实，提高其密实程度。影响压实效果的主要因素有内因和外因两方面。内因是土质和温度，外因是指压实功能以及压实时外界自然和人为的其他原因等。

土质路基的压实试验方法可以采用灌砂法、环刀法、灌水法或核子密度湿度仪法。

第二节　土质路基填筑

路基填筑的主要工作内容包括路基用土的正确选择和处理，填筑施工的各种方法和工艺流程，以及路基压实等问题。现分述如下。

各类公路用土具有不同的工程性质，在选择作为路基的填筑材料，应根据不同的土类分别采取不同的工程技术措施。

一、各类土的工程性质

1. 不易风化的石块

包括漂石（块石）和卵石（块石），有很高的强度和稳定性，使用场合和施工季节均不受限制，为最好的填筑路基材料，也可用于砌筑边坡。但石块之间要嵌锁密实，以免在自重和行车荷载作用下，石块松动产生沉陷变形。

2. 碎（砾）石土

强度能满足要求，内摩擦系数高，水稳定性好，材料的透水性大，施工压实方便，能达到较好的密实程度，为很好的填筑材料。但若细粒含量增多，则透水性和水稳定性就下降。

3. 砂土

无塑性，透水性和水稳定性均良好，毛细管水上升高度很小，具有较大的内摩擦系数。但砂土粘结性小，易于松散，对流水冲刷和风蚀的抵抗能力很弱，压实困难。但是经充分压实的砂土路基，则压缩变形小，稳定性好。为了加强压实和提高稳定性，可以采用振动法压实，并可适量掺些粘土，以改善级配组成，并应将边坡予以加固，以提高路基的稳固性。

4. 砂性土

既含有一定数量的粗颗粒，又含有一定数量的细颗粒，级配适宜，强度、稳定性等都能满足要求，是理想的路基填筑材料。如细粒土质砂土，其粒级组成接近最佳级配，遇水不粘着，不膨胀，雨天不泥泞，晴天不扬尘，便于施工。

5. 粘性土

细颗粒含量多，土的内摩擦系数小而粘聚力大，透水性小而吸水能力强，毛细现象显著，有较大的可塑性。干燥时坚硬而不易挖掘，施工时不易破碎，浸水后强度下降较多，干湿循环因胀缩引起的体积变化也大，过干或过湿时都不便施工。在给予充分压实和良好排水的条件下，粘性土可作路堤填筑材料。

6. 粉性土

因含有较多的粉粒，毛细现象严重，干时易被风蚀，浸水后很快被湿透，在季节性冰冻地区常引起冻胀和翻浆，水饱和时有振动液化问题。粉性土特别是粉土，属于不良的公路路基用土。如果不得已使用时，宜掺配其他材料，即采取技术措施改良土质，同时必须加强排水和隔离水等措施。

7. 膨胀性重粘土

几乎不透水，粘结力特强，湿时膨胀性和塑性都很大。膨胀性重粘土工程性质受粘土矿物成分影响较大，粘土矿物主要包括蒙脱土、伊里土、高岭土。蒙脱土主要分布在东北地区，其塑性大，吸湿后膨胀强烈，干燥时收缩大，透水性极低，压缩性大，抗剪强度低。高岭土分布在南方地区，其塑性较低，有较高的抗剪强度和透水性，吸水和膨胀量较小。伊里土分布在华中和华北地区，其性质介于上述两者之间。膨胀性重粘土不宜用来填筑路堤。

8. 易风化的软质岩石（如泥灰岩、硅藻岩等）

浸水后易崩解，强度显著降低，变形量大，一般不宜作路堤填筑材料。

总之，路基用土中，砂性土最优，粘性土次之，粉性土属不良材料，容易引起路基病害。膨胀性重粘土，特别是蒙脱土更是不良的路基土。此外，还有一些特殊土类，如有特殊结构的土（湿陷性黄土）、含有机质的土（腐殖土）以及含易溶盐的土（盐渍土）等，用以填筑路基时必须采取相应技术措施。

二、规范中对路基用土的规定

《公路路基施工技术规范》（JTJ033—95）及《公路软土地基路堤设计与施工技术规范》（JTJ027—96）中对路基用土还有如下规定：

1. 路堤填料不得使用淤泥、沼泽土、冻土、有机土、含草皮土、生活垃圾、树根和含有腐朽物质的土。采用盐渍土、黄土、膨胀土填筑路堤时，应遵照有关规定执行。

2. 液限大于 50%、塑性指数大于 26 的土，以及含水量超过规定的土，不得直接作为路堤填料。需要应用时，必须采取满足设计要求的技术处理，经检查合格后方可使用。

3. 钢渣、粉煤灰等材料，可用作路堤填料，其他工业废渣在使用前应进行有害物质的含量试验，避免有害物质超标，污染环境。

4. 捣碎后的种植土，可用于路堤边坡表层。

三、路基填筑施工工艺流程

（一）路基填筑施工的主要工序

路基填筑施工的主要工序有料场选择、基底处理、填筑和碾压。现分述如下：

1. 料场选择

2. 填筑路堤的材料（以下简称填料）

填筑路堤的材料以采用强度高，水稳定性好，压缩变形小，便于施工压实以及运距短的土、石材料为宜。在选择填料时，一方面要考虑料源和经济性，另一方面要顾及填料的性质是否合适。为了节约投资和少占耕地良田，一般应利用附近路堑或附属工程（如排水沟等）的弃方作为填料，或者将取土坑布置在荒地、空地或劣地上。

3. 基底处理

路堤基底的处理是保证路堤稳定、坚固极为重要的措施。在路堤填筑前进行基底处理，能使填土与原来的表土密切结合；能使初期填土作业顺利进行，能使地基保持稳定，增加承载能力；能防止因草皮、树根腐烂而引起的路堤沉陷。对于一般的路堤基底处理，应按下列规定执行：

（1）基底土密实，且地面横坡不陡于 1 ：10 时，经碾压符合要求后，可直接在地面上修筑路堤（但在不填不挖或路堤高度小于 1m 的地段，应清除草皮等杂物）。在稳定的斜坡上，横坡为 1 ：10 ~ 1 ：5 时，基底应清除草皮。横坡陡于 1 ：5 时，原地面应挖成台阶，台阶宽度不小于 1m，高不小于 0.5m。若地面横坡超过 1 ：2.5 时，外坡脚应进行特殊处理，如修护墙和护脚。

（2）当路基受到地下水影响时，应予以拦截或排除，引地下水至路堤基础范围之外，再进行填方压实。

（3）路堤基底为耕地土或松土时，应先清除种植有机土，平整后按规定要求压实。在深耕地段，必要时应将松土翻挖，土块打碎，然后回填、整平、压实。经过水田、池塘或洼地时，应根据具体情况采取排水疏干、挖除淤泥、打砂桩、抛填片石、砂砾石或石灰（水泥）处理土等措施，以保持基底的稳固。

（4）路堤修筑范围内，原地面的坑、洞、墓穴等，应用原地的土或砂性土回填，并按规定进行压实。

4. 填筑

路堤填筑必须考虑不同的土质，从原地面逐层填起，并分层压实，每层厚度随压实方法而定。

（1）填筑方式

1）水平分层填筑时按照横断面全宽分成水平层次，逐层向上填筑。如原地面不平，应由最低处分层填起，每填一层，经压实合格后再填上一层。此法施工操作方便、安全、压实质量容易保证。

2）纵坡分层填筑适用于推土机或铲运机从路堑取土填筑运距较短的路堤。依纵坡方向分层、逐层推土填筑。原地面纵坡小于 20º 的地段可用此法施工。

3）横向填筑从路基一端按各横断面的全部高度，逐步推进填筑，适用于无法自下而上，分层填土的陡坡、断岩或泥沼地区。此法不易压实，且还有沉陷不均匀的缺点。

为此，应采用必要的技术措施，如选用高效能的压实机械（振动压路机）碾压；采用沉陷量较小的砂性土或废石方作填料等。

4）混合填筑当高等级公路路线穿过深谷陡坡，尤其是要求上部的压实度标准较高时，施工时下层采用横向填筑，上层采用水平分层填筑，此种方法称为混合填筑法。

（2）沿横断面一侧填筑的方法

旧路拓宽改造需加宽路堤时，所用填土应与原路堤用土尽量接近或为透水性好的土，并将原边坡挖成向内倾斜的台阶，分层填筑，碾压到规定的密实度。严禁将薄层新填土贴在原边坡的表面。

高速公路和一级公路，横坡陡峻地段的半填半挖路基，必须在山坡上从填方坡脚向下挖成向内倾斜的台阶，台阶宽度不应小于1m。其中沿横断面挖方的一侧，在行车范围之内的宽度不足一个行车道宽度时，应挖够一个行车道宽度，其上路床深度范围之内的原地面土应予以挖除换填，并按上路床填方的要求施工。

（3）不同土质混填时的方法

对于不同性质的土混合填筑时，应视土的透水能力的大小，进行分层填筑压实，并采取有利于排水和路基稳定的方式。一般应遵循以下原则：

1）以透水性较小的土填筑路堤下层时，其顶面应做成4%的双向横坡。如用以填筑上层时，除干旱地区外，不应覆盖在透水性较大的土所填的下层边坡上。

2）不同性质的土应分别填筑，不得混填。每种填料层累计总厚度不宜小于0.5m。

3）凡不因潮湿及冻融而变更其体积的优良土

应填在上层，强度（形变模量）较小的土应填在下层。

4）填石路堤的填筑方法

填石路堤的填筑，其基底处理同填土路堤。石料的强度应不小于15MPa（用于护坡的不小于20MPa）。石料的最大粒径不宜超过层厚的2／3。每层的松铺厚度：高等级公路不宜大于0.5m，其他公路不宜大于1.0m。

高等级公路和铺设高级路面的其他等级公路的填石路堤均应分层填筑，分层压实。铺设低级路面的一般公路在陡峻山坡段施工特别困难或大量爆破以挖作填时，可采用倾填方式将石料填筑于路堤下部。倾填时，路堤边坡坡脚应用直径大于30em的硬质石料码砌。码砌的厚度：填石路堤高度小于或等于6m时应不小于1m，高度大于6m时，应不小于2m或按设计规定。

倾填只能在路基下部进行，而在路床底面下不小于1.0m的范围内仍应分层填筑压实。高等级公路填石路堤路床顶面以下50cm范围内应填筑符合路床要求的土并分层压实，填料最大粒径不得大于10cm。其他公路填石路堤路床顶面以下30cm范围内填筑应符合路床要求的土并压实，填料最大粒径不应大于15cm。

5）土石路堤的混填方法

土石路堤的填筑，其基底处理同填土路堤。土石混合料中石料强度大于20MPa时，石块最大尺寸不得超过压实层厚的2／3，否则应予剔除。当石料强度小于15MPa时，石块最大尺寸不得超过压实层厚，超过的应打碎。

土石路堤必须分层填筑，分层压实。每层铺填厚度应根据压实机械类型和规格确定，但不宜超过 40cm。

混合料中石料的含量多少将影响压实效果。因此，当石料含量大于 70% 时，应先铺大块石料，且大而向下放平稳，然后铺小块石料、石屑等嵌缝找平，再碾压密实。当石料含量小于 70% 时，土石可混合铺填，但应消除硬质石块集中的现象。

土石混合料填筑高等级公路时，其路床顶面以下 30 ~ 50cm 范围内仍应填筑符合路床要求的土并分层压实，填料最大粒径不大于 10om。其他公路在路床顶面以下填筑 30cm 的砂类土，最大粒径不大于 15cm。

5. 碾压

碾压是路基填筑工程的一个关键工序，有效地压实路基填筑土，才能保证路基工程的施工质量。有关路基压实，将在第三节作专门叙述。

四、路基压实

（一）路基压实的意义

路基施工破坏了土体的天然状态，使得结构松散，颗粒需要重新组合。为使路基具有足够的强度与稳定性，必须予以压实，以提高其密实程度。所以路基的压实工作，是路基施工过程中一个重要工序，亦是提高路基强度与稳定性的根本技术措施之一。

土是三相体，土粒为骨架，颗粒之间的孔隙为水分和气体所占据。压实的目的在于使土粒重新组合，彼此挤紧，孔隙缩小，土的单位质量提高，形成密实整体，最终导致强度增加，稳定性提高。

通过大量的试验和工程实践已证明：土基压实后，路基的塑性变形、渗透系数、毛细水作用及隔温性能等，均有明显改善。

（二）影响压实效果的因素

对于细粒土的路基，影响压实效果的因素有内因和外因两方面。内因指土质和湿度，外因指压实功能（如机械性能、压实时间与速度、土层厚度）及压实时外界自然和人为的其他因素等。下面就影响压实效果的主要因素进行讨论。

1. 含水量对压实的影响

（1）含水量 ω 与密实度（以干容重／度量）的关系
（2）含水量加与土的水稳定性的关系

2. 土质对压实效果的影响

土质对压实效果的影响很大。

同时通过对比可见，砂性土的压实效果优于粘性土。其机理在于土粒愈细，比表面积愈大，土粒表面水膜所需的含水量就愈多，加之粘土中含有亲水性较高胶体物质所致。另外，至于砂土的颗粒组，由于呈松散状态，水分极易散失，对其最佳含水量的概念就没有多大的实际意义。

3.压实功能对压实的影响

压实功能（指压实工具的质量、碾压次数或锤落高度、作用时间等）对压实效果的影响，是除含水量之外的另一个重要因素。据此规律，工程实践中可以增加压实功能（选用重碾，增加次数或延长作用时间等），以提高路基强度或降低最佳含水量。但必须指出，用增加压实功能的办法，赖以提高土基强度的效果，有一定限度。压实功能增加到一定限度以上，效果提高愈为缓慢，在经济效益和施工组织上，不尽合理，甚至压实功能过大，一是会破坏土基结构，二是相对应含水量减少而带来的水稳定性差，其压实效果适得其反。相比之下，严格控制最佳含水量，要比增加压实功能收效大得多。当含水量不足，洒水有困难时，适当增大压实功能可以收效，如果土的含水量过大，此时如果增大压实功能，必将出现弹簧现象，即压实效果很差，造成返工浪费。

4.压实厚度对压实效果的影响

相同压实条件下（土质、含水量与压实功能不变）实测土层不同深度的密实度（γ或压实度）可得知，密实度随深度递减，表层5cm最高。不同压实工具的有效压实深度有所差异，根据压实工具类型、土质及土基压实的基本要求，路基分层压实的厚度有具体的规定数值。一般情况下，夯实不宜超过20cm，12～15t光面压路机，不宜超过25cm，振动压路机或夯击机，宜以50cm为限。实际施工时的压实厚度应通过现场试验确定合适的摊铺厚度。

（三）压路机的选择与操作

压实机具的选择以及合理的操作，则是影响土基压实效果的另一综合因素。土基压实机具的类型较多，大致分为碾压式、夯实式和振动式三大类型。碾压式（又称静力碾压式），包括光面碾（普通的两轮和三轮压路机）、羊足碾和气胎碾等几种。夯击式中除人工使用的石硪、大夯外，机动设备中有夯锤、夯板、风动夯及蛙式夯机等。振动式中有振动器、振动压路机等。此外，运土工具中的汽车、拖拉机以及土方机械等，也可用于路基压实。

不同压实机具，适用于不同土质及不同土层厚度等条件，这些都是压实机具的主要依据，正常条件下，对于砂性土的压实效果，振动式较好，夯击式次之，碾压式较差。对于粘性土，则宜选用碾压式或夯击式，振动式较差甚至无效。不同压实机具，在最佳含水量条件下，适应于一定的最佳压实厚度以及通常的压实遍数。

压实机具对土施加的外力，应有所控制，以防压实功能太大，压实过度，并防失效、浪费或有害。一般认为，压实时的单位压力，不应超过土的强度极限。不同土的强度极限，与压实机具的质量、相互接触的面积、施荷速度及作用时间（遍数）等因素有关。土质在几类压实机具作用时的强度，可供选择机具和控制压实功能时参考。实践经验证明：土基压实时、在机具类型，土层厚度及行程遍数已经选定的条件下，压实操作时宜先轻后重、先慢后快，先边缘后中间（超高路段等需要时，则从内侧至外侧宜先低后高）。压实时，相邻两次的轮迹应重迭轮宽的 1 / 3，保持压实均匀，不漏压，对于压不到的边角，应辅以人力或小型机具夯实。压实全过程中，经常检查含水量和密实度，以达到符合规定压实度的要求。

五、土基压实标准

土基野外施工，受种种条件限制，不能达到室内标准击实试验所得的最大干容重，应予以适当降低。令工地实测干容重为了，它与室内标准击实试验得到的值之比的相对值，称为压实度 K。

压实度 K 就是现行规范规定的路基压实标准。对于铺筑中级或低级路面的三、四级公路路基，以及南方多雨地区天然土的含水量较大时，允许采用轻型击实试验法求得的路基压实标准。特殊干旱地区雨水较少，地下水位也较低，压实度稍有降低不致影响路基的坚固、稳定和耐久性能，加之水量稀少，天然土的含水量大大低于土的压实最佳含水量，要加水到最佳含水量并压实到规定确有困难，因此，特殊干旱地区的压实度可降低 2% ~ 3%。

填石路堤包括分层填筑和倾填爆破石块的路堤，不能用土质路基的压实度来判定路基的密实程度。其判定方法目前国内外各国规范尚无统一规定。我国城市道路路基工程施工及验收规范规定，填石路堤需用重型压路机或振动压路机分层碾压，表面不得有波浪、松动现象，路床顶面压实度标准是 12 ~ 15t 压路机的碾压轮迹深度不应大于 5mm。国外填石路堤有采用在振动压路机的驾驶台上装设的压实计反映的计数值来判定是否达到要求的紧密程度。但无定量值的规定，且只限于有此种装置的压路机。

我国《公路路基施工技术规范》（JTJ033--95）参考了城市道路的方法，但将碾压后轮迹深度作为密实状态的判定条件。这是因为石块本身是不能压缩的，只要石块之间大部分缝隙已紧密靠拢，则重型压路机进行压实时，路堤应可达到稳定，不能有下沉轮迹，故可判为密实状态。

六、碾压工序的控制

为了有效地压实路基填筑土，必须对碾压工序作以下的控制：

1.确定工地施工要求的密实度。路基要求的压实度根据填挖类型和公路等级及路堤填筑的高度而定。通常根据表中的规定，用标准击实试验，求出最大干密度和相应的最佳含水量，计算出施工要求的最小于密度。

2.各种压实机具碾压不同土类的适宜厚度和所需压实遍数与填土的实际含水量（最佳含水量土 2% 以内）及所要求的压实度大小有关，应根据要求的压实度，在做试验段时加以确定。

高等级公路路基填土压实宜采用振动压路机或 35 ～ 50t 轮胎压路机进行。采用振动压路机碾压时，第一遍应静压，第二遍开始用振动压实。压实过程中严格控制填土的含水量。含水量过大时，应将土翻晒至要求的含水量再碾压；含水量过小时，需均匀洒水后再进行碾压。通常，天然土的含水量接近最佳含水量时，在填土后应随即压实。

3. 填石路堤在压实前，应先用大型推土机推铺平整，个别不平处，应用人工配合，用细石屑找平。采用的压路机宜选 12t 以上的重型振动压路机、2.5t 以上的夯锤或 25t 以上的轮胎压路机。碾压时要求均匀压实，不得漏压。每层的铺填厚度在 0.4m 左右，当采用重型振动压路机或夯锤压实时，可加厚至 1.0m。

填石路堤所要求的密实度所需的碾压遍数（或夯压遍数）应经过试验确定。以 12t 以上振动压路机进行压实试验，当压实层顶面稳定，不再下沉（无轮迹）时，可判为密实状态，即压实度合格。

4. 土石混填路堤的压实要根据混合料中巨粒土含量的多少来确定。当巨粒土含量较少时，应按填土路堤的压实方法进行压实，当巨粒土含量较大时，应按填石路堤的压实方法压实。不论何种路堤，碾压都必须确保均匀密实。

5. 压实度检测方法有环刀法、灌砂法、灌水法（水袋法）和核子密度湿度仪法。在使用核子密度仪时，事先应与规定试验方法作对比试验而进行标定。

第三节　土质路堑开挖

一、土质路堑开挖施工工艺

本工艺适用于本标段土质为松土、普通土和硬土路堑开挖施工工程。土质路堑的开挖因地制宜采用人工或机械作业，当挖深较小时采用单层横向全宽挖掘法，挖深较大时采用自上而下分层横向全宽挖掘法。

1. 施工工艺

土质路堑开挖施工工艺流程。

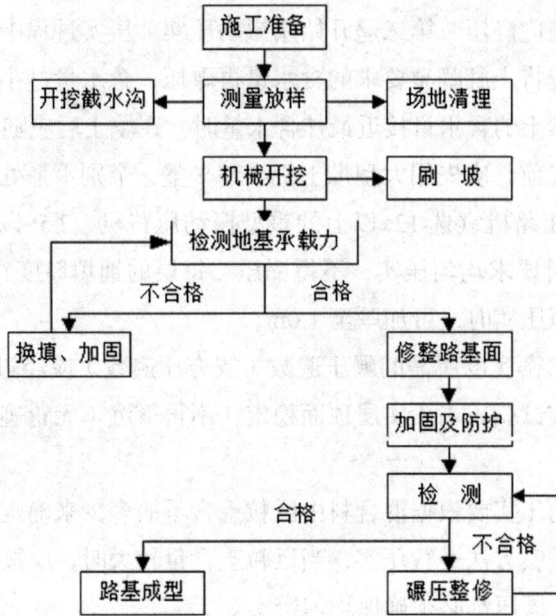

图 4-1 土质路堑开挖施工工艺图

施工前根据设计文件，首先恢复中线，并进行现场调查，根据地形、路堑断面及长度，确定合理的开挖方式。然后结合现场实际与设计要求，修建临时排水设施，并考虑与永久排水设施相结合。

填料路堑宜在旱季施工，当在雨季施工时，应集中力量快速施工，工作面应随时保持大于 4% 的坡度。路堑边坡不得受水浸泡、冲刷。

二、施工准备

1. 现场核对

工程开工前，根据现场对进行设计文件进行核对。内容主要包括：地形地貌、挖方数量、取弃土场位置、土方利用等。

2. 分析土体的稳定性

土体的稳定与否直接关系到路堑边坡的稳定。因此，施工前必须做好土体稳定性分析，如土体结构和构造、土的密实度、潮湿程度等。在对土体进行分析后应根据既有施工经验复核设计边坡是否满足稳定性要求，最后确定施工方案。

3. 布置并施工便道

根据现场地形确定机械进出便道路线并修筑。便道修筑应满足施工机械和运土车辆转弯半径及正常行驶要求。

4. 测量放线

根据复测的线路中线放出开挖边线桩，放线时应定位准确，两侧各预留 0.2 ~ 0.3m 不开挖，待开挖后进行人工刷坡。

5. 施工排水系统

开挖前，首先按设计位置做好堑顶排水系统如截水沟、天沟，待排水系统完善后进行路堑开挖。

三、开挖

根据土石方调配方案和施工顺序，选择最佳的挖方作业面，采用横向全宽挖掘法、逐层顺坡自上而下开挖的办法施工，严禁下部掏挖施工。以机械施工为主，运土距离较近时采用推土机作业，运距较远时，采用推土机配合挖掘机、装载机挖土装车，自卸汽车运至路基填方路段或弃土点。当机械开挖至靠近边坡 0.2m ~ 0.3m 时，改为人工修坡。需设坞工防护工程的边坡，在防护工程开工前留置保护层，待防护坞工施工时刷坡。不设坞工防护的边坡，每 10m 边坡范围插杆挂线人工刷坡。当开挖接近路基施工标高时，采用人工配合推土机施工。到达设计标高后及时对基底土质情况进行检测，并按设计要求进行换填或嵌补施工。路堑施工要做到路基表面平整、密实，曲线圆顺、边线顺直，边坡坡面平顺稳定、无亏坡，边沟整齐、沟底无积水或阻水现象。

路基挖方开始前，需要精确放出开口线，让测量部进行复核验收，并报检验收中线、边线及宽度。验收无误后才可以进行路基挖方施工，开挖过程中，应采取措施保证边坡稳定。开挖至边坡线前，应预留一定宽度，预留的宽度应保证刷坡过程中设计边坡线外的土层不受到扰动。

路基开挖应按边坡设计坡度和坡面形式，自上而下逐层开挖，禁止乱挖、超挖，严禁掏洞取土，以免发生安全事故。开挖快至设计标高时，应加密测量控制，防止乱挖、超挖。

土质路堑开挖，根据路堑深度和纵向长度，以及施工方法的不同，按掘进方向的变化，主要有横挖法、纵挖法和混合挖法。

1. 横挖方

单层横向全宽掘进法：对挖掘深度小且短的路堑，沿路线纵向一端或两端向前开挖至路基设计标高，逐渐向纵向挖深的方法。

多层次、横向全宽掘进法：当路堑较深路线纵向较长时，横向全宽也可分为两个或两个以上的阶梯，同时分层进行掘进，每层都留有运土路线，并做好临时排水设施，防止上下层干扰。这种挖掘方法作业多，工效快，施工时加强管理、协调。

2. 纵挖法

纵向通道挖掘法：如果路堑的宽度、深度都较大，可先沿路堑纵向分层挖出一条通道，然后将通道两侧进行拓宽。上层通道拓宽至路堑边坡后再开挖下层通道，如此纵深开挖直至路基设计标高。开挖时可以在边坡碎落平台上做好临时排水沟，将水引出路基外。

（1）分层纵挖法：如果路堑的宽度和深度都比较大，可以按路堑横断面全宽纵向分层开挖。挖掘的地表应保持倾斜，以利排水。

（2）分段纵挖法：如果路堑很长，可沿路堑纵向选择一个或几个适宜处，将薄弱一侧路堑横向挖穿，把路堑分为两段或数段，各段在纵向开挖。本法适用于路堑过长、弃土运距过远的傍山路堑，其一侧堑壁不厚的路堑开挖。

3. 混合挖掘法

对特别长、深的路堑，可采用先用纵向通道，再横向两侧挖出若干条辅助通道，可集中机械设备沿纵横通道平行作业。这种挖掘方法必须注意作业进度、运土路线、临时排水、机械调度配套等周密组织管理。

4. 路堑开挖的机械配备及施工方法

（1）推土机开挖土质路堑

推土机具有操作灵活、运转方便、所需工作场地小、短距离运土效率高等特点，既可独立作业，也可配合其他机械施工。

（2）推土机开挖土质路堑的施工方法：

1）下坡推土法

2）槽型推土法

3）并列推土法

4）接力推土法

5）波浪式推土法

6）斜铲推土法

7）侧铲推土法

5. 挖掘机开挖土质路堑

挖机工作灵活，回转速度快，工作效率高，特别适合用于与运输车配合开挖土方路堑。

（1）挖掘机开挖土质路堑施工方法：

1）侧向开挖

2）正向开挖

6. 装载机开挖土质路堑

装载机是一种工作效率较高的铲土、装载、运输机械，他兼具推土机和挖掘机的工作能力，其优点是适应性强、工作效率高，操作简便、机动性能强。

7. 深路堑挖方路基施工

路堑边坡高度大于等于 20 米时，称为深路堑。其开挖方法与一般高度路堑的开挖方法基本相同。

第五章　石质路基施工建设

第一节　填石路基施工

填石路堤是山丘区公路的一种最常见、最普遍的路基形式。填石路堤的施工，除应考虑石料性质、石块大小、填筑高度和边坡坡度等因素外，还应注意选择正确的填筑方法。

一、填料要求

填石路堤的石料来源主要是路堑和隧道爆破后的石料，要求石料强度不低于15MPa（用于护坡的200MPa）。最大粒径不宜超过层厚的2/3。在高速公路及一级公路填石路堤路床顶面以下50cm范围内，填料最大粒径不得大于10cm，其他等级公路填石路堤，路床顶面以下30cm范围内，填料最大粒径不应大于15cm。

二、填筑方法

城石路堤的填筑方式有倾填（含抛填）和逐层填筑、分层压实两种。

（1）倾填法。倾填法又可分为两种情况：一种是石块从岩面爆破后直接散落在准备填筑的路堤内；另一种是用推土机将爆破后堆置在半路堑上的石块或用自卸汽车从远处运来的爆破石块推入路堤。

高速公路、一级公路和铺设高级路面的其他等级公路的填石路堤不宜采用倾填式施工，而应采用分层填筑、分层压实的方法。二级及二级以下且铺设低级路面的公路在陡峻山坡段施工特别困难或大量爆破以挖作填时，可采用倾填方式将石料填筑于路堤下部，但倾填路堤在路床底面下不小于1.0m范围内仍应分层填筑压实。

填石路堤倾填前，路堤坡脚应用粒径大于扣，的硬质石料码砌，码砌厚度为1～2m。

（2）分层填筑法。分层填筑法施工，又可分为机械作业和人工作业两种方法。

机械施工分层填筑时，高速公路及一级公路分层松铺厚度不宜大于50cm；其他公路不宜大于100cm。施工中应安排好石料运行线路，专人指挥，按水平分层，先低后高、先两侧后中央卸料，并用大型推土机摊平，个别不平处应配合人工用细石块、石屑找平。如果石块级配较差、粒径较大、填层较厚，石块间的空隙较大时，可于每层表面的空隙里扫入石渣、石屑、中砂、粗砂，再以压力水将砂冲入下部，反复数次，使空隙填满。

人工摊铺、填筑填石路堤，当铺填粒径25cm以上石料时，应先铺填大块石料，大面向下，小面向上，摆平放稳，再用小石块找平，石屑塞填，最后压实；铺填粒径25cm，以下石料时，可直接分层摊铺，分层碾压。

三、填石路堤的压实

填石路堤均应压实并宜选用工作质量12t以上的重型振动压路机、工作质量2.5t以上的夯锤或25t以上的轮胎压路机压（夯）实。当缺乏上述的压实机具时，可采用重型静载光轮压路机压实并减少每层填筑厚度和减小石料粒径，其适宜的压实厚度应根据试验确定，但不得大于50cm。采用重型振动压路机或夯锤压实填石路堤时，可加厚至1.0m。

填石路堤压实时，应先压两侧（即靠路肩部分）后压中间，压实路线对于轮碾应纵向互相平行，反复碾压。对夯锤应成弧形，当夯实密实程度达到要求后，再向后移动一夯锤位置。行与行之间应重叠40～50cm；前后相邻区段应重叠100～150cm。

填石路堤压实到所要求的紧密程度所需的碾压或夯压的遍数应经过试验确定。石料的紧密程度用12t以上振动压路机进行压实检验，当压实层顶面稳定，不再下沉表面无轮迹时，可判为密实状态；采用重锤夯实时，可按重锤下落时不下沉而发生弹跳现象（为达到密实度要求。高速公路及一级公路填石路堤路床顶面下50cm（其他公路30cm）范围内应填筑符合路床要求的土，并应按土质路堤的有关规定进行压实。

第二节　石质路堑开挖

在石方路堑段全部采用爆破施工，爆破形式为小型松动爆破、预裂爆破和光面爆破相结合的爆破施工方法。完工后路槽平整度、边坡坡度等指标完全满足设计及规范要求，且外观效果非常好，一次通过完工验收。

方法特点

速度快。占用场地小。施工设备相对较少，可机械化作业，需要人员少。可全面展开施工，缩短工期，降低造价。对周围环境及建筑物影响可控，施工质量可靠。

二、适用范围

爆破施工方法适用于各种强度的石方开挖，包括路堑开挖、边坡修整、沟槽开挖等各种施工作业。

三、工艺原理

石方爆破施工通过炸药破碎岩体，松动岩石，为挖掘机的开挖创造条件，最终形成路基施工断面，达到施工目的。并且通过光面爆破技术形成的路堑边坡平整光洁，整体性好，对建成后的营运安全提供保障。

四、施工工艺流程及操作要点

（一）施工工艺流程

施爆区管线调查——炮位设计与设计审批——配备专业施爆人员—用机械或人工清除施爆区覆盖层和强风化岩石——钻孔——爆破器材检查与试验——炮孔（或坑道、药室）检查与废碴清除——装药并安装引爆器材——布置安全岗和施爆区安全员——炮孔堵塞——撤离施爆区和飞石、强地震波影响区内的人、畜——起爆——清除瞎炮——解除警戒——测定爆破效果（包括飞石、地震波对施爆区内外构造物造成的损伤及造成的损失）。

（二）施工操作要点

1. 爆破施工总体布置

根据地块地貌情况，先对开挖山体表皮植被进行清除。山体开采总体上采取中深孔爆破为主的台阶爆破取渣方法，同时根据不同地形、地貌和地质状况，辅以浅孔爆破的开采方法，对粒径大的石块采取二次解炮法和机械作业法解小；对边坡采用预裂爆破方法和机械法进行处理。创造多个作业面，尽量缩短设备展开时间。开工后，开辟上下山运输道路并修筑回填区域运输道路网，实现多台阶多作业面的立体作业，以加快施工进度，确保工期。将施工程序大致分为四个步骤，即植被清除、开山爆破、渣石挖装运输，如此循环，实行多作业面、多台阶同时作业的总体施工方案。

2. 爆破开挖施工

施工顺序：垂直方向上由上至下，纵向由东至西，随时根据实施条件进行爆破作业。对边坡采用小型爆破形式，确保边坡稳定。根据施工现场情况，采用以中深孔爆破为主，浅孔爆破为辅的施工方法。根据开挖区实际地形地貌、环境状况和山体的地形地质条件结合。考虑工程要求和工程特点，选择采用多台阶开采方式，开挖区自山顶开挖。根据开挖深度分几个台阶开挖，台阶高度 8～14 米。爆破开挖前先行清除山体表面杂草，表土运至回填区域，而后进行爆破开挖。沿开挖区修筑上下山运输道路至山顶，而后采用推土机和爆破相结合的方法展开山顶平台作业面的开设与施工，代第一台阶工作面形成一定的规模后，再开拓下个台阶作业面，依次类推；整个作业空间上要逐步达到多台阶、多作业面同时展开的施工高峰，最大限度地利用空间与设备，提高开采效率，满足工期需求。根据进度整体要求，可将施工阶段大致分为两个阶段，即山体一次开挖阶段和分台阶开挖阶段。实施浅孔爆破时应兼顾整体台阶设计和边坡形成要求。

3. 爆破施工设计

爆破类型：根据地质及地形、地貌及沿线居民区很近等情况，爆破采用延长

药包，以小型及松动爆破为主。本段主爆区拟采用浅孔爆破，一般钻孔深度控制在 2 ~ 3m 范围内。为保证开挖边坡的稳定性及边坡平整度，对于岩石挖方路段坡面 1 ~ 2m 范围内拟采用预裂爆破或光面爆破技术。

施工措施。根据现场实际情况，主要采取以下技术措施进行爆破作业。

（1）底孔爆破。主要用于 2.0 米以下，路基面上的预留保护层的开挖，主要考虑到路基的整体性。

（2）浅孔梯段爆破。主要用于 5.0 米以下的岩石开挖爆破，如岩石为整体灰岩，边坡宜采用光面爆破。开挖深度大于 5 米以上的路堑（以灰岩为主），路堑边坡一律采用预裂爆破和光面爆破，以保证边坡的整体性及稳定性。

（3）根据现场的实际爆破情况，岩石的破碎程度，产生理想的块度等来决定采用直孔及斜孔爆破。

（4）爆破采用微差及挤压爆破技术，以减少震速对民房的影响。路堑开挖的岩石爆破，应从上至下分层进行。周边眼采用低密度、低爆速、低猛度、高爆力的炸药，并采用毫秒雷管或导爆索同时起爆。当炸药用量较多，对围岩影响较大时，可分段起爆。

4. 光面爆破及预裂爆破施工措施

光面爆破施工措施。光面爆破采用毫秒起爆方式，开挖工作面的岩石爆破时，从上至下分层进行。周边采用低密度、低爆速、低猛度、高爆力的炸药，并采用毫秒雷管或导爆索同时起爆。当炸药用量较多，对围岩影响较大时，采用分段起爆。周边眼宜采用小药卷连续装药结构或间隔装药结构，眼深小于 2m 时，采用空气柱反向装药结构。

预裂爆破施工措施。光面爆破采用毫秒起爆方式；预裂炮孔直径与炸药卷直径的比值（不偶然系数）以在 2 ~ 3 之间，并且不小于 2；预裂爆破的线装药密度及孔距等参数在符合上条要求下通过试验确定。每排试验至少有 5 个预裂炮孔；预裂爆破采用高威力炸药连续或间隔装药。在非均匀介质的炮孔中取不同的装药密度。炮孔底部适当加强或加密装药；炮孔上部适当减少装药；预裂炮孔必须同时起爆并尽量缩短各炮孔的瞬间时差。预裂炮孔与主体炮孔在同一起爆网中起爆时，预裂炮孔提前起爆，时差一般取 50ms；石质较坚硬时适当减少时差；所有主体爆破孔与预裂面的距离均不小于 1m。

起爆顺序。爆破顺序为：先起爆光面预裂孔，再起爆主爆孔，最后起爆缓冲孔。

五、材料

岩石在工程上按其开挖的难易程度可分为软石、次坚石、坚石等三类。次坚石和坚石

在施工上必须采用爆破，软石部分可采用撬棍或十字镐及大锤开挖，部分软石也必须采用爆破方法开挖。

六、质量控制

边坡的坡度符合设计要求，不得有大的突起和凹坑。爆破装药量要严格控制，保证没有过爆和欠爆。防止过爆造成边坡度增加而失稳或路堑底岩石松散影响路基强度和稳定性。欠爆造成边坡有明显突起，边坡平整度不符合要求，路堑底防止因欠爆标高不能达到设计要求，为修整带来困难。

七、安全防护措施

1.成立现场安全指挥机构，做到分工明确，现场指挥小组主要负责方案性讨论，审批及现场交底等工作，组织召开有关单位参加的安全联席会议，听取和采纳有关爆破安全的意见及合理化建议，并监督方案的实施。

2.爆破人员必须持证上岗，并作好爆破记录。

3.做好爆破前的宣传动员、组织等工作。爆破前组织动员非爆破人员在规定的时间内安全撤离所规定的安全距离以外。

4.在爆前认真做好最后一次检查，经现场主要负责人允许后方可起爆。

5.现场医务人员在爆前做好一切急救设施的准备工作。

6.爆破时间宜选在对周围环境影响小的时间段进行，一般为上午 8：30 ~ 12：00，下午 4：30 ~ 6：00。如有特殊情况经领导小组同意后爆破时间另行通知。

7.爆破信号，使用警报器和口哨，具体信号规定由现场指挥小组统一规定。

8.严格执行爆破器材的运输管理制度，领用余料当天退回，工地设防爆箱，设专人24 小时看管，严格领用余退手续，账目日日清。

9.采用电雷管，应该一一检测，做到心中有数，保证起爆效果。

10.在爆破前组织地方政府和村民一起对附近居民民房进行拍照鉴定，减少赔偿纠纷。

11.爆破路段离居民点较近时，起爆前，在炮孔上覆盖稻草，防止飞石伤人。

12.处理盲炮采用以下方法：（1）经检查确信炮孔的起爆线路完好时，可重新起爆；（2）打平行眼装药爆破，平行眼距离孔口不得小于 0.3m；（3）严禁在盲炮孔眼上打孔。

13.同时，在施工期间对爆区还应采取以下的保护措施：（1）凡在爆区 50 米以内的建筑物、公用设施（如高压线、天然气管道、电缆线等）均属于爆破保护范围，爆前需通知有关单位个人共同商讨保护办法；（2）在离爆破区 200 米处设立警戒标志，并设立专职警戒岗；（3）如公路在爆区 200 米以内，爆破时应中断一切交通，解除警报以后方可放行。

14.为了保证施工的安全，对以下事项高度重视，提高安全意识：（1）如遇风、雨、雷、电视视线不清时，均不能进行爆破作业；（2）处理瞎炮，应严格按照有关规定执行；（3）爆炸物品的购买、运输、储存、保管和使用，按有关爆破作业管理办理执行；（4）施工现场临时堆放爆燃物品，须经公安部门许可和批准；（5）爆炸物品每日账目必须清楚，使用量和出库量相符，做到日清月结。

八、环境保护措施

1. 严格执行环境管理体系标准，加强环境保护宣传、教育，建立完善的环保施工纪律，增加施工人员的环保意识和自觉性。

2. 减少弃方占地面积，对弃方堆放进行规划，做好完善的防护排水及绿化。

3. 设计时控制爆破震动强度在较小等级，控制爆破飞石在较小范围。对裸露的石质边坡进行绿化。

第三节 坡面防护工程施工

坡面防护主要是保护路基边坡表面，以免受到降水、日照、气温、风力等作用的破坏，从而提高边坡的稳固性，在一定程度上还可美化路容。坡面防护设施一般不承受外力作用，要求坡体本身已经稳定。常用的坡面防护设施有植物防护和工程防护。

一、植物防护

植物防护的方法主要是在适于植物生长的路基土质边坡上种草、铺草皮和植树，利用植被覆盖坡面，其根系固结表土，从而防止水土流失，调节坡体湿度和温度，确保边坡稳定，并且具有绿化道路和保护环境的作用。植物防护是一种常用的坡面防护方法，主要有种草、铺草皮、植树等形式。

1. 种草

种草防护法是直接在边坡上撒播草籽，经浇水、保湿使之成活。

（1）适用范围

适合坡面不陡于 1∶1，且坡面径流流速缓慢、坡面冲刷轻微且适宜于草类生长的土质边坡。经常或长期浸水的路堤边坡种草不易生长，故不宜采用此法。

（2）方法和要求

草种选择应考虑到当地的气候、土质和施工条件，并尽量与周边环境协调。应在温度、湿度较大的季节播种。播种的坡面应平整、密实、湿润。播种方法有撒播法、喷播法和行播法等。采用撒播法时，草籽应均匀撒布在已清理好的土质边坡上，同时做好保护措施。当边坡土质不适于草类生长时，可在边坡上面覆盖 10 ~ 15cm 厚的种植土层，并挖成小台阶，防止土层滑动，再种草。路堑边坡较陡或较高时，可通过试验采用草籽与含肥料的有机质泥浆混合，用喷播法将混合物喷射于坡面。

2. 铺草皮

（1）适用范围

铺草皮适用于需要快速绿化的边坡，且坡率缓于 1：1 的土质边坡和严重风化的软质岩石边坡。

（2）方法和要求

铺草皮需预先备料。草皮可就近培育，并将其切成整齐块状，然后移铺在坡面上。铺时应自下而上，并用竹木尖桩将草皮钉在坡面上，使之稳固。草皮根部的土应随草切割，坡面要预先整平。必要时还应加铺种植土，草皮应随挖随铺，注意相互贴紧。

应根据具体条件分别采用平铺、水平叠置、垂直坡面或与坡面成一半坡角的倾斜叠置草皮，还可采用片石铺砌成方格或拱式边框，再铺草皮。

平铺草皮应由坡脚向上铺设，并用竹木尖桩或带皮柳梢固定草皮。路堑边坡平铺草皮时，应铺过坡顶 1m 或铺至截水沟边；路堤边坡平铺草皮时，应铺过路肩外缘 0.2mo 叠铺草皮适用于坡度不小于 1：1 的坡面上，每块草皮的尺寸以 20cm×40cm 为宜。为施工方便，多采用水平叠置形式。

3. 植树

（1）适用范围

植树适用于坡率缓于 1：1.5 的边坡，或在边坡以外的河岸及漫滩外。公路弯道内侧边坡严禁栽植高大树木。

（2）方法和要求

植树形式可以是带状或条形，亦可采取连续式，即栽满防护和加固的全部区域。

树的品种以根系发达、枝叶茂盛、生长迅速的低矮灌木为主。沿河路堤植树则以喜水、根深、杆粗的树种，并多排成行栽种，以起到导流、拦流、挑水、促使泥沙淤积和加固堤岸的作用。植树的平面布置应根据植树品种、作用，结合当地经验而定，城市或风景区的植物防护应与有关部门协调配合。

4. 工程防护

工程防护适用于不宜于草木生长的陡坡面，采用砂石、水泥、石灰等矿质材料进行护面，一般采用抹面、捶面、喷浆、喷射混凝土、勾缝及坡面护墙等。

（1）抹（捶）面防护

1）适用条件

适用于石质挖方坡面，岩石表面易风化，但还比较完整，尚无剥落。如页岩、泥岩、泥灰岩或千枚岩等。

2）施工要点

①坡面岩体表面要冲洗干净，土体的表面要平整、密实、湿润。

②抹面分两次进行，底层抹全厚的 2/3，面层抹全厚的 1/3，捶面应经拍（捶）打使与坡面紧贴。厚度要均匀，表面应光滑。

③在较大面积上抹（捶）面时，应每隔 15～20m 长设置一道伸缩缝。

（2）喷浆、喷射混凝土

1）适用条件

喷浆施工简便，效果较好。适用于易风化而坡面不平整的岩石挖方边坡，厚度一般为 2cm。喷浆的水泥用量较大，重点工程可选用；比较经济的可用混合砂浆，如水泥、石灰、砂、水按质量比 1：1：6：3 配合。喷浆前后的处理与抹面相同。

2）施工要点

①一般要求

a.施工前，坡面如有较大裂缝和凹坑时，应先嵌补，使坡面平顺整齐；岩体表面要冲洗干净，土体表面要平整、密实、湿润。

b.锚杆孔应冲洗干净，然后插入锚杆，用水泥砂浆固定。

c.铁丝网应与锚杆连接牢固，均不得外露并与坡面保持设计规定的间隙。

d.喷层厚度应均匀，喷后应养护 7～10d，喷层周边与未防护坡面的衔接处应作好封闭处理，并按有关规定留够试件。

②喷射水泥砂浆

a.边坡喷浆防护用水泥砂浆的配合比应按照图纸规定。如图纸未作规定，砂浆强度应不低于 M10。

b.喷浆前应先试喷，以确定合适的配比及施工方法，然后方可大面积施工。

c.大面积喷浆应沿线路方向每隔 20～25m 设置一道伸缩缝，缝宽 20mm。

d.喷射水泥砂浆的施工工艺可参照喷射混凝土的工艺要求。

③喷射混凝土

a.施工前应先确定喷射混凝土的施工工艺（干式、湿式）、混凝土的配合比及选择使用的喷射机具。喷射混凝土前应先进行试喷，调整回弹量、确定混凝土配合比及施工操作程序，然后方可大面积施工。

b.喷射混凝土的混合料配合比应符合下列规定：

c.水泥与集料的质量比宜为 1：4～1：45；

d.砂率 45%～55%；

e.水灰比宜为 0.40～0.45；

f.速凝剂掺量应通过试验确定。

g.混合料宜随拌随用。不掺速凝剂时，存放时间不应超过 2h；掺速凝剂时，存放时间不应超过 20min。

h.混合料在运输、存放过程中，应严防雨淋、滴水及大块石等杂物混入，在装入喷射机前应过筛。

i. 喷射混凝土应分段、分片由下而上进行。作业开始时，应先送风，后开机，再给料；结束时，应待料喷完后，再关机。向喷射机供料时应连续均匀，机器正常运转时，料斗内应保持足够的存料。喷层厚度应均匀，应符合图纸要求的厚度。

j. 喷射开始时，应减小喷头至受喷坡面的距离，并调节喷射角度，以保证铁丝网与岩面间混凝土的密实性。

k. 喷射时应保持混凝土表面平整，呈湿润光泽，无干斑或滑移流淌现象。

l. 喷射后，当采用普通硅酸盐水泥时，养护应不少于10d；当采用矿渣硅酸盐水泥或火山灰硅酸盐水泥时，养护不得少于14d，喷层周边与未防护坡面的衔接处应做好封闭处理。

m. 喷射混凝土应符合图纸规定的厚度，并按图纸规定或监理工程师指示设置伸缩缝及泄水孔。

n. 喷射混凝土的回弹物不能收集起来放入下批配料中，以免影响喷射混凝土质量。

o. 下列情况应暂停喷射施工：

p. 雨天冲刷新喷面上的水泥，造成混凝土脱落；

q. 气温低于+50℃；

r. 大风妨碍喷射手进行工作。

④锚杆

a. 施工中严格按照如下顺序进行：清理边坡、设置锚杆孔、清孔、注浆、放入锚杆、安装端头垫板、进行其他坡面施工。

b. 锚杆孔成孔及清孔应视不同地质条件选取合适的方法。

c. 锚杆杆体使用前应平直、除锈、除油。

d. 注浆用砂浆配合比：水泥：砂宜为1：1～1：2，水灰比宜为0.38～0.45。

e. 砂浆应拌和均匀，随拌随用，一次拌和的砂浆应在初凝前用完，并严防石块、杂物混入。

f. 注浆开始或中途停止时间超过30min时，应用水或稀水泥浆润滑注浆罐及其管路。

g. 注浆时，注浆管应插至距孔底50～100mm处，并随砂浆的注入缓慢匀速拔出；杆体插入后，若孔口无砂浆溢出，应及时补注。

h. 杆体插入孔内长度不应小于图纸规定的95%，锚杆安装后，不得随意敲击，3d内不得悬挂重物。

i. 每段工程应取代表性段落对锚杆进行抗拔试验，要求锚杆抗拔力大于图纸规定，通过试验修正施工参数，指导大面积施工。

j. 挂网应符合图纸规定。可用直径2mm普通镀锌铁丝制成，也可用高强度聚合物土工格栅或钢筋网。

（3）勾缝、灌缝

适用于岩石较为坚硬，风化程度不大的边坡，以防止水分渗入岩体内，危及边坡稳定。采用勾缝、灌缝对岩体坡面进行防护时，施工前应将缝内冲洗干净，并依缝宽和缝深分别按下列要求施工：

1）岩体节理多而细者，宜用勾缝，砂浆应嵌入缝中，与岩体牢固结合。

2）缝宽较大时宜用砂浆灌缝，插捣密实，灌满至缝口抹平。砂浆体积配合比可用 1：4 或 1：5。

3）缝宽而深时宜用混凝土灌缝，振捣密实，灌满至缝口抹平。混凝土体积配合比可用 1：3：6 或 1：4：6。

（4）砌石护坡

砌石护坡适用于边坡坡度缓于 1：1 的各类土质及岩质边坡。当坡面受地表水流冲蚀产生冲沟，表层溜塌或剥落时，均可采用砌石防护。砌石防护分干砌片石护坡和浆砌片石护坡。

1）干砌片石护坡

在因雨、雪水冲刷，发生流泥与溜塌的路基边坡、桥涵附近坡面与岸坡、地面排水沟渠等处可干砌或浆砌片石加固。

片石护坡时要求坡面稳固，先垫以砂垫层，然后自下而上平整地铺砌片石。片石应逐块嵌紧并错缝，厚度一般不小于 20cm。干砌所用石料、强度和尺寸应符合污工砌体的规定，并宜就地取材和选用，干砌片石亦可砂浆勾缝，以防水浸并提高整体强度。

2）浆砌片石护坡

适用于各种易风化的岩石边坡，特别是当流速较大（如 4～5m/s），波浪作用较强，以及可能受到漂浮物等的冲击作用时，可采用浆砌片石防护。

浆砌片石护坡砌筑前需将坡面整平、拍实，边坡坡度不宜陡于 1：1。路堤边坡上采用浆砌片石护坡时，应在路堤沉实后施工，以免因路堤的沉落而引起护坡的破坏。

浆砌片石护坡的厚度一般为 0.2～0.5m，用于冲刷防护时，根据流速大小或波浪大小确定，最小厚度一般不小于 0.35m，在冻胀变形较大的地质边坡上护坡底面应设置 0.10～0.15m 厚的碎石或砂砾垫层。砌筑片石时应注意砂浆饱满，接缝交错，坡面平整，勾缝严密，及时养护。

浆砌片石护坡每长 10～15m 应留一道伸缩缝，缝宽约 2cm，缝内填塞沥青麻筋或沥青木板等材料，在基底土质有变化处还应设置沉降缝，可考虑将伸缩缝与沉降缝合并设置。

（5）护面墙防护

护面墙是浆砌片石的坡面覆盖层，用于封闭各种软质岩层和较破碎的挖方边坡。要求墙面紧贴坡面，表面砌平，厚度可不同，石料应符合要求。护面墙除自重外不承受其他荷重，亦不承受墙背土压力。

浆砌片（块）石护面墙的修筑应符合下列要求：

1）砌体砌筑前应测量放样，施工时应立杆挂线或用样板控制，并要经常复核验证，以保持线形顺直，砌体平整。

2）护面墙修筑前应先清除边坡松动岩石，清出新鲜面，边坡上的凹陷部分挖成台阶后，应以墙体相同的污工砌补，不可回填土石或干砌片石。

3）墙背与坡面应密贴结合，砌体应咬口紧密、错缝、砂浆饱满，不得有通缝、叠砌、贴砌和浮塞，砌体勾缝应牢固和美观。

4）护面墙基础应设在可靠的地基上，埋置深度应在当地冰冻线以下0.25m，承载力不宜小于30kPa，如果不够，应采用加强措施。

5）根据图纸规定的伸缩缝和沉降缝的长度，应分段砌筑，其泄水孔、耳墙、砂砾反滤层应与墙体同步进行。泄水孔可预留孔洞，反滤层应在砌高一层后即填筑一层，当达到耳墙位置时，应清理边坡后先进行耳墙砌筑。

6）护面墙砌体应自下而上逐层砌筑，直至墙顶。当为多级墙时，应在上墙边坡清刷完后，先砌上墙，这样有利于施工的安全和进度。

二、冲刷防护

冲刷防护主要针对水流对路基破坏作用而设，起防水治害和加固边坡堤岸的双重功效。冲刷防护设施有直接防护和间接防护两类。

1. 直接防护

直接防护设施有植物防护、砌体护坡、抛石防护、石笼防护等四种。

（1）植物防护

即采用种草、铺草皮、植树等措施减缓水流对路基边坡的作用，具体内容已在前面介绍。

（2）砌体护坡

通常采用砌石，砌体可以用单层式或双层式。双层式的上层厚度为0.25～0.35m，下层厚度为0.10～0.25m。单层厚度应不小于0.30m。

砌体护坡采用干砌或浆砌片石，干砌适合水流较平顺，受冲刷较小，允许流速在2～4m/s；浆砌适合流速为4～6m/s，或堤岸受水流冲刷、波浪作用强烈，一般有流冰或漂浮物撞击时采用。当缺乏石料时，可采用混凝土预制块。预制块的平面尺寸一般为1～4m，厚度为8～20cm。

堤岸砌体护坡的基础容易产生破坏，要引起足够的重视。砌体护坡的基础应采用浆砌片石或混凝土，基础应埋置在冲刷线以下0.5～1m处。为防止冲刷，可以采用慢石护脚。当冲刷较为严重时，应结合抛石、石笼等进行护脚，必要时可采用打桩等，以稳定基础。

（3）抛石防护

1）适用条件

抛石防护适用于经常浸水且水深较大的路基边坡或坡脚以及挡土墙、护坡的基础防护。抛石一般多用于抢修工程。抛石防护是通过向坡脚抛掷块径较大的石料，在坡脚处形成护脚，所以也称为抛石垛。抛石边坡坡度和选用石料块径应根据水深、流速和波浪情况确定，石料块径应大于30cm，坡度不应陡于所抛石料浸水后的天然休止角，厚度不应小于所用最小石料块径的两倍。

2）施工要点

①所抛石料应质地坚硬、耐冻且不易风化崩解。

②抛石块径的选择应与当地水深与流速相适应，其块径应大于0.3m，并小于设计要求抛石厚度的1/20

③抛石防护除防洪抢险外，应于枯水季节施工。

④抛石时宜用不小于计算尺寸的大小不同的石块掺杂抛投，使抛石保持一定的密实度。

（4）石笼防护

石笼防护是在镀锌铁丝、高强聚合物土工格栅或竹木笼中装入石料，然后抛向坡脚，在坡脚处形成一定体积的护脚，以防止冲刷基础。

1）适用条件

石笼防护适用于受水流冲刷和风浪侵袭，且防护工程基础不易处理或沿河挡土墙、护坡基础局部冲刷深度过大的沿河路堤坡脚或河岸。石笼内所填石料应采用密度大、浸水不崩解、坚硬且未风化石块，块径应大于石笼的网孔。

2）施工要点

①编笼应采用镀锌铁丝。基脚部分宜用箱形笼，边坡部分宜用圆柱形笼。

②笼装石块直径应大于笼网孔径。较大石块应装在笼的边部，较小石块可装在中部。

③石笼基底应大致平整，较小孤石应予清除。

④安置石笼时应做到位置正确、搭叠衔接稳固、紧密，以保证其整体作用。

（5）间接防护

为防护与加固路基，除各种直接防护措施外，根据堤岸水流情况和实际需要，还可在必要条件下，采取丁坝、顺坝等导致结构物的间接措施来改变水流，用以消除和减缓水流对堤岸的直接破坏，同时可促使堤岸近旁缓速淤积，起到安全保护作用。导治结构物主要是设坝，按其与河道的相对位置，一般可分为丁坝、顺坝或格坝。

（6）丁坝

丁坝适用于宽浅变迁性河段，用以挑流或减低流速，减轻水流对河岸或路基的冲刷。丁坝长度应根据防护长度、丁坝与水流方向的交角、河段地形、水文条件及河床地质情况等确定，垂直于水流方向上的投影长度不宜超过稳定河床宽度的1/4。

用于路基防护的丁坝宜采用漫水坝或潜坝，丁坝与水流方向的交角以小于或等于90°为宜。

当设置群坝时，坝间距离不应大于前坝的防护长度。丁坝间的河岸或路基边坡所能承受的容许流速小于水流靠岸回流流速时，应缩短坝距，或对河岸及路基边坡采取防护措施。

（7）顺坝

顺坝适用于河床断面较窄、基础地质条件较差的河岸或沿河路基防护，以调整流水曲度和改善流态。顺坝与上、下游河岸的衔接应使水流顺畅，起点应选择在水流匀顺的过渡段，坝根位置宜设在主流转向点的上方。

第六章 路面工程施工

第一节 路面的分类和路面结构

一、路面技术分级

路面的技术等级主要是按面层的使用品质和材料组成等划分的。目前我国的路面分为四级。

1. 高级路面

它包括由沥育混凝土、水泥混凝土、热拌沥青碎石和整齐块石或条石等面层所组成的路面。一般适用于交通量大、行车速度高的公路。

2. 次高级路面

它包括由沥青贯入式,冷拌沥青碎(砾)石、沥青表面处治和半整齐块石或条石等面层组成的路面。一般适用于交通盆较大、行车速度较高的公路。

3. 中级路面

它是包括由水结碎石、泥结碎石、级配砾(碎)石、不整齐块石等作面层的路面。一般适用于中等交通的公路。

4. 低级路面

它包括由各种粒料或当地材料改善土所筑成的路面,例如炉渣土、砂砾土等。一般适用于交通量小的公路。

二、路面分类

从路面力学特性出发,路面可分为下述两类:

1. 柔性路面

柔性路面是指刚度较小,抗弯拉强度较低,主要靠抗压、抗剪强度来承受车辆荷载作用的路面。它主要包括用各种基层(水泥混凝土除外)和各类沥青面层、碎(砾)石面层、块石面层所组成的路面结构。

2. 刚性路面

主要是指水泥混凝土作面层或基层的路面结构，刚性路面与柔性路面的主要区别在于路面的破坏状态和它分布荷载到路基上的状态有所不同。此外，采用二灰（石灰和粉煤灰）或水泥稳定土或水泥处治砂砾基层，这些基层的特性是前期强度较低，但随着时间的推移其强度和刚度不断增大。我们把这类基层称为半刚性基层。而把含有这类基层的路面结构称为半刚性路面。

三、路面结构

（一）路拱徽坡度

为了使路面上的雨水能及时排除，路面的表面通常做成中间高、两边低的形状，称为路拱。考虑到行车的平稳性，目前常用的路拱形式是二次抛物线形或直线形。从路中心到路面边缘的平均坡度叫路拱横坡度，路拱横坡度的大小与路面类型、公路等级和当地气候有关。路肩横坡度应比路面横坡度大 1% ~ 2%，以利迅速排水。路肩全宽或部分宽度表面一般采用硬路肩，以形成平整、坚实、不透水的表面。

（二）路面结构层的划分

由于行车荷载对路面的作用随着深度而逐渐减弱，同时，路基的湿度和温度状况也会影响路面的工作状况。因此，从受力情况、自然因素等对路面作用程度的不同以及经济的角度考虑，一般将路面分成若干层次来铺筑。

1. 面层

直接承受车轮荷载反复作用和自然因素影响的结构层叫面层，可由 1 ~ 3 层组成。高等级路面的面层常由 2 ~ 3 层组成，分别称为表面层、中面层和底面层。中、低级路面如砂石路面面层上所设的磨耗层和保护层亦包括在面层之内。

2. 基层

基层是设置在面层之下，并与面层一起将车轮荷载的反复作用传布到底基层垫层和土基中。底基层是设置在基层之下，并与面层、基层一起承受车轮荷载反复作用，起次要承重作用。

3. 垫层

它是底基层和土基之间的层次，它的主要作用是加强土基、改善基层的工作条件。修筑垫层常用材料有两类：一类是用松散粒料；另一类是由整体性材料。

4. 联结层

联结层是在面层和基层之间设置的一个层次。主要作用是加强面层与基层的共同作用或减少基层的反射裂缝。联结层所用的材料一般是沥青贯入式和沥青碎石。

为了保护沥青路面的边缘，一般要求基层较面层每边宽出 25cm；垫层也要较基层每边宽出 25cm。

第二节　路面基层（底基层）施工

基层是沥青面层下铺筑的主要承重层，而在基层施工中出现原材料质量不合格、拌和不均匀、摊铺不平整、离析、压实不密实等质量缺陷严重影响了施工质量，特别是横向裂缝这一质量缺陷更是造成日后路面破坏的主要原因之一，为避免或减少这一缺陷，水稳碎石嵌挤密实结构更为被公路施工更多地采用。

一、准备工作

（一）施工机械

必须配备齐全的施工机械和配件，做好开工前的保养、试机工作，并保证在施工期间一般不发生有碍施工进度和质量的故障。路面基层施工，一律要求集中厂拌、摊铺机摊铺，按层次施工。同时必须配备足够的拌和、运输、摊铺机械，特别是压实机械。要求具备轻型和重型稳压压路机与轻型和重型振动压路机，以确保基层施工质量。水泥稳定碎石施工一般要求单幅梯队摊铺作业，因而必须配备以下主要施工机械。

1. 拌和站

首先根据工程施工工期、进度的需要确定所配置拌和机的型号，一般需配置产量不小于 500T/H 型的拌和机，拌和机产量要保证其实际生产能力（生产量的 80%）超过实际摊铺能力的 10 ~ 15%，确保施工现场的连续摊铺作业，拌和站料仓的数量应与规定的备料档数相匹配，亦比规定的备料档数增加一个，料仓下面应安装称量精度达到 ±0.5% 的电子称，料仓上口必须安装钢筋网盖，筛除超出粒径规格的集料及杂物，料斗之间用挡板隔开，挡板高度不小于 1m，防止规格集料混杂。由于本项目各分部水稳拌和站建立后均外请检测计量机构进行过标定，针对标定结果各分部应进行试生产自检，直至混合料级配稳定并达到配合比设计的规定要求。

2. 摊铺机

要根据路面基层设计宽度、厚度、参考摊铺机的参数选用合适的摊铺机械。基层施工一般采用两台摊铺机梯队作业，所以要求摊铺机性能一致，最好能同一机型，这样对摊铺拌和料的松铺系数有较好的控制，以保证基层厚度一致，完整无缝，平整度良好。

3. 压路机

压路机的吨位和台数必须与拌合机及摊铺机的生产能力相匹配，以保证施工正常连续进行。采用 18 ~ 22T 轮胎振动压路机或 12 ~ 13T 双钢轮双驱压路机。

4. 自卸车

数量必须与拌和设备、摊铺设备、压路机相匹配，并根据运距远近随时增减车辆数量，避免因车辆太多致使拌和料在料车上放置时间过长，或因车辆太少不能保证作业面连续作业。

5. 洒水车

能满足现场摊铺及压实进度即可（最少配备 2 辆）。

6. 水泥钢制罐仓

罐仓内应配有水泥破拱器，以免水泥起拱停流，施工水泥稳定碎石一般需 2 个 100T 罐仓，以保证水泥的储存量，确保拌和站正常生产。以上机械至少满足每个工点，每日连续正常生产及工期要求。

二、质量检测主要仪器

必须具有足够的试验室仪器、现场高程测量设备（水准仪）及中心放线仪器（全站仪）以满足现场及试验室质量检测。

三、材料要求

1. 水泥

水泥一般采用强度为 32.5 级的水泥，禁止使用早强水泥、快硬水泥以及其他受外界影响而变质的水泥。路面基层宜采用强度等级较低的水泥，水泥各龄期强度、安定性等应达到相应指标要求。水泥的初凝时间、终凝时间应根据施工情况、具体要求，一般初凝时间大于 4 小时，终凝时间大于等于 6.5 小时，小于等于 10 小时。

2. 碎石

碎石压碎值不大于 26%，集料的颗粒组成应符合有关试验规范规定，骨料应指定专一料场进料。

3. 水

水符合现行《生活饮用水卫生标准》（GB5749）的饮用水可直接作为基层材料拌和与养生用水。遇到可疑水源，应委托有关部门化验鉴定。

四、施工工艺

（一）试验段铺筑

为了保证路面基层的施工质量，需对基层下承层进行检测、测量、平整度的测试，确保施工中各个环节合理组合，在铺筑基层之前，经监理工程师批准后，做 200～300m 的试验路段，由两台摊铺梯队作业，应避免纵向接缝。试铺段检验验证的主要内容如下：

1. 验证用于施工的集料配合比例

（1）调试拌和机，分别称出拌和机各料斗投送不同规格的碎石、水泥、水的质量，测量其计量的准确性。

（2）调整拌和时间，保证混合料均匀性。

（3）检查混合料含水量、集料级配、水泥集料的比例、混合料试件 7 天无侧限抗压强度。

2. 松铺系数。

3. 确定标准施工方法

（1）混合料配合比的控制。

（2）混合料摊铺方法和适用机具，包括摊铺机的行进速度、摊铺厚度的控制方式、梯队作业时摊铺机的间隔距离（不超过 30m）。

（3）含水量的增加和控制方法。

（4）压实机械的选择和组合，压实的顺序、速度和遍数。

（5）拌和、运输、摊铺和碾压机械的协调和配合。

（6）密实度的检查方法，初定每一作业段的最小检查数量。

4. 确定每一作业段的合适长度。

5. 施工组织及管理体系、质保体系人员等。

6. 质量检验内容、检验方法和检验频率。

7. 试铺段质量检测：试铺段的检验频率应是标准中规定频率的 2-3 倍。

（二）施工现场准备

1. 清除作业面上的浮土、积水等。对下承层进行检测、测量、平整度测试符合要求后，再将作业面表面洒水湿润。

2. 开始摊铺的前一天要进行测量放样，按摊铺机宽度与传感器间距，一般在直线上间隔为 10m，在平曲线上为 5m，做出标记，并打标导向控制线支架。根据基层标高和松铺系数架好摊铺厚度控制线，确保用于控制摊铺机摊铺厚度控制线的钢丝拉力（不小于 800N）且保证钢丝张拉力足够大，当摊铺机电脑感应器经过钢丝时不会产生下垂变形。

（三）混合料拌和

1. 开始拌和前，拌和场必须有足够的原材料储备。

2. 每天开始拌和之后，出料时要在拌合机投料运输带上取样检查是否符合给定的配合比，进行正式生产之后，每天上、下午检查一次拌和情况，检查其配比、集料集配、含水量是否变化。高温作业时，早晚与中午含水量要有区别，要按天气温度变化及时调整，一般在上午10点左右至下午3点左右含水量提高0.5 ~ 1.5个百分点。

3. 拌合机出料不允许采取自由跌落式的落地成堆、装载机运输的办法。一定要配备带活门漏斗的料仓，由漏斗出料直接装车运输，装料时运输车必须前后移动，最少分三次装料，避免混合料离析，一般先装前面再装后边，最后装中间并且不宜装得过满。

（四）混合料的运输

1. 运输车辆在每天开工前，要检查其完好情况，装料前应将车厢清扫干净。运输车辆数一定要满足拌和出料与摊铺数量的需要，防止车辆抛锚。

2. 应尽快将成品拌和料运输至铺筑现场。混合料应用篷布覆盖，减少水分损失以及运输过程中的污染。如运输车中途发生故障，必须立即排除，当有困难时，车内混合料必须转车；若混合料总时间过超过水泥凝结时间，该车混合料应予作废。

（五）混合料的摊铺

1. 摊铺前应检查摊铺机各部分运转情况，而且每天坚持重复此项工作。

2. 调整好传感器与导向控制线的关系；严格控制基层厚度和高程，保证横坡度满足设计要求。

3. 摊铺机应尽量做到连续摊铺。如果拌和机生产能力较小或有特殊情况时，在用摊铺机铺筑混合料时，应采用最低速摊铺，一般摊铺机不要停机待料。摊铺速度控制在1m/min。

4. 基层混合料摊铺应采用两台摊铺机梯队作业，两台摊铺机的摊铺应有一定的搭接宽度，不小于10cm，施工纵缝要错开车轮迹带，一前一后应保证速度一致、摊铺厚度一致、松铺系数一致、摊铺平整一致、振动频率一致等，两机摊铺接缝平整，特别是要控制好平整度和厚度。

（1）"一层平层层平"，因此将下承层清理干净后，用三米直尺检测下承层平整度，同时测量下承层断面高程，将部分严重不合格处进行人工或机械处理。下承层的平整度及高程符合要求后，这样保证了新铺筑基层的平整度和厚度。

（2）尽量选用性能、动力均相同的两台摊铺机进行梯队铺筑，这样能很好地控制其松铺系数，型号、品牌不同的摊铺机其浮动熨平板的重量以及振捣密实情况均不同，松铺系数不好控制，压实后容易影响铺筑的平整度。

（3）尽量安排专人指挥运输车倒车卸料，在摊铺过程中保证摊铺机连续不停，运输车倒车卸料时车轮胎避免与摊铺机相撞，保证10cm左右的距离卸料。

（4）将高程导向控制线用紧线器拉紧，若不紧，当摊铺机传感器经过时控制拉线受到压力可能变形，这样摊铺机铺筑的厚度及平整度就会变化。

（5）安排专人用3米直尺紧跟摊铺机铺筑完初压后进行人工找平，然后进行终压。

5. 摊铺机的螺旋布料器应有三分之二以上埋入混合料中。为减少离析，可对摊铺机进行改进，在铰拢前方加装胶皮板，防止粗骨料的滑落受料斗内应存有一定数量的拌和料不能摊铺干净。并尽量减少受料斗两侧板的翻起次数。

6. 摊铺机后面应设专人尽量消除集料离析现象，特别应该铲除局部粗集料"窝"，并用新拌和混合料填补。

7. 由于本地温度高，空气干燥，摊铺现场配备一定数量喷水壶进行局部补水。

8. 对于桥头的处理，作为施工中的薄弱环节，应派专人负责。首先将下承层清理干净，把混合料人工铺筑好，用3m直尺人工平整，然后进行碾压，在压实过程中到边、到位，消除死角。

（六）混合料的碾压

1. 每台摊铺机后面应配有振动压路机、三轮或双钢轮压路机进行碾压，碾压长度一般为50～80m。碾压段必须层次分明，设置明显的分界标志。

2. 碾压应遵循生产试验路段确定的程序与工艺。注意稳压要充分，振动不起浪、不推移，一般先用双钢轮压路机稳压，后用振动压实，振动压实时遵循先轻后重，振动压实后用静力压路机碾压最后用胶轮压路机稳压。另要安排试验室人员及时（采用灌砂法）检验压实度，不合格时，应重复重点碾压。

3. 压路机碾压时应重叠1/2轮宽。

4. 压路机倒车换档要轻且平顺，不要拉动基层，在第一遍初步稳压时，倒车后尽量原路返回，换档位置应在已压好的路段上，在未碾压的一头换档倒车位置错开，要成齿状，出现个别涌包时，应设专人进行铲平处理。

5. 压路机碾压时建议行驶速度，第一遍为1.5～1.7km/h，以后各遍应为1.8～2.2km/h。

6. 压路机停车要错开，而且相距不小于3米，应停在已碾压好的路段上，以避免破坏基层结构。

7. 严禁压路机在已完成的或正在碾压的路段上掉头和急刹车，以保证稳定碎石基层表面不受破坏。

8. 严格控制碾压含水量，在最佳含水量 ±1% 时及时碾压。

9. 拌好的混合料要及时摊铺碾压，碾压宜在水泥初凝时间内完成，达到要求的压实度，基层表面应无明显痕迹。

10. 为保证基层边缘的压实度，基层摊铺应有一定的超宽并保证路肩宽度及夯实度。

（七）横向接缝的处理

1. 水泥稳定碎石基层在每天摊铺压实完成后应立即将横向接头用人工刻出，刻接头时要用6米直尺在压好的基层上检测，将由压路机压实造成推移的部分全部刻出，一般在0.75～1米左右，以保证新铺基层与已压实完成基层的平整顺接。

2. 在重新开始摊铺混合料前，首先用人工将横向接头处清扫干净，然后浇洒水泥浆，有利于新铺混合料与已压实完成基层横向接头断面的连接，然后用垫木将摊铺熨平板垫至松铺厚度开始摊铺。

3. 压路机压实时，应首先在已压实的基层上跨缝横向碾压，并逐渐向新铺筑层上直至碾压密实，再进行纵向碾压。

4. 碾压完毕，接缝处纵向平整度应符合规范要求。

（八）养生及交通管制

1. 基层碾压完毕并经压实度检测合格后立即开始养生，即进入养生阶段，也可以根据《公路沥青施工技术规范》9.1.15条的规定喷洒透层油进行养生。如果不能及时喷洒透层油，要求基层应采用复合防渗土工布予以覆盖，保持基层在养生期限内始终湿润，保湿养生不得少于7天，特别注意复合防渗土工布之间的搭接完整，避免漏缝，覆盖后应用砂土等材料成网格状堆填，局部有破损时，应及时更换，以防水分丢失；上承层结构层施工前，下承层必须覆盖、不得暴晒。要求在整个养生期间保持碎石表面湿润状态。

2. 在养护初期，严禁洒水车在路面上停留和调头，严禁其他车辆通行，碾压质检合格完成后，严禁水车原地停留造成积水浸湿表层破坏。

3. 在基层养生期间应严格交通管制，除洒水车外尽量禁止车辆在基层行驶。

4. 综合考虑本地区气候条件，在养生过程中应适当补水。

五、基层施工质量控制要点

在水泥稳定碎石厂拌及运输、铺筑、碾压、养护过程中，应注意以下主要施工环节的质量控制。

（一）拌和站

1. 日常目测检查以下内容，发现问题及时采取措施，包括停机处理：

（1）料斗筛是否设置或损坏、变形，是否振动或堵塞，下料应保证畅通，疏通人员是否盯岗、负责；

（2）出料口是否设置过滤筛，位置是否得当，孔隙是否满足要求（一般用钢筋焊接制成，间距一般4厘米），并设专人负责；

（3）检查水泥出口是否流通，根据出料数量计算水泥用量，并与水泥统计进料单进行符合比较，保证用量准确；

（4）检查拌和材料堆放界限是否清楚，立有标牌，堆放是否均匀，石质、粒径、颜色是否符合技术要求，包括含杂质情况等；

（5）如果所用材料规格多而料仓不足时，需要掺配的材料应事先在场地内按比例掺拌均匀，然后再装入料仓内；

（6）观察作业机械是否熟练，配合是否良好，如装载机装料是否及时、到位、外溢现象，否则应调整装载机型号和数量；

（7）检查供水系统，特别是水的流量控制要准确，并采取试验室实测数据与目测、手攥相结合的方法进行有效控制；

（8）检查铲装材料不可收底使用；

（9）检查进出道口是否畅通；

（10）检查雨后排水系统；

（11）检查试验仪器、设备是否齐全、完好，满足技术要求；

（12）检查确定的岗位负责人是否到场，特别是试验人员业务水平应满足需要；

（13）注意各岗位操作人员的工作水平、业务能力和质量意识、工作态度，责任心是否强，及时进行信息反馈并报告驻地。

2. 做好试验检测工作，要求准确、及时

（1）原材料进料前要及早选样、送样检测，水泥选择初终凝时间较长一点的；集料规格应先通过试配、满足技术规范要求的混合料级配后，再按该规格进行进料控制。

（2）拌和料开机前要进行混合料级配和最佳含水量检测（一般控制高出 1～2%），正常开机后按频率要进行试件制作、按规范要求进行养护（标养）和抗压强度试验；所有试验要做好原始记录；同时，还应结合工地现场摊铺、压实情况及其他反馈信息，进行含水量和级配的适当调整；

3. 其他

（1）检查拌和料运输是否及时（主要指水泥初凝时间到来前），有无压车或运输能力不足，要求进行拌和料运输覆盖，防尘保湿；

（2）注意拌和料运输过程的车辆损坏，一旦滞留时间超过初凝，不得发往现场，要与现场建立及时的通信信息，注意车辆编号，进行往来登记；

（3）严格控制开机、停机时间，特别要求日落前摊铺压实完毕，合理安排停机时间；

（4）注意收听天气变化，禁止雨天施工。

（二）施工现场

日常目测检查以下内容，发现问题及时采取措施，包括停工处理。停工处理的几种情况如下：

一是拌和站故障停机，二是发生返工现象且工作量较大时，三是施工主要作业机械故障又短时间内不能修复时。

1. 对达到龄期底基层钻孔取芯，实测其强度、厚度，检测均匀度完整性，确认质量合格后方可进行基层施工

2. 合理组织人员进行清扫，特别注意病害（表层缺水失养成型强度低等）及作业段接茬的处理，铲除病害后一般随水泥稳定碎石摊铺施工时处理，若厚度10厘米以上应单独填料压实；

3. 清扫完毕或摊铺前要保持洒水湿润（应采用压力式洒水车，洒水均匀、到位，不留死角，要求配备洒水壶对薄弱部位进行人工补洒、喷洒；严禁洒水不及时造成曝晒，影响工程质量；

4. 人工培肩夯实，采用方形枕木并用钢纤固定顺直，内裹塑料薄膜（防止水分损失影响强度）保证路面宽度，必须保证路肩的宽度和夯实度

5. 采用两台摊铺机同向施工，前后间隔一般保持10米左右，保证厚度、平整度；每台摊铺机两侧安排两名民工，铲除绞笼前集中骨料和履带前混合料，要求均速、连续施工。铺筑按试验段确认的松铺系数，严格厚度要求，按松铺厚度要求制作检测工具（一般采用8厘米钢筋在设计插入厚度处焊接横杆），不断进行检测控制，发现问题立即纠正；

6. 碾压时除了坚持"紧跟、高频、低振"的原则外，要尽量相对拉长碾压的距离，以便清除由于压路机自身带来轮子前进产生的横向涌包。

7. 专人负责质量检测，机械摊铺在拌和料供不应求时因停顿而产生波浪，因此压实后宜用6米铝合金杆加密量测平整度，发现波浪拉松表层、铲平，重新压实并跑光；压实成型后及时进行压实度、平整度、高程等指标检测，各项质量指标必须达到规范要求；

8. 每日施工段接头处理时，横竖向要刨直平茬接缝要求刷水泥浆，摊铺后要横向先搭半轮压实，然后纵向压实，注意接茬平整度，注意上一作业段重复压实时不能振动，以免造成破坏。

六、离析控制措施

离析通常为骨料离析。骨料离析是指基层混合料中大粒径骨料分别聚集，处于较为明显的不均匀混合状态，离析的危害性很大，可对基层质量造成多方面的影响。在近几年，基层特别是嵌挤结构的水泥稳定碎石在摊铺过程中，经常出现离析现象，离析现象的成因是复杂的，通常由原材料、摊铺机结构、供料方式、摊铺技术和基层混合料质量等多方面原因形成。通过大量事实证明，如果对施工过程进行科学合理的控制，则可以有效减少离析现象的发生，从而大大提高基层的质量。基层混合料产生离析的主要原因及防止措施具体如下：

1. 原材料的原因

骨架密实型级配中集料占 80% 以上，且 1.0 ～ 3.0cm 碎石占集料的 30% 以上，所以要严格控制大料径碎石把好材料进场关。另外也可掺加一定比例的 1.0 ～ 2.0cm 碎石，满足连续级配的要求（掺加比例根据试验室筛分确定）。

2. 拌和的原因

（1）若混合料拌和机拌和过程中振动筛局部发生破裂，会使混合料有部分超过规格大粒径骨料，因此应对其经常检查，必要时更换振动筛。

（2）拌和时间短或搅拌机拌叶脱落也可能导致混合料拌和不均匀。因此，应经常检查拌和机中的相关部件，并严格控制拌和时间，注意观察混合料中是否有明显的大骨料与小骨料聚集的现象。如果发现，应及时查明原因，及时处理。

3. 装料的原因

（1）储料筒向运输车装料时，由于重力及高度的原因，大骨料滚落在两边及前后，形成骨料的第一次集中。为改变这种状况，应分别向运输车的前、中、后三处堆装，这样在向自卸车卸料时大骨料和小骨料可以再次混合，同时要控制储料筒与运输车之间的高度，尽量减小放料时的高差。

（2）储料筒要一次一放，严禁经常开着的"细水长流"现象。

4. 运输的原因

运输过程中的颠簸，也可造成大粒径骨料的集中，同时，由于运输过程中料堆表面与空气接触，致使混合料表面大量水分散失，减少了表层混合料之间的粘阻力，导致大粒径碎石集中下滑。所以，在为拌和场地选址时，要尽量使拌和场地与摊铺现场距离不要太远。同时，应适当平整运输通道、降低行驶速度，使运输过程中，尽量减少颠簸；对料堆要采取保湿措施（尤其是较长距离的运输），比如要覆盖篷布等。

5. 倾倒的原因

混合料卸向摊铺机时，大骨料滚落在料斗两侧，因此应将车厢大角度、快速升起，使混合料整体下滑，以避免大骨料向外侧滚动和堆积。

同时摊铺机在摊铺完成一辆运输车时不宜将料斗收起，应始终保持料斗内存在 1/3 的拌和料，使新卸料和料车料斗内 1/3 的拌和料重新混合，可一定程度上减少拌和料的离析。

6. 摊铺机的自身原因

（1）应正确操作料斗收放，绝对避免料斗内固定积料过多和翻动过快。

（2）摊铺机摊铺速度均匀、平稳，搅拢速度要均匀，严禁忽快忽慢。

（3）挡板尽量低，下面用胶皮接地，防止大粒径骨料经搅拢搅拌滚落。

（4）螺旋布料器的分析

摊铺机产生离析的主要环节在螺旋分料过程中，作业中功率消耗最大的环节也在螺旋分料过程中（约为整机的 50% ~ 60%）。摊铺机在设计过程中，主要考虑功率因素，使螺旋分料器中的物料表面位于螺旋直径的 1/2 ~ 2/3 处。按照这种情况，当用于大宽度、大厚度摊铺时，由于输料量加大，而螺旋只有位于物料内部的部分才有输料能力，因此为满足作业要求，只能将转速提高。这样，高速旋转且暴露在物料以上的螺旋布料器顶端就会向物料层上部的空间抛送物料。这是分料过程中形成离析的主要原因。通过在施工现场的观察，可以十分清楚地看到这一点。

基于以上分析，为避免基层混合料产生离析，在摊铺中应采取如下措施：尽量采用具有大直径、低转速螺旋布料器（低速大扭矩马达）的摊铺机；降低螺旋布料器的高度，并使混合料的高度超过螺旋布料器（即埋满面料器）。这样就可以提高螺旋布料器的输送率，降低转速，减少不同物料颗粒之间的惯性差异，同时因为布料器埋于混合料内，可以对物料实现二次搅拌，降低前期离析程度，位于混合料中的布料器向两侧沿整个断面挤出物料，而不是向上或向下倾推物料，这样可以减少不同宽度位置上的横向离析和物料上下滚动产生的纵向离析，螺旋布料器上部不暴露在空间，也不会由于上抛而产生基层离析。

（5）摊铺完成后出现粗集料窝采用人工处理，换填新料。

另外，在摊铺中对表面出现的离析现象应及时补救。如采用人工细筛的方法，筛出适量细料撒在出现离析的表面层上，或铲除集料窝换填新拌和料，并及时碾压，这样就可以缓解离析的影响。

七、施工质量控制

确保基层的施工质量符合设计文件和技术规范要求是基层施工的首要任务，施工过程中应采取有效措施控制施工质量，如建立、健全工地现场试验、质量检查与工序间的交接验收制度。各工序完成后应进行相应指标的检查验收，上一道工序完成且质量符合要求方可进入下一道工序的施工。施工质量控制的内容包括原材料与混合料技术指标的检验、试验路铺筑及

施工过程中的质量控制与外形管理三大部分。

1. 原材料与混合料质量技术指标试验

基层施工前及施工过程中原材料出现变化时，应对所采用的原材料进行规定项目的质量技术指标试验，以试验结果作为判定材料是否适用于基层的主要依据。原材料技术指标试验项目及试验方法参见前述有关的内容。

2. 铺筑试验路

为了有一个标准的施工方法作指导，在正式施工前应铺筑一定长度的试验路，以便考查混合料的配合比是否适宜，确定混合料的松铺系数、标准施工方法及作业段的长度等，并根据铺筑试验路的实际过程优化基层的施工组织设计及施工机械的组合。

第七章　路面基层施工建设

第一节　填隙碎石的施工

一、填隙碎石

用单一尺寸的粗碎石做主集料，形成嵌锁作用，用石屑填满石间的孔隙，增加密实度和稳定性，这种结构称填隙碎石。填隙碎石可适用于各等级公路的底基层和二级以下公路的基层。

（一）材料要求

填隙碎石用作基层时，碎石的最大粒径不应超过 53cm。用作底基层时，碎石的最大粒径不应超过 63cm。粗碎石可以用具有一定强度的各种岩石或漂石轧制，也可以用稳定的矿渣轧制。材料中的扁平、细长和软弱颗粒不应超过 15%。粗碎石的颗粒组成应符合表7-1-1 的规定。

表 7-1-1　填隙碎石、粗碎石的颗粒组成

编号	标准尺寸	通过下列缝隙的质量百分率（%）							
		65	53	37.5	31.5	26.5	19	16	9.5
1	30 ~ 60	100	25 ~ 60		0 ~ 15		0 ~ 5		
2	25 ~ 50		100		25 ~ 50	0 ~ 15		0 ~ 5	
3	20 ~ 40			100	35 ~ 70		0 ~ 15		0 ~ 5

轧制碎石时所得的 5mm 以下的细筛余料（即石屑）是最好的填隙料，填隙料宜具有表 7-1-2 的颗粒组成。

表 7-1-2　填隙碎石料的颗粒组成

筛孔尺寸	9.5	4.75	2.36	0.6	0.075	塑性指数
同过百分率（%）	100	85 ~ 100	50 ~ 70	30 ~ 50	0 ~ 10	小于 6

用作基层的粗碎石的集料压碎值不大于 26%；用作底基层的粗碎石的集料压碎值不大于 30%。

（二）施工程序

1. 准备下承层

不论填隙碎石结构层下面是底基层、垫层或土基，都要求严整坚实，无松散或软弱地点，平整度、压实度、路拱横坡度、控制标高都要符合规范规定的要求。

2. 施工放样

在下承层上恢复中线。直线段每 15～20m 设一桩，平曲线段每 10～15m 设一桩，并在两侧路肩外设指示桩。同时要进行水平测量。在两侧指示桩上标出基层边缘的设计标高。

3. 备料

根据结构层的宽度、厚度及松铺系数（1.20～1.30）计算粗碎石的用量，填隙料的用量约为粗碎石重量的 30%～40%。

4. 运输与摊铺粗碎石

将料用车辆运到下承层上（注意堆放距离），然后用平地机或其他适合的机具将粗碎石均匀地摊铺在预定的宽度上，并检验松铺厚度。

5. 撒铺填隙料和碾压

（1）干法施工（于压碎石）。

1）初压。用 8t 两轮压路机碾压 3～4 遍，使粗碎石稳定就位。在直线段上，碾压从两侧路肩开始，逐渐错轮向路中心进行。在有超高路段上，碾压以内侧路肩逐渐错轮向外侧路肩进行。错轮时，每次重叠 1/3 轮宽。在第一遍碾压后，应再次找平。初压终了时，表面应平整，并具有要求的路拱和纵坡。

2）撒铺填隙料。用石屑撒布机或类似的设备将干填隙料均匀地撒铺在已压稳的粗碎石层上，松厚约 2.5～3.0cm

3）碾压。用振动压路机慢速碾压。将全部填隙料振入粗碎石间的孔隙中。如没有振动压路机，可用重型振动板。

4）再次撒布填隙料。用石屑撒布机或类似的设备将干填隙料再次撒铺在粗碎石层上，松厚约 2.0～2.5m。用人工或机械扫匀。

5）再次碾压。用振动压路机碾压，碾压过程中，对局部填隙料不足之处，人工进行找补，将局部多余的填料扫除，使填隙料不应在粗碎石表面局部地自成一层。表层必须能见粗碎石。

6）设计厚度超过一层铺筑厚度，需在其上再铺一层时，应扫除一部分填隙料，然后在其上摊铺第二层粗碎石及填隙料。

7）填隙碎石表面孔除全部填满后，用 12 ~ 15t 三轮压路机再碾压 1 ~ 2 遍。在碾压过程中，不应有任何蠕动现象。

（2）湿法施工（水结碎石）。

1）开始的工序与干法施工相同。

2）粗碎石层表面孔隙全部填满后，立即用洒水车洒水，直到饱和为止。

3）用 12 ~ 15t 三轮压路机跟在洒水车后面进行碾压。在碾压过程中，将湿填隙料继续扫入所出现的孔隙中。洒水和碾压应一直进行到细集料和水形成粉浆为止。

4）干燥碾压完成的路段要留待一段时间，让水分蒸发。结构层变干后，表面多余的细料，应扫除干净。

填隙碎石施工完毕后，表面粗碎石间的孔隙既要填满、填隙料又不能覆盖粗集料而自成一层，表面应看得见粗碎石。碾压后基层的固体体积率应不小于 85%，底基层的固体体积率应不小于 83%。填隙碎石基层未洒透层沥青或未铺封层时，禁止开放交通。

二、泥结碎石

采用单一尺寸的碎石和一定比例的塑性指数较高的粘性土，经过碾压密实后形成的结构层。泥结碎石结构由于施工简便和造价较低，仍在我国现有低等级公路中占有相当大的比重。

1. 材料要求

（1）石料。可采用轧制碎石或天然碎石。轧制碎石的材料可以是各种类型的较坚硬的岩石、圆石或矿渣。碎石的扁平细长颗粒不宜超过 20% 并不得有其他杂物。碎石形状应尽量采用接近立方体，并具有棱角的为宜。

（2）粘土。泥结碎石路面中的粘土主要起粘结和填充空隙的作用。塑性指数较高的土，粘结力强而渗透性弱。其缺点是胀缩性大。反之，塑性指数低的土，则粘结力弱而渗透性强，水分容易渗入。因此，对土的塑性指数一般在 18 ~ 27 之间为宜。粘土内不得含腐殖质或其他杂质，粘土用量不宜超过石料干重的 20%。

2. 施工方法与程序

泥结碎石路面的施工方法，常用灌浆法和拌和法两种，其中灌浆法修筑的效果较好。灌浆法施工，一般可按下列工序进行。

（1）准备工作。包括放样、布置料堆，整理路槽和拌制泥浆。泥浆按水土体积比 0.8 ~ 1 : 1 进行拌制，过稀或不均匀，都将直接影响到结构层的强度和稳定性。

（2）摊铺石料。将事先准备好的石料按松铺厚度一次铺足。松铺系数为 1.2 ~ 1.3 左右。

（3）初步碾压。初碾的目的是使碎石颗粒经初碾压紧，但仍保留有一定数量的空隙，以便泥浆能灌进去。因此以选用三轮压路机或振动压路机碾压为宜。碾压至碎石无松动情况为佳。

（4）灌浆。在初压稳定的碎石层上，灌注预先调制好的泥浆。泥浆要浇得均匀，数量要足够灌满碎石间的孔隙。泥浆的表面与碎石齐平，但碎石的棱角仍应露出泥浆之上，必要时，可用竹扫帚将泥浆扫匀。灌浆时务使泥浆灌到碎石层的底部，灌浆后 1～2h，当泥浆下注，孔隙中空气滋出后，在未干的碎石层表面撒嵌缝料。以填塞碎石表面的空隙，嵌缝料要撒得均匀。

（5）碾压。灌浆后，待表面已干而内部泥浆尚处于半湿状态时，再用三轮压路机或振动压路机继续碾压，并随时注意将嵌缝料扫匀，直至碾压到无明显轮迹及在碾轮下材料完全稳定为止。在碾压过程中，每碾压 1～2 遍后，即撒铺薄层石屑并扫匀，再进行碾压，以便碎石缝隙内的泥浆流到表面与所撒石屑粘结成整体。

拌和法施工与灌浆法施工不同之处，是土不必制成泥浆，而是将土直接铺撒在摊铺平整的碎石层上，用平地机、多桦犁或多齿耙均匀拌和，然后用三轮压路机或振动压路机进行碾压，裸压方法同灌浆法。在碾压过程中，需要时应补充洒水，碾压 4～6 遍后，撒铺嵌缝料，然后继续碾压。直至无明显轮迹及在碾轮下材料完全稳定为止。泥灰结碎石路面结构层施工程序与泥结碎石相同。

第二节　级配类路面结构层的施工

一、混合料的配合比设计

在修筑级配路面结构层之前，必须对材料的级配组成进行调查。如料场的材料（包括天然砂砾或碎石）能完全符合规定的级配要求，而且塑性指数也在 9（6）以下，则这种材料可直接使用。如材料不能完全符合规定的级配标准，则应针对其不足之处分别采用掺配、筛除或加土破碎等方法，使其达到规定标准。因此，需要进行混合料的配合比设计。

二、施工程序与方法

级配砾（碎）石路面结构层一般采用拌和法施工。

1. 准备工作

包括整修路槽和清底放样。下承层（土基或垫层）的压实度、标高、路拱横坡、平整度、弯沉值等指标均应满足规范规定值。

2. 备料

按一定路段长度(20～50m)所需的石、砂及粘土数量进行备料。石料直接卸在路槽内，砂及粘土堆在路肩上。堆料时，应考虑便于后续工序如拌和及运料等工作。

3. 铺料

石料是级配砾(碎)石结构的主要材料，为了保证混合料拌和均匀，宜先摊铺大石料，然后摊铺小石料，最后细料(砂或石屑)。

4. 拌和与整形

混合料拌和均匀是修好级配路面的重要一环。拌和可采用平地机或拖拉机牵引多桦犁进行。犁拌和作业长度，根据压路机的工作能力和气温高低，每段宜为300～500m。用平地机拌和时，每个作业段长度宜为300～500m。拌和时边拌边洒水，使混合料的湿度均匀，避免大小颗粒分离。混合料拌和均匀后，即可将混合料整平并整理成规定的路拱横坡度。

5. 碾压

混合料整型后，应在接近最佳含水量情况下立即碾压，以免水分蒸发，可采用12t以上三轮压路机、振动压路机或轮胎压路机进行碾压。碾压时，后轮应重叠1/2轮宽，并必须超过两段的接缝处。后轮压过路面全宽时，即为1遍，碾压一直进行到要求的密实度为止。在碾压过程中要经常检查含水量与压实度。

6. 铺封层

碾压结束后。路表常会呈现骨料外露而周围缺少细料的麻面现象，在干燥地区作面层时，路表容易出现松散。为了防止产生这种缺陷应加铺封面，其方法是在面层上浇洒粘土浆一层，用扫帚扫匀后，随即孤盖粗砂或石屑。用轻型压路机碾压3～4遍，即可开放交通。近年来，为了改善级配砾(碎)石结构的水稳性，也为了适应高等级公路基层的要求，出现了只采用碎石和石屑两种规格的材料。按一定比例混合而成的级配碎石基层。它的施工方法是将各种材料按其粒径由大到小分三层摊铺，其配合比按摊铺虚厚控制。石屑摊铺完后，用洒水车均匀洒水，洒水量按比最佳含水量约大1%进行控制，然后用拌和机拌和。拌和后，用平地机整型，用压路机碾压。

级配碎石结构层施工时要注意：集料级配要满足要求，配料必须准确，特别是细料的塑性指数必须符合规定。掌握好虚铺厚度，路拱横坡符合规定。拌和均匀，避免粗细颗粒离析。当采用12t以上三轮压路机时，每层压实厚度以不超过15～18cm为宜，当采用重型振动压路机或轮胎压路机时，每层压实厚度可为20～23cm。

第三节　半刚性路面基层的机械化施工

施工机械化在我国高等级公路特别是高速公路施工中已变为现实，公路施工正在由劳动力密集型产业向技术密集型产业过渡，这是我国公路建设事业发展的一个重要里程碑。

一、半刚性路面垂层、底基层的施工工艺

在公路建设中，半刚性基层、底基层稳定土混合料的施工广泛采用两种方法，即路拌法和厂拌法，选用哪种方法，应根据公路设计施工技术规范要求及施工单位所拥有的机械设备来决定。例如一级公路和高速公路，规范规定：除直接铺筑在土基上的底基层下层可用稳定土拌和机进行路拌施工外，其上各层必须采用集中厂拌法拌和、摊铺机摊铺作业，更不允许用人工拌和施工。

下面以厂拌法为例，阐述半刚性路面基层的施工及其施工工艺。

1. 施工工艺流程

半刚性路面基层施工的工艺流程可简述为：1）准备下承层→2）施工放样→3）厂拌稳定土混合料→4）运输到施工现场→5）摊铺→6）碾压→7）接缝和"调头"处理→8）养生。

2. 主要施工机械及对机械的技术要求

按上述施工工艺流程，所用主要施工机械有：装载机或皮带集料输送机、稳定混合料拌和机、自卸汽车、摊铺机或平地机、振动压路机及轮胎压路机、洒水车。

（1）稳定混合料拌和机

在集中厂拌法施工中，稳定土混合料拌和机是关键设备之一。国内施工应用的稳定混合料拌和机有两种形式：强制连续式稳定混合料拌和机和自由跌落式稳定土拌和机，高等级公路路面基层施工必须使用强制连续式拌和机。

（2）摊铺机

在修建高等级公路的路基时，应使用专用的稳定混合料摊铺机进行摊铺，也可以使用沥青混凝土摊铺机进行摊铺。但某些进口的沥青摊铺机由于综合性能及设计方面的原因，在摊铺稳定混合料时易造成材料离析；在宽幅度摊铺时熨平板两端部摊铺材料的均匀密实度较差，影响整体平整度。

（3）自动平地机

优良的平地机同样可以进行混合料的摊铺，但要达到设计高程则需进行多次的刮平、修正，且使用平地机容易造成粗细集料离析，甚至把粗集料刮推至路面边缘而造成流失。因此，和摊铺机相比，在保证铺层厚度、设计高程、节约混合料和时间方面，平地机都处

于劣势。目前我国使用的一些进口平地机具有动力换档装置，速度快，操作灵活简便，使操作者能集中精力于平整作业，因而较有利于保证工程的施工质量。

（4）压实设备

压实机械是道路工程的重要施工设备。选用性能优良的振动压路机、普通压路机和轮胎压路机对保证工程质量是极为重要的。如何根据工程需要选择压路机，应从分析压路机的性能参数方面着手。

1）机重和静压力。

2）压实速度。

3）振幅和频率。

4）振动轮的宽度与直径。

5）振动轮的数量。

6）振动质量。

7）振动轮的驱动方式—主动或被动。

8）振动换向同步装置。

9）机架和振动轮的重力比。

二、机械组合与配表

用稳定混合料修建道路的底基层与基层，必须采取科学的组织与管理，针对不同的稳定混合料，按照施工工艺及规范要求，制定出相应的组织管理措施，尤其是搞好施工机械能力的配套协调，这是保证工程质量的重要手段。施工组织方案应建立在流水作业的基础上，各工序要紧密衔接，特别要尽量缩短从拌和、摊铺到碾压成型所籍的时间。对于某些稳定混合料，从拌和到碾压完毕规定有一定时间的限制，其目的是保证稳定混合料有一个良好的初凝期。

建设高等级公路，要求使用技术先进的施工机械，尤其是先进的路面机械，并实现施工作业的高度机械化，其目的在于：①完全达到高等级公路设计和施工规范的要求；②保证和提高工程质量；③提高施工速度缩短工期；④节约原材料。

1. 稳定混合料机械化施工的组合方式

在高等级公路施工中广泛采用下列两种机械组合方式：

（1）A 型机械组合：拌和设备 + 自卸汽车 + 推土机 + 平地机 + 压路机；

（2）B 型机械组合：拌和设备 + 自卸汽车 + 摊铺机 + 压路机。

2. 两种路面机械化施工组合方式评价

3. B 型机械组合的优势

（1）用摊铺机一次摊铺成型，能按规范要求保证各结构层的厚度和标高；

（2）保持混合料级配均匀，无离析现象，铺层厚度均匀、平整；

（3）能保证在限定的时间内完成从加水拌和至碾压成型的全部工艺程序；

（4）能保持最佳含水量，这是保证工程质量及碾压密实度的最重要条件；

（5）节约材料，防止混合料流失；

（6）摊铺作业速度较快，摊铺碾压衔接较紧，雨季也能很好地施工；

（7）表面看成本高，机械磨损严重，但如将节约的混合料和因速度快而完成的工作量等考虑在内，进行综合比较后就会发现，使用摊铺机的B型机械组合的经济效益是高的。

4.A型组合的缺陷

（1）工序较复杂，推土机、平地机需往返多次进行推刮和平整作业，易造成表面层顺粒料被刮起或造成混合料离析，在一定程度上影响稳定混合料的级配。

（2）用推土机、平地机进行摊铺，作业时间长，如果摊铺的是水泥稳定混合料，可能会对水泥的初凝期有影响。

（3）多次推刮作业，难以保持混合料的最佳含水量，从而影响压实度指标；

（4）铺层厚度和均匀性难以保证，设计标高也难于控制；

（5）整平、修刮作业中，大粒料多被刀片刮起并积于接缝处或是丢弃都将造成混合料损失。

当然，使用技术先进、性能优良的平地机，当机手技术熟练时，可在一定程度上弥补这种组合的缺陷。

通过上述比较分析可以看出，用稳定混合料修建高等级公路的基层和底基层应采用摊铺机进行摊铺作业，而一般公路则可采用平地机进行摊铺。

第八章 沥青路面施工建设

第一节 概 述

一、沥青路面的特点

沥青路面是以沥青材料为结合料粘结矿料而修筑的面层与各类基层和垫层所组成的路面结构。

由于沥青路面使用沥青为结合料，因而增强了矿料间的粘结力，提高了沥青混合料的强度和稳定性，使路面的使用质量和耐久性都得到了提高。与水泥混凝土路面相比，沥青路面具有表面平整、无接缝、行车舒适、耐磨性好、振动小、噪声低、施工期短、养护维修简便、适宜分期修建等优点。沥青路面也是我国高速公路的主要路面形式，随着国民经济和现代化道路交通运输发展的需要，沥青路面必将得到更大的发展。

二、沥青路面的分类

1. 按强度构成原理分类

按强度构成原理可将沥青路面分为密实类和嵌挤类两大类。

（1）密实类

密实类沥青路面要求矿料的级配按最大密实原则设计，强度和稳定性主要取决于混合料的粘结力和内摩阻力。密实类沥青路面按其空隙率的大小分为闭式和开式两种：闭式混合料中含有较多的小于0.5mm和0.074mm的矿料颗粒,空隙率小于6%,混合料致密而耐久,但热稳定性差；开式混合料中小于0.5mm的矿料颗粒含量较少，空隙率大于6%，其热稳定性较好。

（2）嵌挤类

嵌挤类沥青路面要求采用颗粒尺寸较为单一的矿料，路面强度和稳定性主要依靠骨料颗粒之间相互嵌挤所产生的内摩阻力，而粘聚力则起着次要作用。按嵌挤原则修筑的沥青路面，其热稳定性较好，但因空隙率较大、易渗水，因而耐久性较差。

2. 按施工工艺分类

按施工工艺的不同，沥青路面可分为层铺法、路拌法和厂拌法三类。

（1）层铺法

是用分层洒布沥青、分层铺撒矿料和碾压的方法修筑沥青路面。其主要优点是工艺和设备简便、工效较高、施工进度快、造价低；其缺点是路面成型期较长，需要经过炎热夏季行车碾压之后路面方能成型。用这种方法修筑的沥青路面有沥青表面处治和沥青贯入式两种。

（2）路拌法

是在路上用机械将矿料和沥青就地拌和、摊铺和碾压密实而成的沥青面层。此类沥青面层当所用的矿料为碎（砾）石时称为路拌沥青碎（砾）石；当所用的矿料为土时称为路拌沥青稳定土。路拌沥青面层通过就地拌和，沥青材料在矿料中分布比层铺法均匀，可以缩短路面的成型期。但因所用矿料为冷料，需使用粘稠度较低的沥青材料，故混合料的强度较低。

（3）厂拌法

是将规定级配的矿料和沥青在工厂用专用设备加热拌和，然后送到工地摊铺碾压而成的沥青路面。混合料为开级配的（空隙率为 10% ～ 15%），称为厂拌沥青碎石；矿料中含有矿粉，混合料是按最佳密实级配配制的（空隙率为 10% 以下），称为厂拌沥青混凝土。厂拌法按铺筑时温度的不同，又可分为热拌热铺和热拌冷铺两种。

3. 按技术特性分类

根据沥青路面的技术特性，沥青面层可分为沥青混凝土、热拌沥青碎石、乳化沥青碎石混合料、沥青表面处治和沥青贯入式五种类型。

（1）沥青混凝土路面

是指用沥青混凝土作面层的路面。其面层可由单层、双层或三层沥青混合料组成，各层混合料的组成设计根据层厚和层位、气温和降雨等气候条件、交通量和交通组成等因素确定，以满足沥青面层使用功能的要求。沥青混凝土通常用作高等级公路的面层。

（2）热拌沥青碎石路面

是指用沥青碎石作面层的路面。沥青碎石的配合比设计根据实践经验和马歇尔试验的结果，并通过施工前的试拌和试铺确定。沥青碎石有时也作联结层。

（3）乳化沥青碎石混合料

适用于三级、四级公路的沥青面层和二级公路养护罩面以及各级公路的调平层。

（4）沥青表面处治路面

是指用沥青和集料按层铺法或拌和法铺筑而成的厚度不超过 3cm 的沥青路面。沥青表面处治的厚度一般为 1.5 ～ 3.0cm。层铺法可分为单层、双层和三层。单层表面处治的厚度为 1.0 ～ 1.5cm，双层表面处治的厚度为 1.5 ～ 2.5cm，三层表面处治的厚度为 2.5 ～ 3.0cm。

沥青表面处治适用于三级、四级公路的面层和旧沥青面层上加铺罩面或抗滑层、磨耗层等。

（5）沥青贯入式路面

是指用沥青贯入碎（砾）石作面层的路面。沥青贯入式路面的厚度一般为 4 ~ 8cm。当沥青贯入式的上部加铺拌和混合料时，称为上拌下贯，此时拌和层的厚度宜为 3 ~ 4cm，总厚度为 7 ~ 10cm。沥青贯入式碎石路面适用于二级及二级以下公路的沥青面层。

第二节　热拌沥青混合料路面施工

一、沥青混合料

1. 分类

通常将未经摊铺、碾压的沥青混凝土或沥青碎石的拌和物称为沥青混合料。根据混合料中骨料的最大粒径值，将热拌沥青混合料分为粗粒式、中粒式、细粒式及砂粒式等类型。沥青路面的集料最大粒径一般是从上至下逐渐增大，因此，中粒式及细粒式适用于上层，粗粒式只能用于中下层。

根据矿料级配类型的不同，沥青混合料可分为密级配型、开级配和半开级配型。

除上述沥青混凝土混合料外，尚有其他特殊类型的沥青混合料。如用沥青、矿粉及纤维稳定剂组成的沥青玛蹄脂与具有间断级配的矿质集料混合后即形成沥青玛蹄脂碎石混合料（简称 SMA），具有抗滑、耐磨、抗疲劳、低噪声、抗高温车辙、低温开裂少等优点。

2. 热拌沥青混合料的选用

筋青混凝土是一种优良的路用材料，主要用于高速公路和一级公路的面层。热拌沥青碎石适用于高速公路和一级公路路面的过渡层或整平层以及其他等级公路的面层。选择沥青混合料类型应在综合考虑公路所在地区的自然条件、公路等级、沥青层位、路面性能要求、施工条件及工程投资等因素的基础上。

二、混合料配合比设计

铺筑高质量的沥青路面，除使用质量符合要求的沥青和矿料外，必须进行混合料配合比设计，确定沥青混合料的最佳组成。通常按实验室目标配合比设计、生产配合比设计及生产配合比验证三个阶段进行，设计结果作为控制沥青路面施工质量的依据。

（一）实验室目标取合比设计

实验室目标配合比设计阶段的任务是确定矿料的最大粒径，级配类型及最佳沥青用量。

1. 确定矿料最大粒径

矿料最大粒径（D）对沥青混合料的路用性能影响很大。通常取结构层厚度（习与矿料最大粒径（D）的比值 h/D≥2，此时沥青混合料的施工和易性、压实性较好，易于达到规定的密实度和平整度，从而保证沥青混合料的路用性能符合要求。

2. 确定矿料级配

根据所在层位、气候环境、材料来源、施工条件等确定沥青混合料类型后，在保证混合料密实度和稳定性的前提下，根据级配理论和实际需要确定矿料的级配范围。确定矿料级配曲线时，可采用表中规定级配范围的中值。对于交通量大、轴载重及抗车辙性能要求高的公路，可取表中所列级配范围的中下限（矿料偏粗）；对于交通量小、轴载轻的公路或人行道，可取级配范围的中上限（矿料偏细）。矿料配合可采用试算法、图解法、正规方程法等方法确定。

3. 确定最佳沥青用量

沥青混合料的最佳沥青用量通过马歇尔试验确定。矿料最大粒径及级配确定后，沥青用量范围及以往工程经验，初步估计恰当的沥青用量，并以该估计值为中值，以 0.5% 为步长上下变化沥青用量，取 5 个不同的沥青用量制备马歇尔试验的试件。按规定的试验温度和试验方法进行马歇尔试验，测定混合料的稳定度、流值、密度，并计算压实后混合料的剩余空原率、饱和度及矿料间隙率。马歇尔试验的各项指标所列技术标准要求。在沥青用量与密度、稳定度、流值、剩余空隙率及饱和度的关系曲线图中求取相应的马歇尔试验各项指标。

（二）生产配合比设计阶段

用间歇式拌和机拌和沥青混合料时，将两次筛分后进入各热料仓的矿料取样筛分，计算沥青混合料矿料级配及沥青用量范围（方孔筛）矿料的配合比比例，并用目标配合比设计阶段确定的最佳沥青用 ±0.5% 进行马歇尔试验；根据试验结果决定各热料仓的材料比例，并调整最佳沥青用量，供拌和机控制室使用，同时反复调整冷料仓比例以达到供料均衡。用连续式拌和机拌和时，目标配合比设计就是生产配合比设计。

（三）生产配合比验证阶段

生产配合比验证阶段是拌和机按生产配合比及最佳沥青用量±0.3%进行试拌，并铺筑试验路段。通常用拌和机拌和的沥青混合料样品和沥青路面钻芯作马歇尔试验。若各项马歇尔试验指标均符合规范要求，则以此时的沥青混合料配合比为标准配合比，作为控制拌和质量的依据和施工质量检查的标准。

三、热拌沥青混合料施工

热拌沥青混合料路面采用厂拌法施工，集料和沥青均在拌和机内进行加热与拌和，并在热的状态下摊铺碾压成型。施工按下列顺序进行：

（一）施工前的准备

施工前的准备工作主要包括原材料的质量检查、施工机械的选型和配套、拌和厂选址与备料、下承层准备、试验路铺筑等工作。

1.原材料质量检查

沥青、矿料的质量应符合前述有关的技术要求。

2.施工机械的选型和配套

确定合理的机械类型、数量及组合方式，使沥青路面的施工连续、均衡，质量高，效益好。检修各种施工机械，保证正常运行。

3.拌和厂选址与备料

拌和厂设置应符合环保、消防安全等规定，设置在空旷、干燥、运输条件良好的地方。应配备实验室及足够的试验仪器和设备，并有可靠的电力供应。各种材料分类别、分品种、分标号按规范要求分别堆放，不得混杂。为施工提供充足的料源。

4.试验路铺筑

试验路的长度根据试验目的确定，通常在100～200m。热拌沥青混合料路面的试验路铺筑分试拌、试铺及总结三个部分：

（1）通过试拌确定拌和机的上料速度、拌和数量、拌和时间及拌和温度等；验证沥青混合料目标生产配合比，提出生产用的矿料配合比及沥青用量。

（2）通过试铺确定透层沥青的标号和用量、喷洒方式、喷洒温度，确定热拌沥青混合料的摊铺温度、摊铺速度、摊铺宽度、自动找平方式等操作工艺，确定碾压顺序、碾压温度、碾压速度及遍数等压实工艺，确定松铺系数和接缝处理方法等；建立用钻孔法及核子密度仪法侧定密实度的对比关系，确定粗粒式沥青混凝土或沥青碎石路面的压实密度，为大面积路面施工提供标准方法和质量检查标准。

（3）确定施工产量及作业段长度，制定施工进度计划，全面检查材料质量及施工质量，落实施工组织及管理体系、人员、通讯联络方式及指挥方式等。

试验路铺筑结束后，施工单位应就各项试验内容提出试验总结报告，取得主管部门的批准后方可用以指导大面积沥青路面的施工。

（二）沥青混合料拌和

热拌沥青混合料必须在沥青拌和厂（场、站）采用专用拌和机拌和。

1. 拌和设备与拌和流程

拌和沥青混合料时，先将矿料粗配、烘干、加热、筛分、精确计量，然后加入矿粉和热沥青，最后强制拌和成沥青混合料。若拌和设备在拌和过程中骨料烘干与加热为连续进行，而加入矿粉和沥青后的拌和为间歇（周期）式进行，则这种拌和设备为间歇式拌和机。若矿料烘干、加热与沥青混合料拌和均为连续进行，则为连续式拌和机。

间歇式拌和机拌和质量较好，而连续式拌和机拌和速度较高。当路面材料多来源、多处供应或质量不稳定时，不得用连续式拌和机拌和。高速公路和一级公路的沥青混凝土宜采用间歇式拌和机拌和。自动控制、自动记录的间歇式拌和机在拌和过程中应逐盘打印沥青及各种矿料的用量和拌和温度。

2. 拌和要求

拌和时应根据生产配合比进行配料，严格控制各种材料的用量和拌和温度，确保沥青混合料的拌和质量。沥青与矿料的加热温度应符合规定的要求，超过规定加热温度的沥青混合料一部分老化，应禁止使用。沥青混合料的拌和时间以混合料拌和均匀、所有矿料颗粒全部被均匀裹覆沥青为度，一般应通过试拌确定。间歇式拌和机每锅拌和时间宜为 $30 \sim 50s$（其中干拌时间不得少于5）；连续式拌和机的拌和时间由上料速度和温度动态调节。

拌和的沥青混合料应色泽均匀一致、无花白料、无结团成块或严重粗细料离析现象，不符合要求的混合料应废弃并对拌和工艺进行调整。拌和的沥青混合料不立即使用时，可存入成品贮料仓，存放时间以混合料温度符合摊铺要求为准。

3. 拌和质量检查

检查内容包括拌和温度的测试和抽样进行马歇尔试验并作好检查记录。控制拌和温度是确保沥青混合料拌和质量的关键，通常在混合料装车时用有度盘和恺装枢轴的温度计或红外测温仪测试。抽取拌和的沥青混合料进行马歇尔试验，测试稳定度、流值、空隙率。用沥青抽提试验确定沥青用量，并检查抽提后矿料的级配组成，以各项测试数据作为判定拌和质量的依据。

（三）沥青混合料运拾

热拌沥青混合料宜采用吨位较大的自卸汽车运输，汽车车厢应清扫干净并在内壁涂一薄层油水混合液。从拌和机向运料车上放料时应每放一料斗混合料挪动一下车位，以减小集料离析现象。运料车应用基布覆盖以保温、防雨、防污染，夏季运输时间短于 0.5h 时可不覆盖。

混合料运料车的运输能力应比拌和机拌和或摊铺机摊铺能力略有富余。施工过程中，摊铺机前方应有运料车在等候卸料。运料车在摊铺机前 10 ~ 20km 处停住，不得撞击摊铺机；卸料时运料车挂空挡，靠摊铺机推动前进，以利于摊铺平整。运到摊铺现场的沥青混合料应符合摊铺温度要求，已结成团块、遭雨淋湿的混合料不得使用。

（四）沥青混合料摊铺

将混合料摊铺在下承层上是热拌沥青混合料路面施工的关键工序之一，内容包括摊铺前的准备工作、摊铺机各种参数的选择与调整、摊铺作业等工作。

1. 摊铺前的准备工作

摊铺前的准备工作包括下承层准备、施工测量及摊铺机检查等。

摊铺沥青混合料前应按要求在下承层上浇洒透层、粘层或铺筑下封层。热拌沥青混合料面层下的基层应具有设计规定的强度和适宜的刚度，有良好的水温稳定性，干缩和温缩变形应较小，表面平整、密实，高程及路拱横坡符合设计要求且与沥青面层结合良好。沥青面层施工前应对其下承层作必要的检测，若下承层受到损坏或出现软弹、松散或表面浮尘时，应进行维修。下承层表面受到泥土污染时应清理干净。

摊铺沥青混合料前应提前进行标高及平面控制等施工测量工作。标高测量的目的是确定下承层表面高程与设计高程相差的确切数值，以便挂线时纠正为设计值以保证施工层的厚度；为便于控制摊铺宽度和方向，应进行平面测量。

在每工作日的开工准备阶段，应对摊铺机的刮板输送器、闸门、螺旋布料器、振动梁、熨平板、厚度调节器等工作装置和调节机构进行检查，在确认各种装置及机构处于正常工作状态后才能开始施工，若存在缺陷和故障时应及时排除。

2. 调整、确定摊铺机的参数

摊铺前应先调整摊铺机的机构参数和运行参数。其中，机构参数包括熨平板的宽度、摊铺厚度、熨平板的拱度、初始工作迎角等。

摊铺机的摊铺带宽度应尽可能达到摊铺机的最大摊铺宽度，这样可减少摊铺次数和纵向接缝，提高摊铺质量和摊铺效益。确定摊铺宽度时，最小摊铺宽度不应小于摊铺机的标准摊铺宽度，并使上下摊铺层的纵向接缝错位 30cm 以上。摊铺厚度是用两块 5 ~ 10cm 宽的长方木为基准来确定，方木长度与熨平板纵向尺寸相当，厚度为摊铺厚度。定位时将熨平板抬起，方木置于熨平板两端的下面，然后放下熨平板，此时熨平板自由落在方木上，转动厚度调节螺杆，使之处于微量间隙的中值。摊铺机熨平板的拱度和初始工作迎角根据各机型的操作方法调节，通常要经过试铺来确定。

摊铺机的运行参数为摊铺机作业速度，合理确定作业速度是提高摊铺机生产效率和摊铺质量的有效途径。若摊铺速度过快，将造成摊铺层松散、混合料供应困难，停机待料时，会在摊铺层表面形成台阶，影响混合料平整度和压实性；若摊铺时慢、时快、时开、时停，会降低混合料平整度和密实度。因此，应在综合考虑沥青混合料拌和设备的生产能力、车辆运输能力及其他施工条件的基础上，以稳定的供料能力保证摊铺机以某一速度连续作业。

3. 摊铺作业

首先是对熨平板加热，以免摊铺层被熨平板上粘附的粒料拉裂而形成沟槽和裂纹，同时对摊铺层起到熨烫的作用，使其表面平整无痕。加热温度应适当，过高的加热温度将导致熨平板变形和加速磨耗，还会使混合料表面泛出沥青胶浆或形成拉沟。

摊铺沥青路面时，所用摊铺机应尽量采用具有自动或半自动调整摊铺厚度及自动找平的装置，有容量足够的受料斗和足够的功率推动运料车，有可加热的振动熨平板，摊铺宽度可调节。摊铺时可采用单机作业或两台以上摊铺机成梯形联合作业。梯形作业应注意，相邻两幅摊铺带应适当重叠，相邻两台摊铺机相距 10 ~ 30cm，以免形成冷接缝。摊铺机在开始受料前应在料斗内涂刷防止枯竭的柴油：避免沥青混合料冷却后粘附在料斗上。摊铺机必须缓慢、均匀、连续不间断地进行摊铺，摊铺过程中不得随便变换速度或中途停顿。摊铺机螺旋布料器应不停顿地转动，两侧应保证有不低于布料器高度 2/3 的混合料，并保证在摊铺的宽度范围内不出现离析。

（五）沥青混合料的压实

压实的目的是提高沥青混合料的密实度，从而提高沥青路面的强度、高温抗车辙能力及抗疲劳特性等路用性能，是形成高质量沥青混凝土路面的又一关键工序。碾压工作包括碾压机械的选型与组合，碾压温度、碾压速度的控制，碾压遍数、碾压方式及压实质量检查等。

1. 碾压机械的选型与组合

沥青路面压实机械分静载光轮压路机、轮胎压路机和振动压路机。静载光轮压路机分双轮式和三轮式，常用的有 6 ~ 8t 双轮钢筒压路机、8 ~ 12t 或 12 ~ 15t 三轮钢筒压路机等。静载光轮压路机的工作质量较小，常用于预压、消除碾压轮迹。轮胎压路机安装的光面橡胶碾压轮具有改变压力的性能，通常为 5 ~ 11 个，工作质量 5 ~ 25t，主要用于接缝和坡道的预压、消除裂纹、压实薄沥青层。振动压路机多为自行式，前面为钢质振动轮，后面有两个橡胶驱动轮，工作质量随振动频率和振幅的增大而增大，可作为主要的压实机械。

为了达到最佳压实效果，通常采用静载光轮压路机与轮胎压路机或静载光轮压路机与振动压路机组合的方式进行碾压。

2. 碾压作业

沥青混合料路面的压实分初压、复压、终压三个阶段进行。初压的目的是整平、稳定混合料，为复压创造条件。初压是压实沥青混合料的基础，一般采用轻型钢筒压路机或关闭振动装置的振动压路机碾压两遍，其线压力不宜小于 35N/cm。应在沥青混合料摊铺后很度较高时进行初压，压实温度应根据沥青稠度、压路机类型、气温、摊铺层厚度、混合料类型经试铺试压确定，碾压时必须将驱动轮朝向摊铺机，以免使温度较高的摊铺层产生推移和裂缝。压路机应从路面两侧向中间碾压，相邻碾压轮迹重盛 1/3 ~ 1/2 轮宽，最后碾压中心部分，压完全幅为一遍适当修整。初压后应检查平整度、路拱并对出现缺陷的部位作适当修整。

复压的目的是使混合料密实、稳定、成型，是使混合料的密实度达到要求的关键。初压后紧接着进行复压，一般采用重型压路机，碾压温度符合规定，碾压遍数经试压确定，并不少于 4 ~ 6 遍，达到要求的压实度为止。用于复压的轮胎式压路机的压实质量应不小于 15t，用于碾压较厚的沥青混合料时，总质量应不小于 22t，轮胎充气压力不小于 0.5MPa，相邻轮带重叠 1/3 ~ 1/2 的轮宽。当采用三轮钢筒压路机时，总质量不应低于 15t。当采用振动压路机时，应根据混合料种类、温度和厚度选择振动压路机的类型，振动频率取 35 ~ 50Hz，振幅取 0.3 ~ 8mm，碾压层较厚时选用较大的振幅和频率，碾压时相邻轮带重叠 20cm 宽。

终压的目的是消除碾压轮产生的轮迹，最后形成平整的路面。终压应紧接在复压后用 6 ~ 8t 的振动压路机（关闭振动装置）进行，碾压不少于两遍，直至无轮迹为止。

碾压过程中有沥青混合料粘附于碾压轮时，可间歇向碾压轮洒少量水。压路机不得在新摊铺的混合料上转向、调头，左右移动位置或突然刹车。对压路机无法压实的桥面、挡土墙等构造物接头处、拐弯死角、加宽部分等局部路面，应采用振动夯板夯实。雨水井、检查并等设施的边缘应用人工夯锤、热烙铁补充压实。压路机的碾压路线及碾压方向不应突然改变以防止混合料产生推移，压路机启动、停止必须缓慢进行。压实后的沥青路面在冷却前，任何机械不得在其上停放或行驶，并防止矿料、油料等杂物的污染。沥青路面冷却后方可开放交通。

（六）接缝处理

施工过程中应尽可能避免出现接缝，不可避免时做成垂直接缝，并通过碾压尽量消除接缝痕迹，提高接缝处沥青路面的传荷能力。对接缝进行处理时，压实的顺序为先压横缝，后压纵缝。横向接缝可用小型压路机横向碾压，碾压时使压路机轮宽的 10 ~ 20cm 置于新铺的沥青混合料上，然后边碾压边移动直至整个碾压轮进入新铺混合料层上。对于热料与冷料相接的纵缝，压路机可置于热沥青混合料上振动压实，将热混合料挤压入相邻的冷结合边内，从而产生较高的密实度；也可以在碾压开始时，将碾压轮宽的 10 ~ 20cm 置于热料层上，压路机其余部分置于冷却层上进行碾压，效果也较好。对于热料层相邻的纵缝，应先压实距接缝约 20cm 以外的地方，最后压实中间剩下的一条窄混合料层，这样可获得良好的结合。

四、提高压实质皿的关键技术与压实质且的检测

1. 碾压温度的控制。混合料的温度较高时，可用较少的碾压遍数，获得较高的密实度和较好的压实效果；而温度较低时，碾压工作变得比较困难，且易产生很难消除的轮迹，造成路面不平整。因此在实际工作中，摊铺完毕应及时进行碾压。碾压温度应控制在合适的范围，以混合料支承路面而不产生推移为佳。

2. 合理恒定的碾压速度。压实速度过低，会使摊铺与压实工序间断，影响压实效果。压实速度过快，则会产生推移、横向裂纹等。

3. 沥青混合料施工的现场质量检测及纠正很重要，一旦成型，很难补救。因此施工中，随时检测，随时纠正，保证施工质量。

4. 压实度和厚度的检测。一般可通过钻芯取样的办法来检测，通常是在第二天，用取芯机进行钻孔取样，量取试样的厚度。将试芯样拿回试验室进行压实度检测，以确定沥青路面的压实度否符合规范的要求，并作为计量支付的质量保证依据。

五、沥青玛蹄脂碎石混合料路面施工

1. 原材料与配合比

沥青玛喇台碎石混合料（简称 SMA）应采用针入度较小、粘度较大的沥青，最好采用性能良好的聚合物改性沥青，沥青的用量不小于 6.2%。集料应采用磨光值在 42 以上、坚硬、耐磨的石料，集料颗粒以近于立方体为佳，质量技术指标符合要求。集料必须具有间断级配，最大粒径宜为 13mm，或 16mm，通过 4.75mm 筛孔的颗粒宜在 30% 以下。矿粉的用量较大，一般宜为 8% ~ 13%。由于沥青玛蹄脂碎石混合料的沥青用量较大，需要加人比表面积很大的纤维稳定剂，以减少或消除混合料在拌和、运输和摊铺过程中沥青流淌的现象。通常有机质的木质素纤维用量为混合料总质量的 0.3%，如果用矿质纤维代替有机纤维，则用量为 0.04%。

2. 拌和、摊铺及碾压

应采用拌和质量良好的间歇式拌和机拌和沥青玛蹄脂碎石混合料，以确保拌和均匀、施工和易性好。拌和时将装入可溶塑料袋的松散状纤维放进料斗里或直接加到桨叶式拌和机里。为了确保纤维均匀分散于混合料中，沥青玛蹄脂碎石混合料的拌和时间往往长于普通沥青混合料拌和时间，适宜的拌和时间应根据拌和机的型号和性能、纤维的数量和类型通过试拌确定。当使用聚合物改性沥青时，必须先将该沥青拌和均匀，再按上述方法进行拌和。由于沥青玛咖旨碎石混合料沥青用量多、集料为间断级配，长时间存放后混合料会出现粗细孩粒离析、沥青流淌等现象，因此，新拌和的混合料应尽快摊铺成型，不能长时间存放在贮料仓内。

运输沥青玛蹄脂碎石混合料时，汽车的车厢内底应涂脱模剂，以免混合料粘附。混合料运到摊铺现场后，采用常规方法摊铺。摊铺整平后，用静载光轮压路机或关闭振动装置的振动压路机碾压，直到达到规定的密实度要求为止。由于沥青玛蹄脂碎石混合料的沥青用量较大，碾压时沥青会大量粘附在橡胶轮胎上，因此，不能用轮胎式压路机碾压。

第三节 其他形式的沥青路面施工

一、乳化沥青碎石混合料路面

乳化沥青碎石混合料适用于三级及三级以下公路的路面、二级公路的翠面以及各级公路的整平层。用于铺筑面层时一般采用双层式，即下层采用粗粒式乳化沥青混合料，上层采用中粒式或细粒式乳化沥青混合料。少雨干燥地区或半刚性基层上可采用单层式乳化沥青碎石混合料路面。在多雨潮湿地区必须做乳化沥青碎石混合料的上封层或下封层。乳化沥青的品种、规格、标号应根据混合料用途、气候条件、矿料类别选用。

（一）混合料组成设计

乳化沥青碎石混合料矿料级配选用。乳液用量根据交通量、气候、石料类别、沥青标号、施工机械等条件及当地经验确定，也可按热拌沥青混合料的沥青用量折算，实际的沥青用量较同规格热拌沥青混合料的沥青用量减少 155 ~ 20%。

（二）施工

1. 混合料拌和

乳化沥青碎石混合料宜采用水泥混凝土拌和机拌和，无此条件时，可采用现场人工拌和。当采用阳离子乳化沥青时，矿料在拌和前需先用水湿润，使其含水量达 5%，气温较高时可多加水，低温潮湿时少加水。矿料与乳液应充分拌和均匀，适宜的拌和时间应根据集料级配情况、乳液裂解速度、拌和机性能、气候条件等通过试拌确定。若在上述时间内不能拌和均匀，则应考虑使用性能更好的拌和机。拌和的混合料应具有良好的施工和易性以免在摊铺时出现离析。

2. 摊铺

乳化沥青碎石混合料拌和完毕，宜采用沥青混合料摊铺机摊铺。若采用人工摊铺，则应防止混合料离析。机械摊铺的松铺系数为 1.15 ~ 1.20，人工摊铺时松铺系数为 1.20 ~ 1.45。

拌和、运输和摊铺应在乳液破乳前结束，摊铺前已破乳的混合料不得使用。

3. 碾压

混合料摊铺完毕，厚度、平整度、路拱横坡等符合设计和规范要求，即可进行碾压。通常先采用 6t 左右的轻型压路机匀速初压 1 ~ 2 遍，使混合料初步稳定，然后用轮胎压路机或轻型钢筒式压路机碾压几遍。当乳化沥青开始破乳，混合料由褐色转变为黑色时用 12 ~ 15t 轮胎压路机或 10 ~ 12t 钢筒式压路机复压 2 ~ 3 遍，待晾晒一段时间水分蒸发后，再补充复压至密实。压实过程中出现推移现象时，应立即停止碾压，待稳定后再碾压。碾压时若出现松散或开裂，应立即挖除并换新料，整平后继续碾压。

压实成型后，待水分蒸发完即可加铺上封层。施工结束后应做好早期养护工作，封闭交通 2 ~ 6h 以上，开放交通后控制车速不超过 20km/h。

二、沥青表面处治路面

1. 适用条件

沥青表面处治路面是用拌和法或层铺法施工的路面薄层，主要用于改善行车条件，厚度不大于 3cm，适用于二级以下公路，高速公路和一级公路的施工便道的面层，也可作为旧沥青路面的罩面和防滑磨耗层。采用拌和法施工时可热拌热铺，也可冷拌冷铺。热拌热铺施工时可按热拌沥青混合料路面的施工方法进行，冷拌冷铺时可按乳化沥青碎石混合料路面的施工方法进行。采用层铺法施工时，分为单层式、双层式及三层式三种。

2. 材料规格和用量

沥青表面处治面层可采用道路石油沥青、煤沥青或乳化沥青作结合料。沥青用量根据气温、沥青标号、基层等。在寒冷地区、施工气温较低、沥青针入度较小、基层空隙较大时，沥青用量宜采用高限；在旧沥青路面、清扫干净的碎（砾）石路面、水泥混凝土路面、块石路面上铺沥青表面处治层时，第一层沥青用量可增加 10% ~ 20%，不再洒透层油。

沥青表面处治路面所用集料的最大粒径与处治层厚度相等，当采用乳化沥青时，为减少乳液流失，可在主层集料中掺加 20% 以上的细粒料。沥青表面处治层施工后，应在路侧另备小碎石、石屑或粗砂作为初期养护的材料。

3. 施工方法

层铺法施工前应做好路用材料的准备及质量检验工作，调试沥青洒布车、集料撒布车及压路机等机械，使其处于正常工作状态。沥青表面处治层的下承层上应浇洒透层、粘层或铺筑封层。三层式沥青表面处治层的施工可按下列工序进行：

（1）浇洒第一层沥青。根据气温条件、沥青标号严格控制沥青洒布温度。通常条件下石油沥青的洒布温度为 130 ~ 170℃煤沥青浇洒温度宜为 80 ~ 120℃，乳化沥青和液体石油沥青在常温下浇洒。浇洒应均匀，若出现空白或缺边，应立即用人工补洒，沥青过分积聚时应予刮除。沥青浇洒长度应与集料洒布机相配合。

（2）撒布第一层集料。浇洒第一层沥青后立即撒布第一层集料，并及时扫匀，尽量达到全面夜盖，不露出沥青，局部缺料时应补撒。集料厚度应均匀一致，颗粒不重益。使用乳化沥青时，集料撒布必须在乳液破乳前完成。

（3）碾压。撒布第一段集料（不必每段全部铺完）后立即用 6 ~ 8t 钢筒双轮压路机碾压，相邻轮迹重叠汉知扭，碾压时先碾压路面两侧，后碾压中间部分。

经过上述三道工序的施工即完成一层沥青表面处治。第二层，第三层沥青表面处治层的施工方法和要求与第一层相同，第三层碾压完毕即可开放交通。但乳化沥青表面处治应待水分蒸发并基本成型后方可开放交通。在开放交通的初期，宜采取交通管制措施使路面整体成型。

三、沥青贯入式路面

（一）适用条件

沥青贯入式路面是在初步压实的碎石（砾石）层上，分层浇洒沥青、撒布嵌缝料后经压实而成的路面。沥青贯入式路面适用于二级及二级以下公路的面层，还可用作热拌沥青混凝土路面的基层，厚度一般为 4 ~ 8cm，但用乳化沥青时，厚度不宜超过 8cm 沥青贯入式路面上部加铺热拌沥青混合料面层时，总厚度宜为 6 ~ 10cm，其中拌和层厚度为 2 ~ 4cm。沥青贯入式路面宜在较干燥或气温较高时施工，在雨季前或日照气温低于巧℃到来前半个月结束，通过开放交通靠行车碾压来进一步成型。

（二）材料规格和用童

沥青贯入式路面可选用粘稠石油沥青、煤沥青或乳化沥青作结合料。沥青的品种、标号按要求选用。

沥青贯入式路面集料应选用表面粗糙、棱角丰富、形态好、嵌挤性好的坚硬石料，主层集料中粒径大于级配范围中值的颗粒含量不得少于 50%。细粒料含量偏多时，嵌缝料宜用底线。主层集料最大粒径宜与沥青贯入层的厚度相同。当采用乳化沥青时，主层集料最大粒径可为厚度的 0.8 ~ 0.85 倍。

（三）施工方法

沥青贯入式路面应铺筑在已清扫干净并浇洒透层或粘层沥青的基层上进行：

1. 撒布主层集料一般按以下工序

撒布主层集料时应控制松铺厚度，避免颗粒分布不均。应尽可能采用碎石摊铺机摊铺主层集料，无此条件时用人工撒布。撒布完毕的主层集料上应禁止车辆通行。

2. 碾压主层集料

主层集料撒布后用 6 ~ 8t 的钢筒压路机进行初压，碾压速度为 2km/h。碾压自边缘逐渐向路中心进行，相邻碾压轮迹重叠 30cm。在初压过程中应及时检验路拱和横坡度，不符合设计要求时，应进行调整，然后继续碾压至集料无明显推移为止。随后用 10 ~ 12t 压路机进行碾压，相邻轮迹重叠 1/2 轮宽，碾压 4 ~ 6 遍，直至主层集料嵌挤稳定，无明显轮迹为止。

3. 浇洒第一层沥青

主层集料碾压完毕后立即用沥青洒布车浇洒沥青，浇洒方法与沥青表面处治层施工相同。浇洒时沥青的温度应根据沥青标号及施工环境气温确定。当采用乳化沥青时，为避免乳液下渗过多，可在主层集料压稳定后，先撒一部分嵌缝料，再洒主层乳化沥青。

4. 撒布第一层嵌缝料

主层沥青浇洒后，立即均匀撒布嵌缝料，必须在乳液破乳前撒布完成。

5. 碾压层嵌缝料并扫匀、找补

当采用乳化沥青时，嵌缝料扫匀后立即用 8 ~ 12t 钢筒压路机进行碾压，将较细的嵌缝集料压入主层集料空隙中，以提高沥青贯入式路面的强度和其他路用性能。碾压时，轮迹重叠 1/2 左右，碾压 4 ~ 6 遍，直至稳定为止。碾压过程中应随扫随压，使嵌缝料均匀嵌入。若气温较高造成较大推移时，应停止碾压，待气温稍低后再继续碾压。

6. 浇洒第二层沥青、撒布第二层嵌缝料，碾压，再浇洒第三层沥青，方法和要求与前述一样

7. 撒布封层料

封层料的撒布方法及要求与嵌缝料撒布相同。

8. 终压

用 6 ~ 8t 压路机碾压 2 ~ 4 遍后，开放交通并进行交通管制，使路面全宽受到行车的均匀碾压。

当沥青贯入式路面上加铺拌和型沥青混合料时，不撒布封层料，沥青贯入式路面施工后立即铺筑沥青混合料，使上下层联为整体。沥青贯入式路面使用乳化沥青时，应待乳化沥青破乳、水分蒸发且成型稳定后才可以铺筑沥青混合料。当表面加铺拌和层的沥青贯入式路面不能连续施工而又要在短期内开放交通时，第二层嵌缝料应增加用量（2 ~ 3）m³/1000 ㎡。在铺筑沥青混合料前，先清除沥青贯入式路面表面杂物、尘土等补充碾压，且浇洒粘层沥青。

四、透层、粘层与封层

1. 透层

透层是为了使路面沥青层与非沥青材料层结合良好而在非沥青材料层上浇洒乳化沥青、煤沥青或液体石油沥青后形成的透入基层表面的薄沥青层。在级配碎（砾）石及半刚性基层上铺筑沥青混合料面层时必须浇洒透层沥青。透层沥青宜采用慢裂洒布型乳化沥青，也可使用中、慢裂液体石油沥青或煤沥青。表面致密、平整的半刚性基层上宜采用较稀的透层沥青，粒料类基层宜采用较稠的透层沥青。

透层沥青应紧接在基层施工结束、表面稍干后浇洒。当基层完工后时间较长时，应对表面进行清扫；若表面过于干燥时，应在基层表面适当洒水并待稍干后浇洒透层沥青，高速公路和一级公路的透层沥青宜采用沥青洒布车喷洒，其他等级公路可采用手工沥青洒布机喷洒。

浇洒透层沥青应符合以下要求：浇洒的透层沥青应渗入基层一定深度，但又不致流淌而在表面形成油膜，气温低于10℃及大风、降雨时不得浇洒透层沥青；浇洒后，禁止车辆、行人通过；未渗入基层的多余透层沥青应刮除，有遗漏的部位应补洒。

在半刚性基层上浇洒透层沥青后，立即以（2～3）m³/1000 ㎡的用量将石屑或粗砂撒布在基层上，然后用6～8t钢筒压路机稳压一遍。当需要通行车辆时，应控制车速。透层沥青洒布后应尽早铺筑沥青面层；用乳化沥青做透层时，应待其充分渗透、水分蒸发后方可铺筑沥青面层，此段时间不宜少于24h。

2. 粘层

粘层是为加强沥青层之间、沥青层与水泥混凝土面板之间的粘结而洒布的薄沥青层。将热拌沥青混合料铺筑在被污染的沥青层表面、旧沥青路面及水泥混凝土路面上时应浇洒粘层，与新铺沥青路面接触的路缘石、雨水井、检查井等设施的侧面应浇洒枯层沥青。粘层宜采用快裂洒布型乳化沥青，也可采用快、中凝液体石油沥青或煤沥青。根据被粘结层的结构层类型，通过试洒确定粘层沥青用量，枯层沥青宜采用洒布车喷洒并符合以下要求：洒布应均匀，浇洒过量时应予刮除；气温低于10℃或路面潮湿时不得浇洒。浇洒后严禁除沥青混合料运输车以外的其他车辆通行，粘层沥青浇洒后应紧接着铺筑沥青层，但乳化沥青应待其破乳、水分蒸发后再铺沥青层。路面附属结构侧面可用人工涂刷。

3. 封层

所谓封层即为封闭表面空隙、防止水分浸入面层或基层面铺筑的沥青混合料薄层。铺筑在面层表面的称为上封层，铺筑在面层下面的称为下封层。在下列情况下，应在沥青面层上铺筑上封层：沥青面层空隙较大，渗水严重；有裂缝或已修补的旧沥青路面，需要铺抗滑磨耗层或保护层的旧沥青路面。在下列情况下应在沥青面层下铺筑下封层：位于多雨地区且沥青面层空除较大、渗水严重的路面；基层铺筑后不能及时铺沥青面层而又需开放交通的路面。

可采用拌和法或层铺法施工的单层式沥青表面处治层作封层，二级及二级以下公路的沥青路面可采用乳化沥青稀浆作封层。层铺法铺筑沥青表面处治上封层的材料用量和要求确定，沥青用量取表中规定范围的中低限。

第四节　沥青类路面常见病害与处治方法

一、常见沥青路面病害

沥青路面的损坏所表现出的形式和特征是多种多样的。经总结分析，主要有以下几种常见病害。

（一）沥青路面的裂缝

沥青路面建成后，都会产生各种形式的裂缝。初期产生的裂缝对沥青路面的使用性能基本上没有影响，但随着表面雨水的侵入，导致路面强度下降，在大量行车荷载作用下，使沥青路面产生结构性破坏。沥青路面裂缝的形式是多种多样的，裂缝从表现形式可分为横向裂缝、纵向裂缝和网状裂缝三种。影响裂缝的主要因素有：沥青的品种和等级、沥青混合料的组成、面层的厚度、基层材料的收缩性、土基和气候条件等。

1. 纵向裂缝

纵向裂缝一般有两种：一种主要发生在紧急停车带或路肩部位，其形状是沿路肩边缘向内逐步扩大，呈月牙形，这种裂缝容易使路基发生滑移，危险性很大；另一种是发生在行车道部位，多为纵向条带状，裂缝两端未延伸到路堤边缘。

（1）纵向裂缝形成的主要原因有以下三个方面

1）地基原因。有些路段处于丘陵低洼、河谷处，地基土天然含水量较高，在设计及施工时未做处理，在高填土后，由于地基承载能力的差别出现不均匀沉降，造成路面纵向开裂。

2）路基施工原因。如果土基施工时天气干燥，局部路堤填料土块粉碎不足，路基压实不均匀，暗埋式构造处因构造物长度限制，路基边缘不能超宽碾压，致使路基边缘压实度不够，或者混合料摊铺时纵向施工搭接质量不好，都会造成纵向裂缝。

3）水的渗透破坏。中央分隔带、路表、边坡等渗水，使局部路基受水浸泡后承载力值降低，在动静荷载的作用下，路基滑动产生裂缝，另外填料若为弱膨胀土，如施工中未做处理，渗水后含水量变化，也会导致裂缝产生。

预防纵向裂缝产生的主要措施是处理好地基，若路基分层填筑和压实得好，使路基尽可能均匀，特别在预先采取措施防止地表面水渗入地基的情况下，可以大幅度减少纵向裂缝的数量，同时显著延缓纵向裂缝出现的时间。

（2）对于纵向裂缝的处治方法主要有以下几种

1）对于缝宽小于 3mm 的裂缝可不作处理，大于 3mm 小于 5mm 的纵向裂缝，可将缝隙刷扫干净，并用压缩空气吹净尘土后，采用热沥青或乳化沥青灌缝撒料法封堵。

2）如纵缝进一步发展，出现啃边、错台且裂缝宽大于 5mm，则需铣刨上面层和中面层（铣刨宽度为裂缝两侧各 1m），并对裂缝按方法①先行填实，沿纵缝铺设玻璃格栅，摊铺中面层，然后在中面层上沿纵向每隔 5m 设宽为 1.2m 的玻璃格栅，最后再摊铺上面层。

3）对于尚未稳定的纵向裂缝，除按方法①处治外，还应根据裂缝成因，采取排水、边坡加固等措施，以使裂缝稳定不继续发展。

2.横向裂缝

横向裂缝是与路面中线近于垂直的裂缝，裂缝起初大多出现于路面两侧的硬路肩，逐渐发展而贯通全路幅。贯通裂缝沿路面大致呈均匀分布。

其成因主要有三个：

（1）材料收缩引起横向裂缝。一方面在基层成型过程中，因基层材料失水收缩而形成规则的横向裂缝，另一方面基层材料因温度骤降而发生低温收缩开裂。这两种收缩变形使面层底面承受拉力，当拉力超过沥青面层的抗拉强度时就使沥青面层底部拉裂，并随着温湿的循环变化及行车荷载的反复作用而导致沥青面层低面裂缝。

（2）沥青及混凝土的温缩引起的裂缝。因沥青是一种对温度变化比较敏感的粘弹性材料，温度下降时，沥青混合料逐渐变硬变脆，并发生收缩变形．当收缩拉应力超过沥青混凝土的抗拉强度时，沥青路面表面就会被拉裂，并逐步向下发展，形成上宽下窄的横向裂缝，这种温缩裂缝在北方温差较大地区初冬一般宽度为 3～5mm，到严冬可加宽到 10mm，最宽达到 20mm，而到春季则又缩回。

（3）差异沉降引起的横向裂缝。在软土地基与非软土地基交界处、软土地基处理方法变化处或构造物台背与路段交接处，因地基或路基与构造物差异沉降导致基层开裂，并反射到沥青面层，形成横向裂缝。

因为温度变化引起的沥青面层本身收缩是造成横向裂缝的重要原因，所以自由沥青含量越多裂缝越多，选用符合重交通道路石油沥青技术要求的沥青，控制沥青用量，精选矿料，准确组成级配，或使用纤维等添加剂，均可有效减少裂缝。另外还应设计合理的路面结构并且精心施工。

2.对于横向裂缝的处治方法

（1）对于基层开裂引起的反射裂缝及沥青混凝土温缩等引起的横向裂缝，如缝宽较小可不予处理，如宽度在 3mm 以上，可将缝隙刷扫干净，并用压缩空气吹净尘土后，采用热沥青或乳化沥青灌缝撒料法封堵。如缝宽在 5mm 以上，可将缝口杂物清除，或沿裂缝开槽后用压缩空气吹净，采用砂料式或细粒式热拌沥青混合料填充捣实，并用烙铁封口。

（2）对于由土基沉降引起的横向裂缝，如出现错台、啃边、裂缝宽度大于 5mm 以上的，则需沿横缝两侧各 50cm ~ 100cm 范围开槽，挖除上面层，按照方法（1）先将裂缝填实，然后沿横缝加铺玻璃格删，重新摊铺上面层。

3. 网裂

网裂是相互交错的疲劳裂缝，形成一系列多边形小块组成的网状开裂，它的初始形态是沿轮迹带出现单条或多条平行的纵缝，而后，在纵缝间出现横向和斜向连接缝，形成缝网。

网裂主要是由于路面的整体强度不足而引起的。一个原因可能是路面结构设计不合理，路基路面压实度不足，路面材料配合不当或未拌和均匀等使沥青与石料粘结性差；另一个原因可能是由于路面出现横向或纵向裂缝后未及时封填，致使水分渗入下层，使基层表面被泡软，在汽车荷载反复作用下，粉浆通过面层裂缝及空隙被压到表面产生唧浆，基层表面被逐步淘空，产生网裂。另外，沥青老化和汽车严重超载，使基层产生疲劳破坏也是导致沥青面层形成网裂的重要原因。

为预防网裂必须加强货车的载重管理，在路面出现裂缝时要及时修补处理。

网裂的处治方法如下：对于轻微网裂可用玻璃纤维布罩面，对于大面积的网裂、常加铺乳化沥青封层或在补强基层后，再重新罩面，修复路面。

4. 沥青路面的车辙和推移

车辙是路面结构层及土基在行车重复荷载作用下的补充压实，以致结构层材料的侧向位移所产生的累积永久变形。影响沥青路面车辙深度的主要因素是沥青路面结构和沥青混凝土本身的内在因素，以及气候和交通量及交通组成等的外界因素。车辙产生的主要原因有：

（1）沥青混合料油石比过大；

（2）表面磨损过度；

（3）雨水侵入沥青混凝土内部；

（4）由于基层含不稳定夹层而导致路面横向推挤形成波形车辙。

车辙是在行车荷载重复作用下，路面产生永久性变形积累形成的带状凹槽。车辙和推移降低了路面平整度，当车辙达到一定深度时，由于辙槽内积水，极易发生汽车飘滑而导致交通事故。

5. 车辙和推移形成的主要原因如下

（1）行车荷载的影响。车辆按规定正常在行车道行驶，使得高速公路的交通渠化现象非常突出，随着车辆荷载作用次数增加，行车道车辆轮迹处进一步压实并逐渐形成不同程度的车槽。

（2）基层施工质量差。因基层的厚度不足或因基层材料、施工、养生不当导致基层整体强度不足，由于荷载作用超过路面各层的强度，使得路表变形过大而形成辙槽和推移。

（3）沥青面层高温稳定性差。由于沥青混合料是一种弹塑性材料，如沥青、矿料的选材不当或混合料组成不当会导致沥青混合料的高温稳定性差、抗塑性变形能力低，在高温条件下，车轮碾压反复作用，荷载应力超过沥青混合料的稳定极限，使流动变形不断积累形成车辙和推移。

预防车辙和推移病害，首先，要选取合适的筑路材料。选用低针入度，高软化点，低含蜡量的高粘度沥青和表面粗糙、嵌挤作用好，与沥青粘结性能强的集料，可在一定程度上缓解车辙的形成。其次，在施工中要加强控制压实度，是避免压实度不足引起车辙的有效途径。再次，在高温季节，应严格控制大型超载车通行。

6. 对车辙和推移的处治方法如下

（1）对于连续长度不超过30m、辙槽深度小于8mm、行车有小摆动感觉的，可通过对路面烘烤、耙松、添加适当新料后压实即可。

（2）当沥青面层磨损、横向推移时，应清除不稳定层，用铣刨机拉毛，重铺面层。

（3）当基层或土基不稳定时，应先进行补强处理后，再修复面层。

（4）对于因基层施工质量差引起的车辙、推移，在重新摊铺面层前应先行处理好软弱基层。

7. 沥青路面的松散

松散是直接影响行车安全的路面病害，松散可能出现在整个路面表面。也可能在局部区域出现，但由于行车作用，一般在轮迹带比较严重。其产生的主要原因有

（1）局部路基和基层不均匀沉降引起路面破坏；

（2）碎石中含有风化颗粒，水侵入后引起沥青剥离；

（3）随着使用时间的增多，沥青结合料本身的粘结性能降低，促使面层与轮胎接触部分的沥青磨耗，造成沥青含量减少，细集料散失；

（4）机械损害或油污染。

8. 松散原因

松散是由于沥青混凝土表面层中的集料颗粒脱落，从表面向下发展的渐进过程。集料颗粒与裹覆沥青之间丧失粘结力是颗粒脱落的主要原因。可能导致松散的情况还有：

（1）集料颗粒被足够厚的粉尘包裹，使沥青膜粘结在粉尘上，而不是粘结在集料颗粒上，表面的摩擦力磨掉沥青膜，并使集料颗粒脱落。这种情况的产生主要是由于集料含泥量超标所造成的。

（2）表面离析处往往缺少大部分细集料，离析面上粗集料与粗集料相接触，但只有在少数接触点沥青膜与集料粘结。随时间增长，沥青会老化，沥青膜剥落会使沥青与集料的粘结力减弱，孔隙中的水冻结会破坏粘结力，或足够大的摩擦力会破坏离析面上的集料颗粒而产生松散。

（3）沥青混凝土面层要有高密实度才能保证沥青混合料的粘聚力，如果混合料密实度不够，集料就容易从混合料中脱落而形成局部松散。

二、沥青路面的水损害和坑槽

沥青路面在存在水分的条件下，经受交通荷载和温度涨缩的反复作用，一方面水分逐步侵入到沥青与集料的界面上，同时由于水动力的作用。沥青膜渐渐地从集料表面剥离，并导致集料之间的粘结力丧失而发生路面破坏。沥青路面产生水损害的原因主要有材料、设计、施工、土基和基层、超载车辆等原因。

1. 水损害原因

所谓水损害即降水透入路面结构层后使路面产生早期破坏的现象，它是目前沥青混凝土路面早期病害中最常见也是破坏力最大的一种病害。水破坏的主要破坏形式有：网裂、坑洞、唧浆、辙槽等。

（1）网裂：由于水渗入表面层后滞留在表面层的下部和下层的交界面上，因此在长期行车荷载作用下，沥青膜开始从面层的底部剥落并逐渐向上扩展，随着下部大量碎石上沥青的剥落，沥青混凝土也就失去了强度从而产生网裂和形变。

（2）坑洞：在行车荷载作用下，特别在降雨过程中和雨后行车道上的局部网裂会逐渐松散，松散的石料被车轮甩出形成坑洞。由于沥青混凝土的不均匀性，坑洞总是先在沥青混凝土空隙率较大处产生，随着时间推移，将会造成路面大面积破损。

（3）唧浆：当水透入沥青面层并滞留在半刚性基层顶面时，在大量高速行车作用下，自由水产生很大的压力并冲刷基层混合料表层的细料形成灰浆，灰浆又被行车压唧，通过各种形状不一的裂缝（纵、横、斜裂缝及网裂）到路表面形成唧浆。在灰浆数量大的情况下，可能很快形成更为严重的裂缝，在数量小的情况下，可使路面形成网裂或形变。某处一旦有灰浆挤出，该处很快就会产生网裂和形变，随后的降水就更容易透入，并形成恶性循环，最终导致路面严重破坏。

（4）辙槽：自由水进入面层后，使沥青与碎石的粘结力减弱。在行车荷载作用下，滞留在面层下部的水使矿料特别是粗集料表面裹覆的沥青膜逐渐剥落，使沥青混凝土的强度逐渐降低，直至完全松散。在行车轮迹下向两侧（特别向外侧）挤出，使轮迹带下陷，同时使其两侧鼓起，形成严重辙槽。形成辙槽后，降雨过程和雨后辙槽就会变成积水槽，致使水有更长的时间透入沥青面层形成更加严重的水破坏。

2. 坑槽的形成可归结为水损害和油损害两个主要方面

（1）水损害形成坑槽是沥青路面早期破坏的最常见的现象之一。在开始阶段，雨水由沥青路面大空隙或破损处渗入，停留在基层表面上，在行车荷载反复作用下动水冲刷半刚性基层的细料并逐渐形成灰浆，使沥青面层与基层脱开，灰浆被行车荷载挤压，通过面层裂缝或面层混合料中的空隙唧到表面。在产生唧浆的位置，沥青面层产生网裂，接着一些碎裂的小块面层或基层材料被车轮带走，而逐步形成坑洞，并不断地扩大，最后形成坑槽。

（2）车辆修理或机动车用油渗入路面，污染使沥青混合料松散，经行车碾压逐步形成坑槽。预防坑槽损害，首先要选用粘附性和抗老化性强的沥青，恰当采用集料，合理设计混合料级配；其次要严格控制混合料的出厂、摊铺、碾压及终了温度，确保压实度达到规范要求，确保沥青面层的厚度和平整度；再次要确保路表排水畅通，以预防为主，对裂缝、小面积松散、沉陷等作用及时科学的维修，避免其迅速发展为坑槽。

3. 高速公路的路面坑槽应在不中断交通的情况下快速修补好

目前路面坑槽的修补方法根据使用的路面综合修补设备分为两种，即冷补法和热补法：

（1）冷补法

首先测定坑横的深度，划出切槽修补的范围，用液压风镐切槽，用高压风枪将槽底、槽壁废料及粉尘清除干净。然后用喷灯烘干槽底、槽壁，并在其表面均匀喷洒一薄层粘层油。最后将准备好的热料填补至坑槽中，如厚度大于6cm将分层填筑，从四周向中间碾压。

（2）热补法

首先根据坑槽修补范围确定热辐射加热板区域，将加热板调到合适位置，加热3min～5min，使被修补区域路面软化。然后将准备好的热料放到被修补处，搅拌摊平，并从四周向中间碾压。

4. 沥青路面的冻胀和翻浆

沥青路面产生冻胀和翻浆主要是在冻融时期，因为水的侵入和路基土的水稳定性能差，由于冰冻的作用，路基上层积聚的水分冻结后引起路面胀起并开裂。道路翻浆是水、土质、温度、路面和行车荷载五个主要因素综合作用的结果。其中水、土、温度构成翻浆的三个自然因素，缺少任何一个因素都不可能形成翻浆。

5. 沥青路面的泛油

沥青混合料中的沥青在天气炎热时向上迁移到路面表面，而在冷天时又不存在逆过程，因而沥青积聚在路面表面，形成一层有光泽的沥青膜的现象为泛油。沥青从沥青混凝土层的内部和下部向上移动，使表面有过多沥青的现象称作泛油。在严重泛油路段，沥青面层表面发光发亮，以摩擦系数和表面构造深度表征的抗滑性能达不到行车要求时往往会造成交通事故。沥青用量过大是产生沥青面层泛油的最主要原因。

（1）沥青混合料配合比设计的击实功不够。我国在设计沥青混合料配合比时通常采用马歇尔试验方法。当初在开发和确定马歇尔试验方法时，选定室内试验的压实功是要使室内产生的密度等于路面在行车荷载作用下最终达到的密度。如果室内所用击实功产生的密度小于使用过程中所达到的最终密度，所选定的沥青用量就会偏多，但目前由于各种原因室内试验所得到的密度远远低于使用过程中所达到的最终密度，这使现场施工中产生沥青用量过大不足为奇。

（2）施工控制不严和管理不善。有些施工单位在生产过程中私自改变配合比、沥青混合料拌合不均都是造成沥青混凝土路面局部沥青用量偏大的主观原因。

（3）少数施工单位习惯于使用沥青用量过大的混合料。有些人认为沥青用量越大，裹覆矿料的沥青膜越厚，沥青混合料的粘结力就越大。但实际情况恰恰相反，包覆矿料的沥青膜越薄，沥青混合料的粘结力就越大。

6. 泛油的成因如下

（1）混合料组成设计不当。混合料中沥青用量过多或空隙率过小，在车辆荷载反复作用下，多余沥青由下部泛到路表形成泛油。

（2）混合料拌和控制不严。细料含量过少，混合料比表面积较小，则沥青用量相对较多，也易出现泛油。

（3）粘层油用量不当。喷洒过多或洒布不均匀也会局部出现泛油。

（4）施工质量差。摊铺时混合料产生离析，局部细料过分集中，也易泛油。

（5）水破坏。雨水渗入使下层沥青与石料剥离，在水作用下沥青膜剥落，上泛引起表层泛油。

预防泛油，必须合理设计混合料组成比例，避免沥青用量过多；精细施工，严格控制施工质量；投入使用后注意养护，防止雨水大量渗入。

7. 泛油的处治方法如下

（1）对于路表轻微泛油，表面石子仍外露的路段可不作处理。

（2）对于局部施工质量差引起水损坏且出现坑槽破坏的，宜按坑槽修补方法处治。

（3）对于大段泛油严重，摩擦系数降低较多，影响行车安全的可采用碎石压入法处治或铣刨原路面重新摊铺面层。

三、裂缝的原因及预防

1. 原因分析

沥青路面出现裂缝的主要原因可以分为两大类：一种主要是由于沥青面层温度变化而产生的温度裂缝，一般称之为非荷载型裂缝；另一种是由于行车荷载的作用而产生的结构性破坏裂缝，一般称之为荷载型裂缝。

（1）非荷载型裂缝

设非荷载型裂缝主要是温度裂缝，也有因施工不当、材料选取不当等引起的裂缝。其产生的原因有：

沥青材料在较高温度条件下，具有良好的应力松弛性能，温度升降产生的变形不至于产生过高的温度应力。但在冬季气温骤降时，土基和路面基层由于受温度变化，冬季冰冻产生的膨胀，导致路基和基层产生裂缝并反射到沥青面层，沥青混合料的应力松弛赶不上温度应力的增长，同时劲度急剧增大，超过混合料的极限强度或极限拉伸应变，便会产生开裂。此外，随着温度反复升降，温度应力使混合料的极限拉伸应变变小，又加上沥青的老化使沥青劲度增高，应力松弛性能降低，故可能在比一次性降温开裂温度更高的温度下开裂，同时裂缝是随着路龄的增加而不断增加。

（2）沥青的品种

沥青的品种和等级也是影响沥青路面开裂的重要因素。在长期的实践经验中，选用高粘度、低稠度的沥青，其温度敏感性较低，能延迟温度裂缝的产生；沥青未达到适合本地区气候条件和使用要求的质量标准，低温抗变形能力较差，致使沥青面层在低温下产生收缩开裂。

（3）地基处理不当的后果

地基处理不当，路基碾压不均匀，造成路基沉降不均匀；旧路拓宽时，新旧路基搭接部位没有严格按照台阶式分层压实处理，以及下部基层比较软弱，或地基处理不彻底等。

（4）其他

铺筑沥青面层采用分幅摊铺时，接缝处理不当，结合不良，对接缝处碾压不密实，造成路面渗水或面层压实未达到要求，在行车作用下形成裂缝。

2. 荷载型裂缝

荷载型裂缝即主要由于行车荷载作用而产生的裂缝，其产生的原因有：随着交通运输的高速发展。原有的路面强度日趋不足，路面满足不了交通量迅速增长和汽车载重明显增大的需求，沥青路面过早产生疲劳破坏，沥青路面很快开裂。

原结构设计不合理，未充分考虑到各种不利因素，施工质量不好，沥青路面面层厚度不足，沥青路面原材料的品质不符合设计规范要求，路面强度明显不能满足行车要求。在行车作用下，特别是超大吨位车辆的频繁碾压，沥青路面很快开裂。

3. 防止措施

针对以上分析的沥青路面病害的原因，主要从施工材料、设计、施工、养护和交通管理等5个方面采取相应的预防措施。

（1）材料方面

合理确定沥青路面结构，沥青面层的裂缝主要由沥青面层本身的低温收缩引起的。选用低温劲度小、延度大、温度敏感性差、含蜡量低的优质沥青，精选矿料，准确级配沥青面层的矿料和合理配置沥青混合料配合比。配制出性能优良的沥青混合料，控制沥青用量，保证沥青混合料性能优良，均可有效减少裂缝。

（2）设计方面

精心设计，对地形复杂地段做好地质调查工作。要特别注意加固地基，防止因地基软弱而出现不均匀沉降，使用合格填料填筑路基，或对填料进行处理后再填筑路基，确保路基有足够的强度和稳定性，以保证路面具有稳定的基础：选用抗冲刷性能好、干缩系数和温缩系数小及抗拉强度高的半刚性材料做基层：选用优质沥青做沥青面层；在稳定度满足要求的前提下，应该选用针入度较大的沥青做沥青面层。

（3）施工方面

精心施工，选择先进施工工艺和机械设备，制定完善的施工方案，确保压实度达到规范要求，严格按设计要求进行软基处理，提高软基处理的施工质量，严格控制半刚性基层施工碾压时的含水量，混合料的含水量不能超过压实需要的最佳含水量或控制在施工规范容许的范围内；半刚性基层碾压完成后。要及时养生，防止其产生裂缝反射到表面层，保护混合料的含水量不受损失；养生结束后，应立即喷洒透层油，并尽快铺筑沥青面层。

（4）养护方面

严格养护管理，加强路面保洁，确保排水性能良好。及时对裂缝的进行科学的处理，避免病害的进一步扩展。

（5）加强交通管理

加强交通管理，限制大型超载车通行；在夏季连续高温时段，运营管理单位可将重车安排在夜间、凌晨路表气温较低时段通过：禁止带钉轮胎对路面的过度磨损或者更加严厉地限制使用。

（6）安全养护

公路施工要保证排水畅通，对上坡施工时，应注意确保坡体的稳定性，避免欠挖或超挖现象发生。石方爆破尽量采用中小炮，光面爆破的方法，避免大规模爆破形成松散面积过大，坡体失稳，机械开挖时，边坡应配以平地机或人工修整。路床顶面如有超挖，应清除松方并采用透水性材料进行回填，并认真碾压，压实度按路床项目标准进行控制。

公路施工中，按照设计要求首先做好排水工程以及施工场地附近的临时排水设施，以保持路基能经常处于干燥、坚固和稳定状态。路基顶面做成 2% ~ 4% 横坡，以便于表面水及时排出。

路基土石方施工时或完工后，应及时进行路基防护工程施工和养生。各类防护与加固应在稳定的基础或坡体施工。防护工程的砂浆、混凝土，应采用机械拌和，随拌随用，并注重做好养生。

（7）施工测量

路基的形成完全离不开测量工作，施工前的测量地位施工中的测量放线或者完成后的验工等，测量工作在路基中尤为重要。其内容主要包。括：导线，中线及水准点复测。操作的要点：一是要认真熟悉图纸，复测后检查与设计是否有误：二是为满足施工期间引用需要，在中线复测中增设临时水准基点标高和加桩的地面标高：三是在每道工序施工测量放线时，测量误差要满足规范要求，必须保证纵横断面定位的精度，使施工路基及构造物的定位及几何尺寸满足设计质量；四是要注意道路下面覆盖的管网路线，以免在施工中造成损失

（8）公路填方

控制路基的不均匀沉降与路基填筑的不均匀有很大关系，路基填筑的不均匀又与许多

因素有关，如，填料粒径及性质的不均匀、填土高度的不均匀、压实度的不均匀等。应避免下列两个常见的问题：

路基缺口路基与便道相交处留有缺口。由于路基填筑一层一层的提高，而便道没有随着提高，就形成缺口。等到路基填筑到顶面后，再来补这个缺口，缺口部位的总体压实度肯定偏低，工后沉降肯定比相邻部位要大。

因此，便道应随着路基填筑的升高而升高。

分段填筑端部台阶不规范路基分段填筑端部的台阶往往不规范。设置台阶的目的，是使路基填筑段与段的衔接部位确保压实度与相邻部位的压实度相一致。

因此，这些台阶不是路基填筑到一定高度后一次性修挖出来，而是每填筑一层，留出一个台阶，台阶宽度2m，台阶端部的虚土应挖除。

（9）分层填筑

填方路基的施工质量控制要点一是分层填筑，满足上一层压实要求后，再填压下一层，压实前必须对含水量进行测定，含水量符合要求后再碾压，避免返工浪费；二是干密度试验标定要准确，对不同的土质要分别标定干密度，不可以用同一个干密度去评定不同土质的压实度。四是分段施工，纵向搭接两段交接处不在同一时间填筑，则先填地段应按1：1坡分层留台阶，若两个地段同时填，则应分层相互交叠衔接，搭接长度不得小于2m，否则路基会出现不均匀沉陷，影响路面平整度。当路基稳定受到地下水影响时应在路堤底部填以水稳性优良不易风化的砂石材料或用无机结合料（石灰水泥等固化材料）进行加固处理使基底形成水稳性好的厚约20cm～30cm的稳定层。

（10）松铺厚度的控制

松铺厚度与土质类别、压实机具功能碾压遍数等有关，应根据实际情况保证压实度为原则路床顶面层最小松铺厚度不应小于8cm。

（11）尺寸和坡度

路堤填土宽度每侧应比设计宽度宽出30cm，压实宽度不得小于设计宽度压实合格后，最后削坡不得缺坡，以保证路堤稳定性。

（12）机械作业的合理安排

应根据工程地形地貌路基断面形状、用土量、土方调配情况，合理地规定机械运行路线，应有全面、详细的机械运行作业图据的施工。土的含水量不够时配洒水车洒水。含水量较大配翻晒机械翻晒并用压路机碾压。合理的组织及调备机构是保证施工进程及质量重要因素，也是实现效益最大化的关键。

坑槽一般是由其他路面病害处理不及时，继续受冲击破坏而形成；沉陷则是由于路基及基层密实旗（强度）不够引起过量塑性变形。小范围是因基层引起，大范围明显沉陷，则一般由路基引起。对路面坑槽沉陷的处理方法有：仅面层有坑槽或沉陷时，挖补面层。

因基层或路基引起的沉陷及较深的坑槽，应先处理好基层或路基，后修补面层；在寒冷地区，冬季路面坑槽，可临时处理，保证路面平整，待气温回升后，再挖补处理。

四、早期病害的其他原因及防治

1. 引起沥青路面早期病害的原因

（1）水是引起沥青路面病害产生的直接外因

筑路先治水，水是公路工程和公路养护工作中首先必须解决好的一个主要问题，是沥青路面早期病害引发的一个直接外因。每到春、冬季节，由于地表水的渗入，地下水位的上升，直接改变路基的湿度，使路面的强度降低，路基的承载力下降，从而导致路面病害的产生，一场大雨和几场连绵阴雨过后，路面便开始小面积的裂缝，继而出现大面积的松散、翻浆、坑槽等现象。

（2）超限超载车辆是沥青路面早期病害产生的潜在外因

公路运输车辆的超限超载是公路沥青路面早期病害产生的又一个主要外因。据有关资料统计：车辆超限重量的增大和其对路面的损害是呈几何倍数增长的，超限 10% 的货车对道路损坏会增加 40%，一台超载 2 倍的车辆行驶一次，对公路的损害相当于不超载车辆行驶 16 次，一台 36 吨的超载车辆对道路毁坏程度相当于 9600 辆 1.8 吨重汽车对道路的破坏，超限超载车辆对路面结构产生破坏造成路面网裂、变形、松散、沉陷和坑槽。

（3）路面设计、施工不合理和不规范

路面设计、施工不合理和不规范是沥青路面早期病害产生的内因：一是路面结构设计不合理，沥青面层结构选用不当，混合料类型不合理；二是路面基层（底基层）补强厚度设计不当，导致沥青面层产生早期病害，如龟裂、松散、局部沉陷等；三是路面施工不规范，材料把关不严，施工机具陈旧不配套，使得沥青混合料的配合比设计、拌和均匀性、压实度、平整度都达不到规范要求，从而导致面层松散、裂缝等病害。

（4）路面初期养护不及时、得当

沥青路面面层初期养护及时得当会延长沥青路面的使用年限，否则会缩短其使用年限。由于养护资金不足或管养体制不明确，从而出现重建轻养的现象，有些地方，特别是现在的通乡通村沥青路面，有的公路修好一年以后，从来没有人去养过，更谈不上初期养护。路面积水，水沟不通，从而导致路基承载力下降，路面出现坑槽、翻浆等病害。有些即使在初期养护做了一些工作，但由于养护人员的养护方法不当，在沥青路面上采用人工喷油（或洒布机洒油）、人工撒铺粗矿料，结果破坏了原路面的平整度，由于油石比控制不均，造成路面泛油、松散等病害。

2. 沥青路面早期病害防治措施

针对上述沥青路面早期病害产生的原因，笔者认为其防治措施应做到如下几点：

（1）治路病害先治水

要保证公路工程、养护质量，首先必须先处理好水，故而公路扩建、改造工程的设计必将排水防护工程作为整个工程设计的重点之一，使地下水不得渗泡路基，地表水不渗透路面。在日常的路面养护中，应加强对路基路面排水设施的养护，路肩与路面衔接应平顺，及时排除路肩、路面积水，这样才能使路基路面长期处于干燥状态，使路基路面保持一定的刚度和强度。

（2）定期检查，合理防治

沥青路面的早期病害分为形成、发展、破坏三个阶段，后两个阶段应项治理。病害确定的依据是沉降值、弯沉、平整度等核定。可采用钻孔取芯的办法分析病害层次和处理深度，并确定专项处治方案，沥青路面的维修必须坚持"预防为主，防治结合"。局部出现裂缝，轻微沉陷，行车轻微跳车以及横纵接缝，柔、刚结合处（桥头搭板或沥青路与水泥砼路面接合处）出现轻微错台等，要列入预防性维修；对大面积裂缝，路基严重沉陷，路面坑槽超过 8‰以上，要列入专项处治。对如何确定合理的防治措施及时间，一般依据《养护技术规范》《公路工程质量检验评定标准》《公路工程技术标准》对路面进行评价，路面评价指标应从以下五个方面着手：损坏分级、路面病害的破损率、路面强度、路面压实度检测和坑槽深度的检测。通过对路面评价，从而采取相应的如局部补强、中修罩面和彻底翻修等措施列入。

（3）严把设计、施工关

设计单位和设计人员必须严格规范进行设计，在设计上必须做到科学、严谨，设计资料必须与设计情况相符合，坚决拒绝"只管数量，不管质量"和行政指令性设计，杜绝边施工、边设计和无设计施工的现象。

（4）依法治路，整治车辆的超限超载运输

车辆超限超载运输，加速了公路路面的早期病害形成。公路管理部门要依据《公路法》及各省市与之相配套实施办法，加强对超限超载车辆的管理，实行计重收费，严重超载卸载放行，从而防止公路路面病害的早期产生。

（5）预防为主，加强养护

沥青路面的早期病害消除，必须坚持以预防为主，防治结合。根据积累的技术经济资料和科学的分析，加强防范，消除导致公路路面损坏的因素，增强路面的耐久性，提高防御灾害的能力。我们通常所说的坑槽挖补就是属于"头痛医头，脚痛医脚"的消极养护措施，科学的论证结果已经说明，前后两者投资比例是 1∶5。早期预防性专业养护该如何实施，必须从本地区的实际情况出发，秉着科学规划、经济安全、便于操作的原则，尽快形成沥青路面预防性养护管理规范，并在实际养护工作中得以应用。

第九章　水泥混凝土路面施工建设

第一节　概　述

一、混凝土材料要求

混凝土混合料由水泥、粗集料、细集料、水和外加剂四部分组成。

1. 水泥

混凝土路面应采用强度高、干缩性小、耐久性好和抗冻性好的水泥。一般可采用硅酸盐水泥、普通硅酸盐水泥和道路硅酸盐水泥。中等和轻交通的路面，也可采用矿渣硅酸盐水泥。对特重交通的路面水泥的强度等级，不宜低于 52.5.，对其他交通等级的路面水泥的强度等级，不宜低于 42.5；同时，水泥的技术指标应符合现行的国家标准。

2. 粗集料与细集料

在混凝土中粗集料指碎石或砾石，细集料指砂或石屑。无论是粗集料还是细集料均应质地坚硬、耐久、洁净，符合规定的级配，技术指标应满足施工规范的有关规定。对于粗集料其最大粒径不应超过 40mm，对于细集料其细度模数宜在 2.5 以上。

3. 水

一般饮用水均可用于水泥混凝土路面施工和养护；对非饮用水，应检验其硫酸盐含量和 PH 值，符合要求时也可以采用。

4. 外加剂

为了改善混凝土的技术性质，可以在混凝土的制备过程中加入一定数量的外加剂。常用的外加剂有流变剂、调凝剂和改变混凝土含气量的外加剂等。外加剂的质量应符合现行的国家标准。

二、施工前的准备工作

混凝土路面施工前的准备工作包括材料的准备及质量检验、混合料配合比检验与调整、基层的检验与整修、施工放样及机械准备等。

根据路面施工进度计划，施工前应分批准备好所需的各种材料，并在使用前进行核对、调整，各种材料应符合规定的质量要求。新出厂的水泥应至少存放一周后方可使用。路面在浇筑前必须对混凝土拌和物的工作性进行检验并作好必要的调整。

混凝土路面施工前应对其板下的基层进行强度、密实度及几何尺寸等方面的质量检验。基层质量检查项目及其标准应符合基层施工技术规范要求。

施工前还应进行路面中桩恢复及路面边线施工放样等工作。

施工前还必须做好各种机械的检修工作，以便施工时能正常运转，同进还要考虑水泥混凝土路面的施工机械的配套。

第一节 水泥混凝土路面施工工艺

一、施工准备

水泥混凝土路面采用机械化施工具有生产效率高，施工质量容易得到保证等优点，是我国水泥混凝土路面施工的发展方向。现阶段由于机械设备投资等因素的影响，只是在少数比较重要的公路上得到应用，小型配套机具施工仍然是一般公路普遍采用的施工方法。小型配套机具施工需使用拌和机、运输车辆、振捣器、振动梁、抹面机具及锯缝机等，这些机具应性能稳定可靠、操作简便、易于维修并能满足施工要求。其一般工序为：施工准备→模板安装→传力杆安装→混凝土拌和与运输→摊铺与振捣→接缝施工＋表面整修→养护与填缝。

在安设模板和钢筋前，须根据设计图纸放样定出路面中心线和路面边缘线，并检查基层顶面标高和路拱横坡度。标高和横坡的偏差超出容许值时，应整修基层。

模板宜采用钢制的，长度为 3m，接头处应有牢固拼装配件，装拆应简易。模板高度应与混凝土面板厚度相同。模板两侧用铁钎打人基层固定。模板的顶面应与混凝土面板顶面设计高程一致，模板底面应与基层顶面紧贴，局部低洼处（空隙）要事先用水泥砂浆铺平并充分捣实。无钢模时，也可采用木模板，但厚度宜在 5cm 以上。

模板安装完毕后，宜再检查一次模板相接处的高差和模板内侧是否有错位和不平整等情况，高差大于 3mm。或有错位和不平整的模板应重新安装。如果正确，则在模板内侧面均匀涂刷一薄层油（如废机油等），以利脱模。

二、接缝与安设传力杆

接缝是混凝土路面的薄弱环节，接缝施工质量不高，会引起面板的各种损坏，并影响行车的舒适性。因此，应特别认真地做好接缝的施工。

1. 纵缝

用小型机具施工时，按一个车道的宽度（3.75 ~ 4.5m）一次施工。纵缝采用三种方式设立：第一种是在模板上设孔，立模后在浇筑混凝土之前将拉杆穿在孔内，这种方式的缺点是拆模较费事。第二种是把拉杆弯成直角形，立模后用铁丝将其一半绑在模板上，另一半浇在混凝土内，拆模后将外露在已浇筑混凝土侧面上的拉杆弯直。第三种方式是采用带螺丝的拉杆，一半拉杆用支架固定在基层上，拆模后另一半带螺丝接头的拉杆同埋在已浇筑混凝土内的半根拉杆相接。

2. 横向缩缝

横向缩缝可采用混凝土结硬后用切缝机切割或在新鲜混凝土上以压入的方式修筑。切缝可以得到质量比压缝好的缩缝，应尽量采用这种方式。施工时必须严格控制切缝时间，否则易产生早期裂缝。

（1）切缝。混凝土结硬后，要在尽早的时间内用金刚石或碳化硅锯片切缝。切缝时间要特别注意掌握好，切得过早，由于混凝土的强度不足。会引起粗集料从砂浆中脱落，而不能切出整齐的缝。切得过迟，则混凝土由于温度下降和水分减少而产生的收缩，因板很硬而受阻，导致收缩应力超出其抗拉强度而在非预定位置出现早期裂缝。合适的切缝时间应控制在混凝土获得足够的强度，而收缩应力并未超出其强度的范围内时。它随混凝土的组成和性质（集料类型、水泥类型和用量、水灰比等）、施工时的气候条件（温度及其变化、风等）等因素而变化。试验表明：适宜的切缝时间是施工温度与施工后时间之乘积为 200 ~ 300 温度小时。施工技术人员须依据经验并进行试切试验后决定。

（2）压缝。为防止出现早期裂缝，可每隔 3 ~ 4 条切缝做一条压缝。用振动刀在新鲜混凝土的预定位置上压缝，至规定深度时，提出压缝刀。用原浆修平缝槽，放入嵌条，再次修平缝槽，待混凝土初凝前泌水后，取出嵌条，用抹缝瓦刀抹修缝槽。

3. 横向胀缝

胀缝应与路中心线垂直，缝壁必须垂直，缝隙宽度必须一致，缝中不得连浆。缝下部设胀缝板，上部灌胀缝填缝料。传力杆应固定位置，准确定向。

胀缝可在一天浇筑混凝土终了时设置或在当天施工中间设置。

一天施工终了时设置胀缝，传力杆长度的一半穿过端部挡板，固定于外侧定位模板中。混凝土浇筑前应先检查传力杆位置。浇筑时，应先摊铺下层混凝土，用插入式振捣器振实，并校正传力杆位置，再浇筑上层混凝土。浇筑邻板时应拆除顶头木模，并设置下部胀缝板、木制嵌条和传力杆套管。

一天施工过程中设置胀缝，传力杆长度的一半穿过胀缝板和端头板，并应用钢筋支架固定就位。浇筑时应先检查传力杆位置，再在胀缝两侧摊铺混凝土至板面。振捣密实后，抽出端头板。空隙部分用混凝土填补，并用插入式振捣器振实。

4. 施工缝

施工缝宜设于胀缝或缩缝处，多车道施工缝应避免设在同一横断面上。施工缝如设于缩另一半应先涂沥缝处，板中应增设传力杆，传力杆必须与缝壁垂直，其一半锚固于混凝土中。并作套管，允许滑动。

三、混凝土的拌和与运输

1. 混凝土拌和

水泥混凝土拌和机械按结构形式可分为自落式和强制式两大类。

自落式的原理是将混合料提到一定高度后自由落下而达到拌和的目的。它具有能耗小，机械制作精度要求不高，价格较便宜等特点，它适用于塑性和半塑性混凝土，但对坍落度小的混凝土，难以拌和均匀，甚至粒料粘附在叶片上，不能正常拌和，出料也困难。所以自落式拌和机不能用以拌制干硬性混凝土。

强制式混凝土拌和机系在固定不动的密闭的搅拌筒内装有多组搅拌叶片，通过搅拌叶片高速旋转，对筒内材料进行强制搅拌。此种搅拌方式适用于干硬性及细粒料混凝土，且搅拌时间短、效率高、操纵系统灵巧、卸料干净。强制式拌和机又从构造上分为立轴和双卧轴式两种，其中双卧轴式能耗低、拌和时间短，其效益均好于立轴式。因而，在选择机型时优先选用双卧轴强制式拌和机。

为了按规定的配合比拌制混凝土，必须对各组成材料进行准确的计量。计量的容许误差，水和水泥为1%，集料为3%，外渗剂为2%，过去采用的体积计量法难以达到准确计量的要求，致使混凝土的质量得不到有效的控制。因而，这种方法应停止使用，而采用磅秤计量的方法。在有条件时，尽量采用电子秤等自动计量设备。

一般国产强制式拌和机，拌制坍落度为1～5cm的混凝土，其最佳拌和时间为：立轴强制式求法拌和机，90～100s双卧轴强制式拌和机，60～90s最短的拌和时间不低于最佳拌和时间的低限，最长拌和时间不超过最短拌和时间的3倍。

2. 混凝土的运输

混凝土在运输中要防止污染和离析。从拌和到开始浇筑的时间，应尽可能短些，因而，混凝土运输的最长时间，应以初凝时间和留有足够摊铺操作时间为限，在不能满足此要求时，使用缓凝剂。

四、混凝土的摊铺与振捣

1. 摊铺

摊铺混凝土前，应先检查模板的位置和高度以及基层的标高和压实度等是否符合要求，钢筋安设是否准确和牢固。

混凝土混合料由运输车辆直接卸在基层上。卸料时，混合料尽可能卸成几个小堆，如发现有离析现象，应用铁锹进行二次拌和。混凝土板厚度不大于 24cm 时，可一次摊铺；大于对 24cm 时，宜分两次摊铺，下层厚度宜为总厚度的 3/5。摊铺的松铺厚度，应考虑振实的影响而预留一定的高度，具体数值，根据试验确定。用铁锹摊铺时，应用"扣锹"方法，严禁抛掷和楼耙，以防止离析。在模板附近摊铺时，用铁锹插捣几下，使灰浆捣出，以免发生蜂窝。

2. 振捣

摊铺好的混凝土混合料，应迅速用平板振捣器和插入式振捣器均匀地振捣。平板振捣器的有效作用深度一般为 18 ~ 25cm。不采用真空脱水工艺施工时，宜采用 2.2kw 的平板振捣器；采用真空脱水工艺施工时，可采用功率较小的平板振捣器。插入式振捣器宜选用频率为 6000 次 /min 加以上的。

振捣时应先用插入式振捣器在模板边缘角隅处或全面顺序插振一次，每一位置不宜少于 20s。插入式振捣器移动间距不宜大于其作用半径的 1.5 倍，其至模板的距离不应大于其作用半径的 0.5 倍，并应避免碰撞模板和钢筋。然后，再用平板振捣器全面振捣。振捣时应重叠 10 ~ 20cm。每一位里振捣时，当水灰比小于 0.45 时，不宜少于 30s；水灰比大于 0.45 时，不宜少于 15s，以不冒气泡并泛出水泥浆为准。混凝土在全面振捣后，用振动梁进一步拖拉振实并初步整平。振动梁是将附着式振动器安装在焊接成的钢或其他金属梁上，由振动器激振，使梁振动而使混凝土受振密实并振动找平。振动梁往返拖拉 2 ~ 3 次，使表面泛浆，并赶出气泡。振动梁移动的速度要缓慢而均匀，前进速度以每分钟 1.2 ~ 1.5m 为宜。对有不平之处，应及时以人工挖填补平。补平时应用较细的混合料，但严禁用纯砂浆填补。振动梁行进时，不允许中途停留。

滚杠的构造一般是用挺直的无缝钢管。在钢管两端加焊端头板，板内镶配轴承，管端焊有两个弯头式的推拉定位销，伸出的牵引轴上穿有推拉杆。这种结构既可滚拉又可平推提浆赶浆，使表面均匀地保持 5 ~ 6mm 左右的砂浆层，以利密封和作面。

如发现混凝土表面与模板有较大的高差，应重新挖填找平，重新振滚平整，最后挂线检查平整度，发现不符合之处应进一步处理刮平。

五、表面整修和拆模

1. 表面整修

当采用真空脱水工艺时，脱水后可用振捣梁复振一次，并用滚杠拉一次，以确保板面平整度。不采用真空脱水工艺时，应用大木抹多次抹面至表面无泌水为止。

抹面结束后，即可用尼龙丝刷或拉槽器在混凝土面板表面横向拉槽或压纹。

2. 拆模

模板在浇筑混凝土 60h 以后拆除，但当车辆不直接在混凝土面板上行驶，气温又不低于 10℃时，可缩短到加 20h 后拆模，温度低于，10℃时，可缩短到 36h 后拆模。拆模时不应损坏混凝土面板和模板。

第三节 混凝土路面的养生与填缝

一、常用的养生方法和要求

混凝土表面修整完毕后，应进行养生，使混凝土面板在开放交通前具备足够的强度和质量。养生期间，须防止混凝土的水分蒸发和风干，以免产生收缩裂缝；须采取措施减小温度变化，以免混凝土板产生过大的温度应力；须管制交通，以防止人畜和车辆等损坏混凝土面板的表面。一般常用的养生方法有下列两种：

1. 湿治养生

混凝土抹面 2h 后，当表面已有相当的硬度，用手指轻压不出现痕迹时，即开始养生。一般采用湿草袋或草垫，或者 20 ~ 30mm 厚的湿沙夜盖于表面。每天均匀洒水数次，使表面经常保持潮湿状态。在温差大的地区，板浇筑后 3d 内，应采取保温措施，防止板产生收缩裂缝。在养生期间禁止车辆通行。

2. 塑料薄膜养生

当表面不见浮水，用手指压无痕迹时，即均匀喷洒塑料溶液（由轻油剂，过氯乙烯树脂和苯二甲酸二丁脂三者，按 88% ：9% ：3% 的重量比配制而成），形成不透水的薄膜粘附于表面，从而阻止混凝土中水分的蒸发，保证混凝土的水化作用。

近年来，国内也有用塑料布夜盖以代替喷洒塑料溶液的养生方法，效果良好，养生时间按混凝土抗弯拉强度达到 3.5MPa 以上的要求经试验确定。通常，使用普通硅酸盐水泥时约为 14d，使用早强水泥时间约为 7d，使用中热硅酸盐水泥时约为 2ld。

二、填缝材料

接缝填封材料分为接缝板及灌缝料两种。灌缝料又分为加热施工式及常温施工式两种。施工中接缝板及灌缝料的技术性质应符合《水泥混凝土路面施工规范》的有关要求。

混凝土面板养护期满后应及时填封接缝。填缝前缝内必须清扫干净，并防止砂石掉入。灌注填缝料必须在缝槽干燥状态下进行。填缝料应与混凝土缝壁粘附紧密，不渗水。其灌注深度以 3 ~ 4cm 为宜，下部可填入多孔柔性材料。填缝料的灌注高度，夏天应与板面平，冬天宜稍低于板面。

当加热热灌式填缝料时，应不断搅拌，至规定温度。气温较低时，应用喷灯加热缝壁，个别除外，应用喷灯烧烤，使其粘结紧密。

第四节　清模式摊铺机施工

一、施工工艺

滑模式摊铺机施工混凝土路面不需要轨模，摊铺机支承在四个液压缸上，两侧设置有随机移动的固定滑模，摊铺厚度通过摊铺机上下移动来调整。滑模式摊铺机一次通过即可完成摊铺、振捣、整平等多道工序，铺筑混凝土时，首先由螺旋式布料器将堆积在基层上的混凝土拌和物横向铺开，刮平器进行初步刮平，然后振捣器进行捣实，随后刮平板进行振捣后的整平，形成密实而干整的表面，再使用搓动式振捣板对拌和物进行振实和整平，最后用光面带进行光面。整面作业与轨模式摊铺机施工基本相同，但滑模摊铺机的整面装置均由电子液压系统控制，精度较高。

二、施工过程

（一）准备工作

滑模式摊铺机施工水泥混凝土路面的准备工作包括以下内容：

1.基层质量检查与验收

对基层的检验项目及质量验收标准与轨模式摊铺机施工相同。一般情况下滑模式摊铺机施工的长度不少于4km。基层应留有供摊铺机施工行走的位置，因此，基层应比混凝土面层宽出50～80m

2.测量放样，悬挂基准绳

滑模式摊铺机的摊铺高度和厚度可实现自动控制。摊铺机一侧有导向传感器，另一侧有高程传感器。导向传感器接触导向绳，导向绳的位置沿路面的前进方向安装。高程传感器接触高程导向绳，导向绳的空间位置根据路线高程的相对位置来安装。测量时沿线应每效200m增设一水准点，并在控制测量精度、平差后使用。摊铺机摊铺的方向和高程准确与否，取决于导向绳的准确程度，因此导向绳经准确定位后固定在打人基层的钢钎上。

3.混凝土配合比与外加剂

滑模式摊铺机对混凝土拌和物的品质要求十分严格，骨料的最大集料粒径应小于

30 ~ 40cm，拌和物摊铺时的坍落度应控制在 4 ~ 6cm。为了增加混凝土拌和物的施工和易性，以达到所需要的坍落度，常需要使用外加剂。所掺外加剂品种、数量应先通过试验确定。

4. 根据路面设计宽度，调整滑动模板摊铺宽度，置放纵缝拉杆

（二）施工过程

滑模式摊铺机摊铺混凝土拌和物时，用自卸汽车将拌和物运抵现场并卸在摊铺机料箱内；螺旋布料器前拌和物的高度保持在螺旋布料器高度的 1/2 ~ 2/3，过低会造成拌和物供应不足。过高则摊铺机会因阻力过大而造成机身上翘。滑模式摊铺机工作速度一般为 0.8m/min ~ 1.0m/min 混凝土强度初步形成后，用刻纹机或拉毛机制作表面纹理。混凝土路面的养护、锯缝、灌缝等施工方法与轨模式摊铺机施工相同。

滑模式摊铺机摊铺混凝土路面板时，可能会出现板边塌陷、麻面、气泡等问题，应及时采取措施进行处理。塌陷的主要形式为边缘塌落、松散无边或倒边。造成塌边的主要原因是模板边缘调整角度不正确，摊铺速度过慢。边缘塌落会影响路面的平整度，横坡达不到设计要求；双幅施工时，会造成路面排水不畅。因此，应根据混凝土拌和物的坍落度调整出一定的预抛高，使混凝土塌落变形后恰好符合设计要求。造成倒边和松散无边的主要原因是骨料针片状或圆状颗粒含量较多而造成拌和物成型性差、离析严重。此外，混凝土配合比不当、摊铺机的布料器将混凝土稀浆分到两侧也会导致倒边。为防止各种原因造成的倒边，应采用拌和质量好的拌和机；施工过程中出现骨料集中时，应将骨料分散、除去或进行二次布料。麻面主要是由于混凝土拌和物坍落值过低造成的，混合料拌和不均匀也是原因之一。因此，应严格控制混凝土拌和物的坍落度，使用计量准确且拌和效果好的拌和机，同时对混凝土的配合比作适当调整。

第五节　滑模式摊铺机施工

水泥混凝土路面滑模摊铺技术已在高速公路、油气田道路、矿区道路等工程建设中备受青睐。本施工技术在汇集大庆油田主干路、四川乙烯厂区道路、高等级公路水泥混凝土路面滑模施工经验的基础上，总结出的具有广泛适用性的施工工艺。

一、工艺特点

（1）施工工艺简单，能充分保证工程质量。

（2）机械化、自动化程度高。

（3）施工作业连续、速度快、效率高。

（4）料源广阔、节约成本。

（5）环境污染小。

1.适用范围

工法适用于任何高等级公路、油气田道路、矿区道路等工程量较大、质量要求高、厚度在 20 ~ 40cm 的水泥混凝土路面面层摊铺。

2.工艺原理

滑模摊铺机在施工导线的引导下向前行进，不架设边缘模板，将布料、松方控制、高频振捣棒组、挤压成型滑动模板、拉杆插入、抹面等机构安装在一台摊铺机上，通过基准线控制，一次摊铺出密实度高、动态平整度优良，外观几何形状准确的水泥混凝土路面。采用大型拌和设备与滑模摊铺机相配套施工。

3.施工准备

（1）基层的准备

基层检查、验收及处理。检测基层的强度、压实度、平整度、高程等指标均应满足规范要求，否则应修整以达到要求。基层还应提供保证滑模摊铺机履带行走部位的强度、稳定性和干燥程度，防止浸水软化造成滑模摊铺机打滑或压垮边坡而形成滑移。

4.材料准备

（1）原材料：水泥、石子、砂、外加剂、钢筋等大宗材料按施工进度要求，在有一定储量的条件下，确保正常施工供应，并由实验人员按规范规定标准进行检验，确保原材料质量符合设计标准要求。

（2）施工配合比设计：配合比设计要满足混凝土抗弯拉强度、工作性、耐久性和经济性的要求，应特别注意的是，要保证滑模施工的最佳工作性、稳定性和可滑性的独特工艺要求。施工配合比应根据天气、季节及运距等的变化，微调减水剂或保塑剂的掺量，保证施工现场混凝土的振动黏度系数、坍落度等工作性能适合于滑模摊铺，且波动最小。

5.实验段准备

路面摊铺前，应进行不少于200m长的实验铺筑段，以便检验机械性能、机械配套组合、施工工艺、施工工艺参数、路面的成型质量控制、生产时拌合站与摊铺现场之间的协调能力等能否达到路面质量要求，否则加以调整。

6.测量放样

基准线设置必须准确无误，所用的工具、测量仪器和基准线设施必须齐备。基准线桩到摊铺路面边沿的距离应根据滑模式摊铺机侧模到传感器的位置而定，基准线桩必须牢固打入路面面层下结构层10 ~ 15cm，当打入困难时，应采用手电锤打孔后再打入。基准线桩纵向最大间隔为20m。为保证与基层里程桩号一致，推荐拉线桩距离为5 ~ 10m。夹线臂到基层顶面的距离为45 ~ 75cm。基准线必须张紧，一般每侧基准线应施加

1000kN 的拉力。一根拉线的最大长度为 400m，超过 400m 应采用两根拉线，用两个紧线器在一个接线桩上平顺连接。当滑模式摊铺机通过连接部位时，操作人员要特别注意水平传感的过渡。

基准线设置好以后，禁止扰动，特别是正在摊铺作业时，严禁碰撞。风力达 5 ~ 6 级，基准线振动问题时，应停止施工作业，防止出现波状的路面表面。

7. 其他准备工作

滑模摊铺机进行路面摊铺施工之前，应全面检查摊铺路面面层下结构层是否平整、清洁并湿润；基准线是否准确；工作缝支架和传力杆是否定位；纵缝拉杆板是否直，是否涂好沥青等。同时应对滑模式摊铺机进行彻底全面的保养检查，测准摊铺底板的高程和坡度，将传感器挂到基准线上，检查传感器的灵敏度及反映是否正确无误。为了保证摊铺水平位置准确，应使摊铺机来回行走 1 ~ 2 次，使滑模摊铺机对中待摊铺位置，摊铺中线偏差不得大于 10mm，一般控制在 5mm 左右，这时可停止对中工作。

8. 水泥混凝土拌和与运输

水泥混凝土搅拌设备的采用强制式砼搅拌站，搅拌及供电设备均应满足施工要求。

各种材料必须严格按照配合比进行投料，各种原材料必须通过严格的试验检验，每个搅拌设备都必须用法定计量单位对各种原材料进行计量标定，搅拌过程中，严格控制混合料的拌制时间、混合料温度、拌合物的温度、坍落度损失率和凝结时间等。

滑模摊铺水泥混凝土的均匀性要好，不同次数搅拌的混凝土之间的坍落度误差要小于 2cm。要特别注意雨天或阵雨后必须及时按砂石含水量来调整加水量和砂石料称量，另外当发现砂石料堆上下层含水量不同时，亦要调整加水量。

9. 混凝土的运输应按照以下要求执行

（1）运送混凝土的车辆应选配载重量较大的自卸车，因运距较远时，相应考虑使用混凝土罐车。在路面施工时，应根据拌和站的生产能力、施工车辆的速度、运量和运距，估算汽车的数目。如果汽车装载质量不同，应先按小吨位计算，再折合成大吨位的汽车数量。可选用车况优良、一车 8m³（20t）以上的大型自卸车，自卸车后挡板应关闭紧密。运输时不漏浆撒料，车箱板应平整光滑，自卸车卸料抬升角度大于 45°。拌合站应设置冲洗车箱设备。

（2）运输到施工现场的拌和物必须具有适宜摊铺的工作性。不同摊铺工艺的混凝土拌和物从搅拌机出料到运输、铺筑完毕的允许最长时间应符合的规定。不满足时应通过试验、加大缓凝剂或保塑剂的剂量。

10. 混凝土拌合物的运输除应满足上述规定应符合下列技术要求

（1）运送混凝土的车辆，防止离析。搅拌楼卸料落差不应大于 2m。

（2）混凝土运输过程中应防止漏浆、漏料和污染路面，途中不得随意耽搁。自卸车运输应减少颠簸，防止拌和物离析。车辆起步和停车应平稳。

（3）烈日、大风、雨天和低温天远距离运输时，自卸车应遮盖混凝土，罐车宜加保温隔热套。混凝土运输搅拌车和自卸卡车驾驶员必须明确新拌水泥混凝土的初凝时间。在运输途中由于各种原因超过初凝时间的混凝土不得卸到路面上进行滑模施工，而应转作他用。

（4）运输车辆在模板或导线区调头或错车时，严禁碰撞板或基准线，一旦碰撞，应告知测工重新测量纠偏。

（5）车辆倒车及卸料时，应有专人指挥。卸料应到位，严禁碰撞摊铺机和前场施工设备及测量仪器。卸料完毕，车辆应迅速离开。

（6）新拌水泥混凝土一旦在车内停留超过了初凝时间，应采取紧急处置措施，清理车辆上少量残留混凝土，严禁硬化在车内。

二、滑模摊铺施工

1. 布料

滑模摊铺机工作时，必须有专人指挥车辆卸料，以便较准确地估计卸料位置。滑模摊铺前的水泥混凝土拌和料不得高于螺旋布料器叶片最高点，亦不得缺料，要求卸料、布料应与摊铺速度相协调，尽可能匀速摊铺，最大限度地减少摊铺施工中的停机次数。料位过高或过低时，可采用小型挖掘机或装载机进行初摊布料。布料的松铺系数宜控制在1.08 ～ 1.15 之间。

摊铺钢筋混凝土路面时，严禁任何机械开上钢筋网。

2. 摊铺

在滑模摊铺施工过程中，操纵人员应随时观察新拌混凝土的稠度，并根据水泥混凝土的工作性来调整滑模摊铺机的作业速度和振动频率。当新拌水泥混凝土显得过稀时，应适当降低振动频率，降低机器作业速度。滑模摊铺机的作业速度应控制在 0.5 ～ 3m/min 范围内，一般速度为 1m/min；振动频率应控制在 8000 ～ 11000 范围内，最低振动频率不得低于 6000r/min。为防止水泥混凝土过振或漏振，开机前必须先开启振动棒，然后再行走；停机时应立即关闭振动棒。

在摊铺过程中应随时调整松方高度控制板进料位置，开始时宜略高些，以保证进料充足。正常摊铺时应保持振捣仓内料位高于振捣棒 100mm 左右，料位高低上下波动宜控制在 +30mm 之内。挤压底板与振动仓内的混凝土之间，始终应维持相互间压力的均衡，才不至于压力忽大忽小而影响平整度。

在滑模摊铺施工过程中，若出现新拌水泥混凝土供应不上的情况时，滑模摊铺机停机等待的时间不能超过当时气温下新拌混凝土初凝时间的 2/3。在此时间内，应每隔 15min 开动振动棒振动 3min；若超过此时间，为防止施工冷缝断板，应将滑模式摊铺机驶出摊铺位置，该点作为施工缝。

滑模摊铺过程中，应采用自动抹平板装置进行抹面，对少量局部麻面和明显缺料部位，应在挤压板后或搓平梁前补充适量拌合物，由搓平梁或抹平板机械修整，局部采用人工修整。

滑模摊铺机施工作业完毕后，将滑模式摊铺机驶离施工作业点，升起机架，将粘附在机器上的水泥混凝土用水清洗干净，并喷涂废机油防止锈蚀和粘接。严禁留待下一班开工前硬敲粘连在机器上的水泥混凝土。另外，收口部位宽度按照设计两侧各减小 2 ~ 3cm，保证下次摊铺时，摊铺机能正常对位停车。

3. 胀缝

胀缝的构造采用平缝加传力杆形式，传力杆使用光面钢筋，为防止锈蚀并使之起隔离作用，钢筋一端 2/3 范围内涂沥青。有涂层的端部安装聚丙烯套子，套子长 10cm，传力杆插入后顶端留 3cm 的空间作为面板热胀冷缩余地。与建筑物相接处的胀缝因无法设置传力杆，可采用板边加厚型。

接缝板的材料采用沥青纤维板，预先加工好钢筋支架，将传力杆无涂层的一端焊在支架上，接缝板夹在两只支架之间。施工前运到现场，进行准确安装，并可采用细钢丝加以固定，待滑模式摊铺机摊铺至胀缝位置前方 1 ~ 2m 处时，将支架搬至机前准确定位后，使用钢钎锚固在面层下的结构层上，然后卸料，让滑模摊铺机直接通过。待水泥混凝土硬化后，使用切缝机按胀缝板宽度和位置切成缝槽，缝深达到胀缝板顶部。

4. 水泥混凝土路面板修整

滑模摊铺好的混凝土面板原则上不应再修整，禁止加铺薄层混凝土或砂浆来修补路面。

摊铺机应采用自动抹平板装置进行抹面，以消除表面气孔和石子移动带来的缺陷。自动抹平板的压力不可过大，应随摊铺的纵坡变化随时调整。适宜的抹平板压力可使路面不出现其端部推出的影响平整度 "W" 字形砂浆棱，抹平板接触路面抹面的长度应为其长度的 4/5。对表面上少量局部麻面和明显缺料部位，应在挤压板后或搓平梁前，最迟在抹平板前表面补充适量砂浆，由搓平梁和抹平板机械修整。滑模摊铺的混凝土面板在下列情况下，可用人工进行局部少量修整。

（1）人工操作抹面超平器修整机后表面的缺陷。

（2）对打侧向拉杆被挂坏的侧边，出现倒边、塌边、溜肩现象，应顶侧模或上部支方铝管，边缘补料修整。

（3）对摊铺机起步摊铺段、与桥面板的结合部以及接头，应采用水准仪超平，采用大于 3 米的靠尺边测边修整。如果混凝土已硬化，发现这些部位的平整度不符合要求，可在混凝土路面摊铺后 3 ~ 10 天内，用最粗级磨头的水磨石机磨到公路等级规定的小于 3 ~ 5mm 的平整度。施工差错应在混凝土尚未硬化前及时处理。

5. 抗滑构造

滑模摊铺水泥混凝土路面抗滑构造的技术要求如下：高速公路、一级公路抗滑构造深度 TD 为 0.8 ~ 1.2mm，其他公路要求为 0.6 ~ 1.0mm。并要求抗滑构造深度均匀，不损坏构造边棱。

滑模摊铺机后宜设钢支架，拖挂 1 ~ 3 层叠合麻布、帆布或棉布，洒水湿润后，软拖制作细观抗滑构造，布片接触路面的拖行长度以 0.7 ~ 1.5m 为宜，细度模数偏大的粗砂，拖行长度取小值，偏细中砂，取大值。人工修整过的路面，细观抗滑构造已被抹掉，必须再拖拽处理，以恢复细观抗滑构造。修整表面时应使用木抹。

当日施工进度超过 500m 时，宏观抗滑构造制作宜选用拉毛机械施工，没有拉毛机时，可采用人工拉槽方式。在混凝土表面泌水完毕 20 ~ 30min 内应及时进行拉槽。拉槽深度应为 2 ~ 3mm，槽宽 3 ~ 5mm，槽间距 15 ~ 25mm，每耙之间与齿间距保持一致，不影响已经施工好的路面的平整度。抗滑构造的施工方式选用拉毛机施工方式时，注意控制塑性刻槽的时间，从塑性刻槽完成至初凝时间间隔不得小于 20min。水泥混凝土路面表面的抗滑构造制作完毕，应立即进行养护。

采用硬刻槽方式制作宏观抗滑构造时，其几何尺寸与以上要求相同。硬刻槽机重量宜重不宜轻，最小整刻宽度不应小于 50cm，硬刻槽时不应掉边角，路面摊铺 3 天后可开始硬刻槽，并宜在两周内完成。

6. 养生

水泥混凝土路面滑模摊铺及表面抗滑构造制作完毕后，应及时进行养护。在养护初期，为了防止水泥混凝土被日晒雨淋，路面养护宜采用方便经济的喷洒养护剂或用塑料薄膜养护方式。喷洒了养护剂或做了抗滑构造的路面必须有专人保护，禁止人、畜、车辆等破坏路面。在达到设计强度的 40% 以后，撤除养护覆盖物后方可允许行人、自行车通行。

采用塑料薄膜养护时，其厚度（韧度）要合适，在两块薄膜对接处，对接长度不得小于 1m。塑料薄膜必须盖严实，防止挂烂和被风吹破、掀起。

7. 切缝填缝

横向胀缝、缩缝必须用切缝机进行切缝。水泥混凝土切缝机上配有特殊形状的振动沉板、锯片是镶有金钢砂轮和合金钢制的圆钢轮等。使用圆钢轮式切缝机来切缝时圆钢轮可以自由转动或加动力使其转动。由圆钢轮切划的接缝，由于和摊铺机上捣实机械配合而具有坚固而整齐的边缘。切缝应在混凝土尚未凝固之时进行，如果水泥混凝土凝固，硬度过高则不易切割，即使可以切割也容易造成边缘崩落，而使切缝扩大。严格控制好切缝时间，一般切缝时间的度时积必须在 350 ~ 500℃·h，主要根据外加剂或外掺剂的使用情况而定，最迟切缝时间不得超过 24h。掌握好切缝时机是防止初期断板的重要措施。当混凝土达到强度 6.0 ~ 12.0MPa 时是进行切缝的最佳时机，但气温突变时，将适当提早切缝时间，以防止混凝土面板产生不规则裂缝。切缝采用路面切缝机进行施工，切缝深度横向缩缝处为

6cm，胀缝处为4cm，开始切缝前先调整刀片的进刀深度，切割时随时调整刀片切割方向，切缝时刀片用水进行冷却，水的压力不低于0.2MPa。停止切缝时，先关闭旋扭开头，将刀片提升到混凝土板面以上，停止运转。切缝后，我们将尽快灌注填缝料。

切缝后应及时采用压缩空气、高压水或喷砂法进行接缝清理工作，确保缝壁和边部清洁，满足填缝要求。

接缝填缝槽的断面尺寸的确定既要保证所用的填缝材料变形时不达到极限状态，又要便于填缝施工，能保证质量要求。一般采用切缝机分两次切割而形成。保证接缝两边的高差不大于3mm。胀缝的填料槽要求壁面平直无锯齿形，并与下部设置的接缝板对称。

填缝材料一般选择与混凝土粘接力强的材料—聚氯乙烯胶泥，严格按照设计图纸及技术规范的规定进行施工。

三、滑模摊铺中的故障处置

滑模摊铺的表面应平滑，几何形状规矩，不应出现麻面、拉裂、塌边、溜肩等病害现象，出现问题时应即刻查找原因，迅速采取解决措施。

1.摊铺中应经常检查振捣棒的工作情况。发现路面在横断面某处多次出现麻面或拉裂现象，表示该处的振捣棒或前仰角出现问题，必须停机检查，更换该处的振捣棒或调整前仰角位置。摊铺后，发现路面上留有发亮的振捣棒拖出的砂浆条带，则表明振捣棒位置过深，振捣棒必须调整至底缘在挤压底板的后缘高度以上位置。

2.滑模摊铺出现横向拉裂现象，应从以下几方面进行检查：

拌和物局部或整体过干硬、离析、骨料粒径过大，不适宜滑模摊铺。或在该部位摊铺过快，振捣频率不够，混凝土为振动液化而导致拉裂。应降低摊铺速度，提高振捣频率。

应检查挤压底板的位置和前仰角是否变化，底板设置成前倒角时必定拉裂，前仰角过大时，亦可能拉裂。应在行进中调整前两个水平传感器，即将挤压底板调整为适宜的前仰角，消除拉裂现象。

拌和物较干硬或等料停机时间较长，摊铺起步速度过快时，也可能拉裂路面。等料停机时间较长时，应间隔15min开启振捣棒振动2~3min；起步摊铺时，应先振捣2~3min，再缓慢推进。

3.当混凝土供应不上或搅拌设备出现机械故障等情况时，停机等待时间不得超过当时气温下混凝土初凝时间的2/3，一般为1~1.5h。在此期间内，应每隔15min开动振捣棒3~5min。超过此时间时，应将滑模摊铺机开出摊铺工作面，并作施工缝。

4.当滑模摊铺机出现故障，应及时通知后方拌和站停止生产，在停机时间1~1.5h内，能够排除故障，允许继续摊铺。否则，应尽快将滑模摊铺机拖出摊铺工作面。待滑模摊铺机故障排除，正常工作后，重新起步摊铺。一是要防止出现摊铺冷缝引发的横向断板；二是严禁混凝土在滑模摊铺机内硬化。

第六节　特殊季节施工

水泥混凝土路面施工质量受环境因素影响较大，对高、低温季节及雨季施工应考虑其特殊性，确保工程质量。

一、高温季节施工

施工现场（拌和铺筑场地）的气温≥30℃时，即属于高温施工。高温会促进水化作用，增加水分的蒸发量，容易使混凝土板表面出现裂缝。因而，在高温季节施工应尽可能降低混凝土的浇筑温度，缩短从开始浇筑到表面修整完毕的操作时间，并保证对混凝土进行充分的养生，施工时应提出高温施工的工艺设计，包括降温措施、保持混凝土工作性和基本性质的措施等。

当整个施工环境气温大于35℃，且没有专门的施工工艺措施时，不应进行水泥混凝土路面施工。无论什么情况和条件，混凝土拌和物的温度不能超过35℃。在高温季节施工时，应定时测量混凝土拌和物的温度。

在我国的地理纬度和气候条件下，绝大部分地区夏天是可以铺筑水泥混凝土路面的，但应根据工程的条件采取降温和其他措施。如材料方面可采取降低砂石料和水的温度或掺加缓凝剂等措施；铺筑方面，可通过洒水降低模板与基层温度、缩短运输时间以及摊铺后尽快覆盖表面等措施。

二、低温季节施工

水泥混凝土路面施工操作和养生的环境温度等于或小于5℃，或昼夜最低气温有可能低到-2℃时，应视为低温施工。低温操作和养生时，混凝土会因水化速度降低而使强度增长缓慢，同时也会因结冰而遭受冻害。因此，在低温季节施工时，必须提出低温施工的工艺设计，包括低温操作和养生的各项措施。

1. 提高混凝土拌和温度

气温在0℃以下时，水及集料必须加温。一般规定不允许对水泥加热，对水加热温度不能超过60℃。砂石料应采用间接加热法，如保暖储藏、热空气加热、在矿料堆内埋设蒸气管等。不允许用炒烧等方法直接加热，也不允许直接用蒸汽喷洒石料，砂石料加热不能超过40℃。

2. 路面保温措施

混凝土铺筑后，通常采用蓄热法保温养生。即选用合适的保温材料被盖路面，使已加热材料拌成的混凝土热量和水泥水化的水化热量蓄保起来，以减少路面热量的失散，使之在适宜温度条件下硬化而达到要求的强度。这种方法只对原材料加热而路面混凝土本身不加热，施工简便，易于控制，附加费用低，是简单而经济的冬季施工养护手段。

保温层的设计应就地取材，在能满足保温要求的同时要注意经济性。常用麦秸、谷草、油毡纸、锯末、石灰等作保温材料，覆盖于路面混凝土上。保温层至少10cm厚，具体视气温而定。

3. 其他应注意的问题

设计混凝土配合比时，注意不宜用过大的水灰比，一般不宜超过0.6，搅拌时应延长搅拌时间，较常温施工增加，50%左右。混凝土摊铺时，不宜把工作面铺大、拉长，应集中力量全幅尽快推进，加速完成摊铺工艺。建立定时测定温度制度；在拌和站测检砂石料、水和水泥入拌前温度、混凝土拌和物出料时温度不能低于10℃，每台班不少于4次；测定混凝土摊铺时温度，即测定运达工地卸料后的混凝土温度和摊铺振实后的温度，每台班不少于6次；测定混凝土养生阶段温度，在浇筑完后头两天每隔6h测1次，其后每昼夜至少3次，其中1次应在凌晨四点测定。测温孔位置应设在路面板边缘，路面纵向每50cm设一对测孔，深度10～15cm，温度计在测孔内应停留3min以上。全部测孔应按路面桩号编号，绘制测孔布置图并绘出每一测孔的温度时间曲线。

三、雨季施工

雨季来临之前，应掌握年、月、旬的降雨趋势的中期预报，尤其是近期预报的降雨时间和雨量，以便安排施工。拟订雨季施工方案和建立施工组织，了解和掌握施工路段的汇水面积和历年水情，调查施工区段内桥涵和人工排水构造物系统是否畅通，防止雨水和洪水影响铺筑场地。

在拌和场地，对拌和设备搭雨棚遮雨。砂石料场因含水量变化较大，需经常测定，以调整拌和时的用水量。雨季空气潮湿，水泥要防止淋雨和受潮。混凝土在运输途中应加以遮盖，严禁淋雨并要防止雨水流入运输车箱中。在铺筑现场，禁止在下雨施工。如铺筑前现场有水，应及时排除基层积水。在混凝土达到终凝之前，应覆盖塑料膜，不允许雨水直接浇在已抹平的路面上。需在雨下操作时，现场应配备工作雨棚，雨棚应轻便易于移动，大小高矮应按操作方便设计。

第十章　桥梁工程施工建设

第一节　施工准备

一、一般规定

1. 做好施工前的准备工作和施工中的技术管理工作，严格执行相关技术规范和有关操作规程的规定，保证工程质量。

2. 每道施工工序应严格实行检验制度，每道工序应经检验合格、资料签证完整后，方能进入下道施工工序。

3. 应积极推广使用经过鉴定的新技术、新工艺、新材料、新设备。

4. 应节约用地，少占用农田，并按国家有关规定，防止环境污染和环境破坏。

5. 应充分考虑施工过程对陆上和水上交通的影响，特别是应保证主航道和陆上主要交通干线不得中断。跨越公路和河道，特别是跨越等级公路和航道时，应事先与交警、路政、海事、港监、航道、水务等有关部门沟通，按照规定设置相关设施，办理有关手续后方能施工。

6. 建立安全生产管理制度，成立现场安全监督、检查小组，针对各工序特点，进行安全交底，坚持每天班前会制，对易发生的安全事故进行提醒、警告。

7. 桥梁工程交工前，应及时对临时辅助设施、临时用地和弃土等进行处理，做到工完料清场清。

二、技术准备

1. 在开工前，应组织经验丰富的技术人员进行审图和现场核对（特别注意坐标、高程的复核），对设计中存在的问题以及对设计的建议，及时上报，并接受设计单位的设计技术交底。

2. 承包人接桩后应在 14d 内完成导线点、水准点复测和加密工作，加密点应设置在通视性好、地质坚硬的地点。加密点一般采用上口为 10×10cm，下口为 30×30cm，高 60cm 的棱台，埋设前应对开挖坑进行必要的夯实，加密点一般高出原地面 3cm 左右；设置加密点时应为大型桥梁设置专门的控制网；重要的水准点、导线点用围栏保护，围栏面积 2m² 左右。

加密、复测完成后及时将测量成果上报监理工程师。

3. 承包人在签订合同协议书后的一个月内，应完成施工组织设计编制，然后上报监理工程师。其内容应包括

（1）施工组织管理，工期进度计划；（2）详细施工方法、顺序、时间；（3）材料、设备、人员进场计划、资源的安排；（4）资金流动计划；（5）项目管理组织设置及人员分工；（6）施工安排和施工方法、施工工艺总说明；（7）质量控制方法和手段；（8）针对性的质量通病分析、防治措施、责任划分；（9）重点工程施工措施；（10）安全体系与安全保证措施；（11）廉政建设、文明施工与环境保护等。

4. 分部或分项工程开工前 14 天应向监理工程师提交开工报告，其内容包括：施工段落与工程名称、现场负责人名单、施工组织和劳动力安排、材料供应、机械进场、材料试验及质量检查手段、水电供应、临时工程的修建、施工方案、进度计划及其他需要说明的事项等。需要进行应力、承载力验算的，应附第三方验算报告。

5. 每个桥梁分项工程开工后，第一个重要的成品或半成品（如第一根桩基、第一根墩柱、第一片梁等）实行首件工程认可制，首件工程在分项工程开工申请批复后才可开展施工，首件工程完工后，由总监组织召开首件工程总结会，施工单位对完成的首件工程项目的施工工艺进行总结和完善，并对质量进行综合评定，提出自评意见；专业监理工程师提出复评意见；总监理工程师提出终评意见，并经项目现场管理机构确认。

6. 根据施工内容分类编制专项技术交底和安全交底，下发到项目部各科室及施工处和施工班组，并组织进行培训、学习，交底内容必须有针对性，特别应宣讲在首件工程认可过程中得到监理确认的施工工艺及要求，保证一线工人可以顺利地贯彻执行。

7. 冬期施工前编制冬期施工方案，进入冬期后安排专人收听天气预报，测量室外温度。

采用加热棚对结构进行加热时，在检测温度的同时还要检测棚内的湿度；采用蒸汽养护时，应注意控制温度的升温和降温的速度，以及最高温度，一般情况下混凝土在浇筑完成后静置 2～8h（根据外界温度确定）开始升温，升温速度控制在 10～25℃/h，最高温度不超过 80℃，降温速度控制在 20～30℃/h，确定蒸汽养护方案后应先进行试验；采用蓄热法养护时，应根据环境条件和保温措施进行试验，确定保温措施的有效性。

8. 应高度重视桥位、桩位的精确放样。测量的内外业必须严格执行闭合制、复核及验算制。重要部位的放样宜采取不同的方法或测量路线测放，以确保正确。

三、机具准备

1. 工程所使用的锅炉、压力容器、电梯、起重机械、场（厂）内专用机动车辆必须经特种设备检验检测机构检验检测，并在取得合格证有效期内使用；气瓶应有安全条码。

施工中应在设备的显著位置悬挂施工铭牌，内容主要包括设备编号、型号、工作段落、工程技术指标等内容。

2. 现场各类机械设备停放位置应合理规划、分区布置、摆放整齐。应保证设备安全可靠，运转正常，严禁设备带病作业。施工单位应定期对施工机械（具）设备进行检查维修和保养清洗。

3. 进入施工现场的所有机械、设备、支架、桁架等的外观应整洁、油漆齐全，禁止"锈迹斑斑、油漆剥落"的设备进入施工现场。

4. 施工机械的其他具体要求见《江苏省公路施工标准化指南》（工地建设）及本指南有关章节。

四、材料准备

1. 承包人进场后应根据设计图纸、技术规范、招标文件开出大型材料采购单，标明材料名称、数量、规格型号、质量要求。

2. 承包人应及时建立工程材料管理台账，记录材料的生产厂家、出厂日期、进场日期、数量、规格、批号及使用部位，还应记录送检日期、代表数量、检测单位、检测结果、报告日期以及不合格材料的处理情况等内容。

3. 特殊结构模板工程，应进行专门设计、验算，现浇桥梁模板的支撑系统也应进行设计、计算，并随施工方案一起上报监理工程师审批。

4. 钢筋、水泥、钢绞线、桥梁伸缩缝、橡胶支座、锚具等主要材料应在通过江苏省交通工程建设局资格审查的材料供货单位范围内进行采购。

5. 混凝土配合比设计时应根据目标强度等级选用砂石料、添加剂和水泥等级，多做几组进行比较；除满足混凝土强度和弹性模量要求外，还要确保混凝土拥有良好的施工和易性和外观质量，应选用施工性能良好、表面光洁、颜色均匀的配合比作为施工配合比。

6. 工程需要的梅花形高强垫块可以外购或在预制场统一加工，专人精心制作，采用小石子混凝土或高强砂浆制作，洒水保湿养生，强度达到要求后供应全线使用。

7. 冬期施工时，控制二次浇筑的混凝土与既有混凝土的温差，必要时对既有混凝土结构进行加热，避免出现过大的温度内应力。

五、作业条件

1. 桥梁施工现场，应统一规划、合理布局，并绘制桥梁分段（孔）平面布置图。

2. 桥梁工程开工前，应完成"三通一平"，做好场地平整、施工便道贯通、施工便桥搭建、临时用电（用水）等工作。

3. 按照"混凝土集中拌和、构件集中预制、钢筋集中加工"的原则，重点做好拌和站、预制场、钢筋加工场的建设工作，具体要求见《江苏省公路施工标准化指南》（工地建设）

相关章节。

4.对施工作业人员要求：①施工作业人员数量、技能应符合施工组织设计或方案要求。各班组施工人员应有熟练工人作为骨干，所有一线施工人员应经过进行技术培训，熟悉本人承担工作的技术要求和操作要点；②特种工人（起重工、操作手、电焊工、架子工、潜水员等）应接受操作及安全培训，持证上岗；③进入施工现场的人员应佩戴安全帽和上岗证，现场管理人员和作业人员的安全帽应加以区分，现场人员劳动保护用品应穿戴齐全。安全监察人员应佩戴袖标（牌）。

5.应在施工现场的醒目位置布置统一制作的"五牌一图"，即工程概况牌、管理人员名单及监督电话牌、消防保卫牌、安全生产牌、文明施工牌和施工现场平面图。各类标示牌、警示牌应齐全。

6.桥梁工程施工现场宜采用封闭式管理，现场出入口应悬挂"施工重地，闲人免进"的禁止标志。

第二节　桥梁施工测量

一、测量机构的设置

项目部设测量队，属工程部管理，队长由具有类似工程测量施工经验的测量工程师担任，共配测量工程师二名，测量技术人员三名，施工队设测量组由具有类似工程施工经验的测量技术人员担任。

项目部测量队负责工程范围的控制桩复测，桥梁、道路控制网的测设，桥梁桩基、墩柱基础、建筑物的施工放样，以及对桥梁、道路、排水等施工队测量放样进行复核和各项测量工作的协调。

二、测量仪器的配备

工程中配备全站仪 2 台，J2 经纬仪 2 台，普通水准仪 3 台。

三、施工测量控制

施工测量控制采用建立导线、水准控制网的方法进行。

根据设计院所提供的导线控制点和水准控制点，进行线路控制桩的复测，复测成果经现场监理认可后，按照施工需要加密导线控制点和水准点建立施工导线控制网和水准控制网。

所有加密控制点设置在施工作业范围以外位置高，视线良好的位置，每个控制点保证三个点以上的通视，控制点的数量根据现场施工需要定，位置选定后，用全站仪经过实测和导线闭合差计算确定各控制桩点坐标，编制成果表报监理复核。以此作为全线轴线测量控制的基点。

加密的水准点，桥梁部分全部设在桥位附近。

控制网要定期进行复核，如发现控制点被破坏或移动，要及时恢复，控制网的布置和复核均采用全站仪和S1级水准仪。

四、施工测量放线的方法

1. 部结构的测量

本工程的桩基、承台、墩柱、立柱均利用导线网测定，为了确保下部结构的测量精度，测量时直接从控制点测设至墩位，测设时应力争不设转点，以避免转点造成的误差。

桩基复核：根据施工图纸，从控制点直接用全站仪测设每根桩基的中心位置。

承台放样：根据施工图纸计算出承台纵横轴线坐标，每轴线 3 ~ 4 点，测量时从控制点直接设置承台纵横轴线。测完后用经纬仪设置保护桩，保护桩用混凝土浇筑加以保护。

墩柱放样：根据承台轴线桩测设墩柱纵横轴线。如发现承台轴线桩被破坏或位移迹象，从控制点直测轴线，立柱纵横轴线用红三角标注在已浇筑完毕的承台上。

2. 上部结构箱梁施工的测量

确保施工过程中轴线和标高的准确性是施工箱梁测量的重点。梁的轴线仍采用坐标控制，根据施工图，首先测设桥纵轴线和桥墩横轴线，然后按照纵横轴线划出梁位，并用钢尺复核跨径，做到心中有底，如跨径有问题，应及时向有关负责人汇报。

3. 桥梁附属工程的测设

采用导线网法和常规测设方法相结合的手段来测设。

4. 标高测设

（1）按照施工规范加密引测临时水准点，定期复测。

（2）根据施工图纸计算和测设标高。

（3）箱梁、桥面铺装、标高测设按照纵断面图、横断面图来进行放样工作，充分考虑坡道线型（直线、竖曲线）、横坡等因素来选择标高的位置和密度，同时根据结构工程的工艺特点以方便施工，进行布点测量。

五、测量管理工作

施工现场必须坚持数据对算，施测点位必须复测。项目部放样点位必须上报监理工程师，经监理测量工程师复核合格可投入使用。平面控制网每月复测一次，进行坐标平差。高程控制点每 20 天进行一次。

第三节　桥梁上部主体工程

一、现浇预应力混凝土连续箱梁

现浇箱梁全部采用碗扣式脚手架做满堂支架，在交通路口采用 I40 工字钢搭设通道，底模采用大块竹胶板，侧模采用特制定型钢模板。混凝土采用商品混凝土，混凝土搅拌运输车运输，混凝土泵车泵送入模。

1. 地基处理

根据现场情况，现浇箱梁施工段地基处理主要分四种方式：

（1）全部位于道路路面上，直接支撑支架，仅对基坑回填的部分进行处理。基坑回填采用灰土分层夯实。

（2）部分位于道路路面上，不在路面上的部分采用 8% 的石灰土硬化，其上浇注 15cm 素混凝土，以保证与路面部分承载力相近。

2. 支架和模板设计

（1）普通地段

满堂支架采用碗扣式脚手架，支架立杆按 $90 \times 90cm$ 的间距进行布设，横杆间距为 120cm，在箱梁横梁、腹板位置立杆加密为 60cm。在翼缘板下立杆间距可调整为 120cm。具体到不同的梁型时必须进行承载力检算后，确定符合承载力要求的支架搭设方案，并对地基承载力进行严格的验算。支架的设计要保证支架跨中最大挠度不大于支架跨度的 1/800 或控制在 10mm 以内，包括非弹性变化在内。

根据需搭设支架的高度，合理安排适当型号的支架进行搭设。满堂支架下均设横向的扫地杆，支架纵横向通体打剪刀撑，使支架形成一个整体，有较好的整体性。支架竖杆节点在同一截面内不超过 50%。

支架搭设完毕，要求标高、坡度、轴线基本形成，使底模能顺利铺设。支架顶设置垫木作为横向分配梁，垫木尺寸一般为 $10 \times 10cm$，根据纵坡要求，调整垫木高度尺寸，保证其平整度，垫木间距 30cm，其上铺设竹胶板作为底模。

箱梁模板底模采用 16mm 厚的复合竹胶板，内模采用木模或竹胶板，外侧模采用整体钢模板。侧模及翼板采用竹胶板。碗口支架垫木组合支撑体系，模板体系搁置在支架体系上。内、外模板具有足够的强度、刚度和稳定性，保证梁各部形状几何尺寸。

支架搭设完毕后做一联整体超载 25%（梁体自重 + 模板、支架重 + 施工荷载）的预压试验，准确测量记录支架的弹性和非弹性变形，以及地基的沉降量。在立底模时采取相应的预留沉降量措施。预留沉降量按实测的预压沉降量设置，混凝土浇筑后的支架下沉量应控制在设计范围内，并设置相同的预留沉降量。满堂脚手架以强度控制。

雨季时在箱梁投影范围外做截水沟，将水及时排出，确保箱梁支架范围不积水。

（2）预留通道

工程需预留通道处有多处，对于处于两联箱梁相邻处的路口，优先采用改道和调整施工顺序相结合的施工方案。对于无法进行改道施工的，通道跨度小于6米的采用支架上搭设工字钢；跨越交叉路口处，采用65式军用墩作支墩，I40工字钢作纵横梁，净空满足公路限界要求，其上及两端满铺脚手架施工。支墩采用65式军用墩，净间距一般在5米左右，纵横梁采用I40工字钢。

个别地段或者路口由于施工受场地限制，工字钢支墩的形式采用密布脚手架的施工方案，支墩处基础进行特殊处理：在原硬路面上，路面清理整平，原地面现浇混凝土块作为支架基础，立65式军用墩；当采用脚手架作为支墩时，可直接在整平、夯实的地面上铺方木作为基础。

（3）支架施工：工艺流程

（4）支撑架施工操作要点

支撑架安装要点：

表 9-3-1 支撑架安装要点

项目	注意要点		
根据设计制作安装	支撑架应根据设计安装，对支撑架应进行强度和稳定性验算		
预沉量的设置	为保证结构竣工后尺寸准确，对支撑架应预留预沉量预留施工沉落值参考数据见下表		
	分项内容		参考数据
	接头承压非弹性变形	木与木	每个接头的顺纹 2mm，横纹 3mm
		木与钢	每个接头 2mm
支撑架搭设前的检验	支撑架搭设前对支撑面应详细检查，准确调整支撑面顶部标高并复测无误后方可进行搭设。		
支撑架搭设中的检查	（1）支撑架拼装到 3～4 层时应检查每根立杆下托是否浮放松动，否则应旋紧下托 （2）沿支撑架四周（每 4 排）和在每层横杆上采用扣件式脚手设剪刀撑，其夹角为 45°		
支撑架搭设后的检查	支撑架搭设完毕后，应对其平面位置，顶部标高，节点联系及纵横向稳定性进行全面检查，符合要求后，方可进行下一步施工		

3. 连续箱梁模板设计和支架预压

箱梁模板底模、采用竹胶板，内侧模采用木模，外侧模采用竹胶板。箱梁底模采用16mm厚的复合竹胶板，侧模及翼板采用定型钢模板。钢管支架垫木组合支撑体系，模板体系搁置在支架体系上。内模采用竹胶板，内、外模板具有足够的强度、刚度和稳定性，保证梁各部形状几何尺寸。支架上铺设垫木，横向间隔距为30cm。并配合木楔调整标高和为落架作准备。垫木铺完后，开始底模的铺设，要求底模拼装严密，相邻模板无高差，侧模与底模连接处，将一方木连接在侧模的底部法兰上，作为底模的竹胶板用钉子固定在此方木上，保证二者拼缝的平整度。

复测模板标高和轴线。然后按设计要求，对支架进行超荷载预压，加载值为实际荷载的125%，荷载分布、加载速度按照图纸尺寸和实际混凝土浇注速度施工。预压前，在底模、底层支架、方木上设置观测点，准确测量标高并标识；加载完成后，在1小时、2小时、4小时、12小时、24小时观测，以后每隔4小时观测一次，直至数值稳定为止。沉降量控制在设计允许范围内，经监理工程师同意后才能卸载，准确测量出支架的弹性、非弹性变形及地基的沉降量，并以此为依据对箱梁底模调整。然后进行侧模的安装，拼装模板接头平顺，缝隙嵌胶条，表面可用腻子刮平、打光，确保混凝土浇筑时不变形、跑模和漏浆等，线形美观，位置准确，钢筋混凝土光洁。然后进行底板钢筋绑扎，安装预应力管道、锚垫板，组拼内模。腹板内模采用钢模板，顶板底模采用一次性纤维板或组合钢模板。内模采用钢内框架支撑，架立在支架体系上，内框架间距1.2m。底、腹板混凝土达到一定强度后拆除内模，铺顶板底模。连续箱梁底侧、翼、内模一次完成，顶板预留进入洞，达到一定强度后拆除。

模板的拆除：拆模时间按规范执行，非承重模板，在混凝土强度能保证其表面及棱角不致因拆模而受损时拆除；箱梁底模在预应力张拉压浆后强度达80%以上时拆除。

4. 支座安装

在底模施工同时进行支座安装。安装时特别要注意以下几点：

（1）安装前注意将支座全面检查并对各相对滑移面和其他部分用酒精擦拭干净。

（2）上下支座安装：采用上、下座板临时固定，整体吊装，固定在设计位置，支座与梁体及墩柱联结方式由设计确定。

（3）安装支座的垫石标高应符合设计要求，平面纵横两个方向应水平，支座承压≤5000kN时，其四周高差不得大于1mm，支座承压大于5000kN时，不得大于2mm。

（4）支座中线与主梁中线重合，其最大水平位置偏差不得大于2mm。

（5）安装支座时，其上下各个部件纵横轴线必须对正。当安装温度与设计不同时，活动支座上下相错距离必须与计算值相等。

5. 钢筋施工和预应力筋安装

箱梁梁体含筋量较高，钢筋的数量、规格及半成品钢筋构件类型也较多，所以在钢筋制作绑扎时必须严格按设计进行。

钢筋骨架采用预制场制作，现场安装。钢筋在桥面的堆放应均匀分散。钢筋绑扎时应严格按照图纸要求进行绑扎，数量、位置准确，焊接部位搭接长度和焊缝均要满足要求。

钢筋绑扎时要按确定的绑扎程序进行,预应力连续箱梁按设计位置设置波纹管定位框,每50cm一道,曲线适当加密,预埋锚垫板与波纹管孔道垂直。预应力筋下料前需对各型号的长度进行准确计算后方可下料。预应力筋安装采用人工、机械相配合的方法,在预应力筋的端部设置圆套以减少对波纹管的损坏。预应力筋安装完成后,调整波纹管位置,准确固定。底、腹板钢筋及预应力安装完成后,安装内模,调整标高。最后绑扎顶板及翼缘板钢筋,准确安装各种预埋件。

6. 混凝土浇注

视箱梁作业张拉空间,混凝土浇注采用一次性浇注和在指定位置预留2米宽后浇湿接头两种形式。混凝土采用一次性浇注时,先浇中间正弯矩段,后浇注负弯矩段,先浇注底板部分腹板,再浇注剩余腹板顶板,混凝土达到设计强度时张拉。采用预留2米后浇湿接头时,在湿接头位置张拉两侧预应力钢束,部分钢束锚于湿接头面,同时两侧部分钢束穿过湿接头锚于设置在腹板内侧锚块上,后浇混凝土采用微膨胀性混凝土。在混凝土浇筑过程中,应有专业测量人员观测支架及模板的变位情况,发现异常应及时采取措施,确保施工质量及安全。

混凝土采用泵送混凝土,坍落度控制在16cm左右,并掺加高效缓凝泵送剂,混凝土初凝不少于10小时,3天强度达到设计的85%,7天达到100%。混凝土浇筑时要对称分层进行,明确振捣工艺,一般按由低到高的顺序。在振捣时,配备足够的振捣工,并需有专人监振,杜绝漏振或少振,确保密实。特别对支座位置、锚具及钢筋较密处应加强振捣,振捣时应注意保护波纹管,同时严格控制混凝土的水灰比。

混凝土浇捣时需安排专人对模板进行检查,一旦模板发生变形或位移时能及时处理。顶板混凝土浇捣后需进行两度收光及拉毛,使表面有足够的粗糙度,以防止产生收缩裂缝。混凝土浇注时,保证各预埋件的准确位置。

混凝土浇捣完毕及时进行覆盖养护。

7. 混凝土养护

箱梁养护采用麻袋片覆盖养护,养护7天。

8. 预应力施工

工艺流程见下页预应力张拉施工工艺流程图。

当混凝土强度和相关数值达到设计规定时,即进行预应力的施工。

（1）张拉机具

根据预应力筋的所处位置不同以及要求的张拉吨位选择与之相匹配的张拉千斤顶;张拉纵向钢绞线用YCW200型千斤顶,油泵采用与之配套的ZB4－500型油泵,工作油表采用1.5级,最大量程为100Mpa。

（2）钢绞线制作和安装

预应力钢绞线应符合招标文件及有关规范的要求,钢绞线采用吊车吊入松线架内稳固好，上面用雨棚遮盖，底面垫离地面30cm，存放场地内不得积水。

预应力钢绞线在台座上根据计算下料长度用砂轮切割机切割，切割前用黑色胶布将切割部位缠紧，防止切割时"炸头"，将切好的钢绞线编束，并每隔1.5～2.0m用20#铅丝绑扎。钢绞线应随用随下料，防止因存放时间过长锈蚀。

预应力筋安装采用人工、机械相配合的方法，在预应力筋的端部设置圆套以减少对波纹管的损坏。预应力筋安装完成后，调整波纹管位置，准确固定。在各负弯距区的最顶端安装排气孔。浇注混凝土之前将外露钢绞线和锚垫板包裹，排气孔进行有效堵塞，防止混凝土污染。

（3）预应力钢绞线的张拉

1）张拉前的准备工作

①待混凝土强度和相关数值达到设计规定后张拉。端头钢垫板安放时注意其端面与束向垂直。箱梁端部预埋钢板与锚具和垫板接触处的焊渣、毛刺、混凝土残渣等要清理干净。

②标定千斤顶油表读数，依据设计张拉力吨位到有资质的试验压力机上标定，施工过程中定期校验，依据标定的曲线计算各张拉力对应的油表读数作为张拉力控制依据。

③计算张拉力及预应力损失

张拉控制力δk、预应力损失、锚口摩阻损失在施工时测定或由设计确定，由于钢绞线是高强低松弛型，采用夹片式等具有自锚性能的锚具，所以施工中不需要采用超张拉，以免钢绞线张拉力过大。张拉采取双控，用张拉吨位对应的油表读数进行主控，以钢束伸长量进行校核。

2）张拉的操作步骤

四人配备一套张拉千斤顶，张拉人员持证上岗。一人负责油泵，两人负责千斤顶，一人观测并记录读数，张拉按设计要求的顺序进行，并保证对称张拉。

①安装锚具，将锚具套在钢绞线上，使分布均匀，防止钢绞线扭结。

②将清洗过的夹片，按顺序依次嵌入锚孔钢绞线周围，夹片嵌入后，人工用手锤轻轻敲击，使其夹紧预应力钢绞线，夹片外露长度要整齐一致，并标下夹片尾部钢绞线的初始位置标记；然后套入限位板，使其与夹片端部垂直接触。

③安装千斤顶，将千斤顶套入钢绞线内，使其端部顶紧限位板，然后装入工具锚及夹片，进行初张拉，开动高压油泵，使千斤顶大缸进油，千斤顶活塞伸出，开始张拉钢绞线。张拉过程中调整千斤顶位置，使其对准孔道轴线，当油表读数达到标定初应力张拉吨位（$10\%\delta k$）的数值时，并记下千斤顶活塞伸长读数和油表读数。

④初始张拉后，继续张拉，到达20%张拉应力时，记下千斤顶活塞伸长读数。两者读数差即为钢绞线初张拉的理论伸长量$\Delta L2$。

⑤继续张拉至钢束的控制应力δk时，持荷2min然后记下此时千斤顶活塞伸长值读数。计算出$\Delta L1$，最后计算出钢丝束的实测伸长量$\Delta L=\Delta L1+\Delta L2$，并与理论值比较，如果超过$\pm6\%$应停止张拉分析原因，采取相应措施调整后再继续张拉。

⑥使张拉油缸缓慢回油，夹片将自动锚固钢绞线，如果发生断丝滑丝超过规范允许范围，则应进行换束，重新张拉。

⑦张拉油表慢慢回油，关闭油泵，拆除工具锚、千斤顶及限位板。

3）张拉时的注意事项

①严格按照操作规程进行张拉，严禁违章作业。

②张拉时千斤顶前后应严禁站人，防止发生安全事故。

③千斤顶后方安放防护墙，防止钢绞线及夹片飞出伤人。

④千斤顶安装完毕，安全员检查合格后方可张拉。

9. 灌浆、封锚

选用 HP－13 型灰浆泵（最大工作压力为 1.8Mpa，垂直输送距离为 150m，输送量 $3m^3/h$），配以 HJ200 型灰浆拌和机。贮桶可以自制，但要配有低速搅拌设备。

张拉完成后，孔道应尽早压浆，防止钢绞线在预应力状态下与空气长时间接触，被空气中的水汽锈蚀。所以张拉后，应立即着手准备孔道压浆。首先用无齿锯切割掉张拉时用于工作的那部分钢绞线，切割时剩下的长度不宜过短，防止夹片滑脱，也不宜过长，增加封锚的难度，一般以 3 ~ 5cm 为宜。而后用玻璃胶掺水泥和好后，连同钢绞线的端部一块包住，待玻璃胶凝固后即可压浆。灌浆前，首先检测管道的通畅性，将各排气孔疏通，确保管道通畅，方可进行灌浆。灌浆前，所用水泥必须过筛，以防止有小的凝固块堵塞管道，水泥浆搅拌装置必须彻底清除干净。水泥浆搅拌时应适当增加搅拌时间，以保证水泥浆搅拌均匀。压浆时，为防止压浆完成后水泥浆泌水，致使孔道内水泥浆不饱满，可以适当添加外加剂，减小水泥浆的泌水率。压浆前应将压浆孔道冲洗干净。而后用空气将积水冲击，准备工作就绪后，即可进行压浆，采用活塞式压浆泵。控制压浆的最大压力在 0.5 ~ 0.7mpa，如果压浆时发现压力表数据急速上升，应立即停止压浆，此时说明压浆通道被堵，应逐节检查，通道畅通后，再进行压浆，直到各排气孔、孔道另一端冒出稠度适宜的水泥浆后，将出浆口关闭，保持压力（0.5mpa 为宜）两分钟。此孔道灌浆完成。及时将箱梁顶面和端部的水泥浆用清水清理干净。压浆过程中及压浆后48小时内，混凝土的温度不低于5℃。温度太高时，应改为夜间压浆。压浆时，每一工作班应留取不小于 3 组的立方体试件。作为评定水泥浆质量的依据。灌浆完成后，待水泥浆达到一定强度后，除去锚具上的玻璃胶并将锚具冲洗干净。对梁端混凝土凿毛，设置钢筋网，而后浇筑封锚混凝土。

二、连续钢箱梁

1. 钢箱梁吊装

（1）现场测量和画线

先根据施工图纸与土建单位对现场进行测量，确定现场实际尺寸与设计尺寸的误差，协商调整后画好道路中心线、道路边线、钢箱梁接口位置线、标高线等，画线需提交监理检验，并做好永久性标记。吊装前必须做好一切准备工作，包括在各个桥墩处中间搭好临时支墩、脚手架和工作平台，对现场尺寸进行测量和画线，保护好支座，以及接好照明、电焊、氧气乙炔等设施。

（2）吊装

1）钢构件在装卸、运输和堆放过程中应保持完好，防止损坏和变形。

2）卸车、安装时吊车臂起落要平稳，低速，禁止忽快忽慢或突然制动，避免碰撞而引起钢结构变形。

3）构件应按安装顺序分类存放，并须搁置在垫木上，构件与地面保持100mm，以上的净空。

4）构件支点应设在自身重力作用下构件不致产生变形处。

5）构件间应留有适当空隙，以便起吊操作及检查。

2. 钢箱梁工地焊接工艺

工程钢板采用Q345qd，为此采用相应的焊接材料及焊接工艺。

（1）焊接材料及辅助材料：

1）手工焊接的焊条，应采用符合国标GB/T5117-95要求的低碳钢及低合金钢焊条，本桥拟采用JHE5015（J507）焊条。

2）二氧化碳气体保护焊，应采用符合国标GB10045-2001的焊丝，本工程拟采用焊丝为TWE-711。

3）施工现场制定严格的焊接材料保存、领用、烘干、存放制度。

4）在组装前，焊接坡口须提交质量部检查合格后，方允许焊接。未经检验同意的焊缝不准进行焊接。

（2）焊接工艺：

1）焊接前，所有焊接件的焊缝端面及两侧、焊接坡口切割面、焊接钢材表面，在规定范围内的氧化皮、铁锈、水分、油漆等妨碍焊接的杂质均应打磨清除干净，要求露出金属光泽。

2）焊接区域清理范围为焊接区域及两侧30～50mm范围。

3）经装配、清理后的焊缝未能及时焊接，并因气候和其他原因焊缝区域重新生锈或又附有水分、铁锈时，在焊接前应重新清理焊缝区。

4）露天施工必须设置防止风、雨侵袭的措施，如挡板、雨棚等。

5）焊接施工时，应按图纸要求进行施工。

6）焊接施工中注意事项：

①引、熄弧时，一律在焊接坡口内或填角焊缝的焊脚内进行，不允许在非焊接区域的母材上引弧；自动焊在引、熄弧板上引、熄弧。自动焊时引熄弧的焊缝长度应不小于50mm，手工焊时应不小于20～30mm。

②焊接时采用短弧操作。当电弧中断，重新引弧时，应注意将断弧处的弧坑填满，在焊缝终端收弧时，应注意填满弧坑，避免产生弧坑裂纹。

③多层多道焊时每道焊缝都必须将所有的焊渣清除干净，并检查无焊接缺陷后，方可再焊下一道焊缝。

④熔透的对接焊缝和角焊缝，反面碳刨清根后，用砂轮打磨去除氧化层，露出金属光泽，然后再封底焊。

⑤焊接结束，应把焊渣飞溅清除干净，仔细检查焊缝是否符合标准要求，对不符合技术要求的焊缝要及时进行修正。

（3）焊缝检验：

1）所有焊缝在焊接结束后，均应按《公路桥涵施工技术规范》进行外观检查，不得有裂纹、未熔合、夹渣、未填满弧坑和焊瘤等缺陷，并应符合图纸的要求。

2）焊缝的无损检验要求

无损探伤按规范 JTJ/F50-2011《公路桥涵施工技术规范》规定进行。

焊接完成 24 小时后进行无损探伤检查。

三、普通混凝土连续箱梁

（一）箱梁施工总体流程

地基处理→箱梁模板支架安装→支架预压→调整底模标高→绑扎箱梁底筋及梁腹板筋→安装箱梁芯模→安装顶板底模→绑扎箱梁顶板筋及预埋护栏筋→浇筑箱梁底板、腹板、顶板混凝土→养护。

（二）地基处理

1. 地基处理宽度大于支架边脚每侧 0.5 米左右，对路基进行碾压后做压实度试验，如果压实度达到 93%，停止碾压进行下一道工序，如果达不到继续碾压直到达到 93% 为止。

2. 在碾压好的地基上铺 25cm 混凝土，用压路机碾压密实，压实度 95% 以上，其上再铺 15CMC15 片石混凝土，保证地基承载力达 250kPa。

3. 在砂砾层上从中线向两边找 1% 坡。

4. 要求处理后基础顶面高出地面 15cm 以上。

（三）支架搭设

支架下铺 10×15cm 方木及 1.5cm 厚 10×10 cm 钢板，用可调底拖调整底部水平。支撑体系采用立杆间距为 90×90 cm 的碗扣式脚手架，箱梁腹板和墩柱两侧端横梁 1.5 米范围内立杆间距为 90×60cm，横杆步距为 120cm。高程根据箱梁下可调底托调整。翼缘板下支架按翼缘板坡度直顶到板底，向内侧用拉杆斜拉。每 5.4 米一道横向剪刀撑，支架外侧设置纵向连续剪刀撑，支架顶部设置水平拉杆，顶拖上横桥方向放置 $10 \times 15cm$ 方木作为分配梁，分配梁上顺桥方向放置 $10 \times 10cm$ 方木作为底板肋，中心间距 30cm，上铺 1.5cm 优质竹胶板作为箱梁底模，芯模采用 1.2cm 厚酚醛木胶板作为模板，支撑采用木排架形式。碗扣式支架搭设完成后由测量人员、质量人员进行复测，检验方木顶高程、平整度、预拱度（紧为抵消支架弹性变形而设置的预拱度，支架不设预拱）。施工时注意钢木结合连接件要牢靠、严密。在经监理工程师检验合格后进行箱梁模板拼装。

（四）模板安装

1. 模板必须严格控制质量。模板侧模垂直于地面，底模包侧模，底模按纵横坡度支立。模板边角无毛边，保证模板接缝拼装严密，防止漏浆。模板与方木之间用钉连接，要求模板纵向通缝，每条拼缝应与箱梁弧线平行。

2. 模板四边拼装严密，模板尺寸整体一致。

3. 大板、方木在支撑前必须刨平，保证模板支撑可靠。

（五）支架预压及预拱度设置

纵向调节预拱度的方法为，首先利用一跨堆载预压，按设计箱梁结构自重的 1.5 倍选用混凝土块及砂包均匀堆压在已安装调整好的底模上，测量支架和模板等共同的弹性变形量。观测排架沉降 48 小时，看其沉降量多大（用千分表观测）在 0.5cm 以内说明地基良好，承载力够；大于 1 厘米或以上者说明地基承载力不够，拆除排架重新处理地基；在 0.5cm ~ 1.0cm 之间者，再观测 48 小时，看有无变化。增大者，拆除排架重新处理地基，无变化者，地基安全。

总的纵向预拱度为弹性变形量＋设计预拱值，本桥无设计预拱。选用支架的上托调节丝杆可以均匀地调整拱度要求，经测量符合要求后方可施工钢筋及下道工序工作。

1. 箱梁结构采用满堂支架现浇施工方法。支架可采用贝雷支架或万能杆件组合支架，或者其他施工可靠，施工成熟的支架。跨横向道路的上部结构梁的施工应确保横向道路的通行功能要求。

2. 箱梁采用支架现场浇筑施工时，之家必须保证有足够的刚度（在预压荷载作用下最大弹性变形＜ 3mm）、强度和稳定性，根据具体的地址情况，支架下设置合理的基础，并加强地基排水，必须设置纵、横向排水沟渠，防止地基集水软化造成支架下沉。

3. 支架必须做静载试压，以检查支架的承载能力，测试纵梁和横梁的变形值。最大加载按主梁自重的 1.1 倍计。要分级加载，每级持荷时间不小于 30 分钟，最后一级为 1 小时，然后稳定时间 48 ~ 72 小时，一般预压最后三天的稳定为不大于 1mm/ 天，分别测定各级荷载下支架和支架梁的变形值。根据测试结果，确定支架的施工预抛高值，以消除施工中因支架变形而造成的箱梁线形和标高误差。

4. 除为了消除支架非弹性、弹性变形而设置的预拱外，不额外设置预拱度。

5. 在支架预压、混凝土浇筑过程中须设置观测点，进行全方位观测，发现问题及时采取处理措施。

（六）钢筋绑扎

1. 绑扎前对加工好的钢筋型号、直径、尺寸，进行检查，合格后方可使用。

2. 钢筋接头采用绑扎接头时，钢筋搭接长度不行少于 35d。绑扎时要确保钢筋骨架整体外型美观、坚固。垂直度符合要求。水平钢筋尺寸间距都满足设计要求，钢筋绑扎应自下而上进行。严格按图施工，确保不丢筋、漏筋。

3. 现浇箱梁施工时，应保证其位置准确。混凝土保护层用塑料垫块予以保证。保护层垫块采用白色高强塑料垫块，施工时采用梅花形布置，间距 0.8 ~ 1.0 米。以保证现浇箱梁的外观质量和保护层厚度。

4. 现浇箱梁弯起筋应位置准确，绑扎直顺，间距严格按照图纸控制。

5. 钢筋绑扎时，注意现浇箱梁中的预埋设施，位置应准确无误，特别是伸缩缝位置的预留筋要严格按图纸要求预埋。

6. 在钢筋绑扎前，应先将钢筋骨架位置提前在模板上弹出墨线，定位准确，严格按线施工，同时在主筋上画线控制钢筋间距。

7. 主筋成形后焊接波纹管定位筋，曲线段纵向 50cm 一道，直线段纵向 100cm 一道。检查波纹管位置无误后，将波纹管与定位筋用铅丝绑扎或用卡子固定好。

8. 先穿的波纹管两端应封闭，防止水汽进入孔道，使预应力筋产生锈蚀。

9. 螺旋筋及锚垫板必须与波纹管轴线垂直。

10. 应注意排气孔和泄水孔的预留位置，并按图纸要求设置。

（七）混凝土浇注

1. 混凝土拌合及运输

混凝土监理工程师批复的混凝土土配合比拌制，到场坍落度 16 ~ 18cm。混凝土搅拌站现场砂、石子、水泥等准备到位，数量充足，依照抽样频率送试验室检验，合格后使用，保证足够的原材供应。

采用罐车运送混凝土，保证运输道路畅通。罐车在运送过程中保持每分钟 2 ~ 4 转的慢速进行搅动，到现场后罐车快转 2 分钟后出料，浇筑采用混凝土输送泵泵送混凝土。

检查输送管及管接头是否严密，并预先准备常用配件；施工前对输送管用水泥浆润滑内壁；混凝土运送作业须连续进行，在间歇时也需保证泵转动，不得停机，以防输送管堵塞。

2. 混凝土浇筑前的准备工作

（1）平整施工现场，确定混凝土输送泵及罐车就位地点。根据混凝土输送泵的功率确定最佳泵送高度和距离，及时拆装输送管，确保混凝土浇筑质量。

（2）全面复查、复核模板高程及模板支架稳定性，预埋件的准确性，清扫模板上的附着物。

（3）检查插入式振动器、电闸箱等施工工具是否运转正常。

（4）试验人员准备坍落度试验仪器，测温仪器准备现场及时测试，坍落度不合要求的坚决予以退回。

（5）项目部和施工队参加浇注的工人，责任分工明确，浇注前进行现场动员，强调浇注、振捣重点。对现场指挥和后勤保障做到分段分区责任到人，确保浇注过程有条不紊地进行。

（6）在浇筑混凝土前要充分吹洗模板，将遗留在模板中的焊渣、锯末等杂物清除干净，必要时在箱梁低处设置排水槽，在浇注前用清水冲洗，或采用空压机和吸尘器对箱梁模板内进行清理，否则将直接影响到混凝土的强度和外观质量。

（7）浇注前要充分检查垫块间距和位置，保证保护层厚度均匀有效，防止出现露筋现象，确保混凝土外观质量。

（八）混凝土的养护、拆模

混凝土浇注找面成活后待混凝土初凝后用无纺布覆盖，覆盖时不得损伤污染混凝土表面，及时洒水养护，防止混凝土表面失水过快，发生干裂。养生工作设专人看管，根据天气情况适时浇水养护，浇水要充分，保证混凝土始终处于潮湿状态，为混凝土的硬化提供足够的水分。保证混凝土结构及模板24小时处于湿润状态，养护时间不少于7天。

拆模要自上而下进行，遵守先支后拆，后支先拆的原则。拆除边角部位要特别小心，防止混凝土棱角面受到碰击。拆除模板时注意过往车辆及行人安全，要求有社会交通的地方要求封闭拆除，两边支架挂设安全网。没有社会交通的地方，地面要有专人指挥，提醒操作人员。

第四节　桥梁下部主体工程

一、墩、台身施工

1. 测量放线

利用经纬仪测方格柱子中心线，在承台面画出主平面尺寸线，用水准仪测出各个墩柱的标高，为绑扎钢筋、架立模板作准备。

2. 钢筋焊接与绑扎

墩、台身在基础施工、检测完毕后进行，先焊墩柱钢筋，钢筋焊接接头在同一截面上受拉区不能超过 25%，受压区不能超过 50%，焊接长度双面焊不小于 5d，单面焊不小于 10d，钢筋间距允许偏差为 -20mm，焊接钢筋保证轴线一致，偏差不得大于 0.1d，且不大于 2mm。

3. 模板加工、安装及加固

墩柱模板采用大块定型钢模，由于墩柱数量较多，高度不等，采用分节定做，以利于拼装。待钢筋焊接、绑扎完毕后，即可立墩柱模板。墩柱模板采用地面分节拼好，吊车现场拼装。安装模板时，先利用坐标法将立柱位置准确定位，用两台经纬仪校核模板垂直度。模板内涂抹隔离剂，模板缝填夹薄橡胶条，以防漏浆。模板加固采用底部通过承台顶预埋钢筋与木楔固定，顶部通过拉索拉紧。

台身模板采用定做大块定型钢模板，单个面积在 1.5 平方米以上，以保证外观美观，模板加固采用内拉外顶的方法，内设拉杆和方木内撑，外用方木顶撑。模板内涂抹隔离剂，模板缝填夹薄橡胶条，以防漏浆。

4. 混凝土浇筑

混凝土用吊车或泵车输送入模，混凝土坍落度控制在 12cm 左右，采用插入式振捣器振捣。浇筑时分层浇筑，每层不大于 30cm，浇筑一次性完成，振捣器振捣时，插入或拔出混凝土的速度要慢，以免产生空洞，振捣器垂直插入混凝土内，并要插至前一层混凝土 5 ~ 10cm，以保证新浇混凝土与先浇混凝土结合良好，振捣时应尽可能避免与模板、钢筋相接触，振捣充分，做到不漏振、欠振和过振，混凝土表面无蜂窝麻面、混凝土达到内实外美的标准。

混凝土浇注时，自由下落超过 2 米，必须设置减速板或串筒以避免混凝土的离析。

5. 混凝土养护

墩柱养护采用塑料布包裹覆盖养护，养护不少于 14 天。

6. 质量标准

混凝土表面平整、密实、光洁、无蜂窝麻面，结构尺寸误差不得大于规范标准。

二、横梁施工

1. 支架、模板设计

根据横梁结构形式采用碗扣脚手架，步距横向 0.6m，纵向 0.9m，上铺 10 × 10cm 方木作为横梁。纵向放置工字钢以保证底面线形。支架地基除支撑在承台内不处理外，其余均采用 15cm 素混凝土处理。

2. 钢筋施工

横梁钢筋由集中加工地集中下料，加工成半成品，运至施工现场。

为保证钢筋绑扎质量，采用一次绑扎成型工艺，即：在地面上放样，将主筋焊接成型，并将箍筋绑扎完成，自检后请工程师验收，合格后用吊车将横梁钢筋吊置已提前铺设完毕的横梁底模板上。在支侧模前将定型塑料垫块绑扎在钢筋侧部，以保证混凝土保护层的厚度。

3. 模板

横梁底板采用竹胶板，侧模采用定型大面积钢模板；梁底模与梁侧模交接处贴海绵条，以防止漏浆，确保混凝土表面光洁、平整。模板的拼装与支设均使用吊车配合进行。横梁模板加固采用对拉螺栓，上下各设置一道 $\phi16mm$ 对拉螺栓，水平间距按 60cm 布置，第一道设置在横梁底部，第二道设置在横梁顶部。横梁侧模采用 16# 槽钢固定，并设置 5# 钢丝绳和紧固器找正。对于模底的支设要引起重视，模板应具备必需的强度、刚度和稳定性及承受施工过程中产生的各种荷载的能力，来保证结构物各部位形状尺寸的准确。

4. 横梁混凝土施工

横梁混凝土施工时，应从梁中间向两端对称进行浇筑，其他工艺均同墩柱的浇筑方法。

5. 拆模及混凝土养护

当混凝土强度达到 5Mpa 时可进行拆除侧模，拆模时吊车配合，拆模时注意边角的保护。拆除的模板应及时清理、修整、除污、涂刷隔离剂，以备重复使用。模板拆除后，应及时对混凝土进行覆盖，保持混凝土湿润状态为宜。一般养护为 7 天。

6. 质量标准

混凝土表面平整、密实、光洁、无蜂窝麻面，结构尺寸误差符合规范标准。混凝土强度符合设计要求。

第五节　桥面系施工

一、概述

1. 桥面铺装

现浇连续梁桥面铺装采用平均 8cm 钢筋混凝土铺装（C40 混凝土）+ 防水层 +9cm 沥青混凝土铺装；

钢箱梁桥面铺装采用 2cm 改性环氧树脂薄层铺装层 +4cm 高粘改性沥青 SMA-13。

桥面铺装施工不得使用振动碾压。

2. 伸缩缝

桥梁一联，设置一道伸缩缝。

一联长度不大于 90m 选用 80 型钢橡胶伸缩缝，一联长度大于 90m 选用 120 型模数式伸缩缝。为保证防撞护栏之间缝隙不漏雨水，对该部分缝隙处同样设置伸缩缝装置。

3. 防撞护栏

高架外侧防撞护栏采用加强型护栏，防撞等级 SS 级，高度 110cm；中央防撞隔离栏采用路用 Sam 级单坡型护栏，高度 100cm。混凝土桥梁采用混凝土护栏，钢箱梁采用钢护栏。

防撞护栏断面形式采用墙式，防撞护栏内侧按《公路交通安全设施设计细则》JTG/T D81-2006 要求设计。防撞护栏内预留监控、照明等线路所需的管道（依据电器专业方案）。防撞护栏上按需设置防噪声屏及绿化花篮（具体设置方案待定）。

4. 支座

主线连续梁、匝道连续梁采用抗震盆式制作 GPZ（KZ）系。

5. ES 钢箱梁涂装

钢桥的防腐主要有重防腐油漆涂装和金属热喷涂长效防腐等体系，随着技术的发展，上述体系的耐腐蚀寿命均可达到较长的时间。立交匝道有多处钢箱梁结构，涂装面积大、维修工作量大，宜首选耐腐蚀寿命长的方案，以降低维修费用。具体根据业主要求，通过研究选择合适的钢结构各部位防腐方案。

6. 桥面排水

桥面排水通过在桥墩处设置的雨水口（位于伸缩缝的上坡处），由雨水管沿梁体结构外及墩柱引入地面集水井，就近排入地面道路上的排水系统。

为了有效地将桥面沥青铺装层内的积水排出，在桥面外侧靠近防撞护栏处设 $\Phi 1.2 \times 15$ 渗水弹簧钢管。

7. 高架桥防雷接地

防雷接地设施在每桥墩内各设一套，将照明灯杆、梁内钢筋、立柱钢筋、承台内的钢筋连接，承台内的钢筋与桩内的接地印下钢筋连接，防雷接地电阻不应大于 4 欧姆。

二、施工方法

1. 混凝土防撞护栏施工

桥梁护栏由钢筋混凝土实体部分，并在桥梁悬臂端部设置挂沿板。本项目按照图纸在相应位置进行施工。

（1）钢筋工程

钢筋在加工区加工成半成品运输至现场，在现场一次绑扎成型。并在相应位置安装浸沥青软木板设置断缝，安装钢柱、预埋地脚螺栓，准确定位，保证其平面位置和竖直度，并加固，防止混凝土浇注时移位。

（2）模板工程

为提高护栏外观质量，护栏模板均采用整体定型钢模板。模板由专业加工单位加工制作，为防止模板在使用中产生变形，选用 5mm 后的冷扎钢板作为面板材料，厚度为 6mm 的板材作为加强肋，每 2 米一节，接口采用企口形式。

（3）混凝土工程

混凝土采用一侧单向浇筑成型工艺进行施工，混凝土坍落度控制在 6 ~ 8 厘米，采用泵送混凝土，振捣分层进行。安排专职监振员负责振捣，避免漏振、欠振和过振，并注意对预埋件的保护。拆模后，采用麻袋片覆盖再洒水的方法养护，养护时间不得少于 7 天。

2、桥面铺装

```
          ┌──────────────┐
          │   测量放线     │
          └──────┬───────┘
                 ↓
     ┌───────────────────────┐
     │ 整理、绑扎防撞护栏钢筋     │
     │ 并安装泄水管集水箱        │
     └───────────┬───────────┘
                 ↓
     ┌─────────────────┐        ┌──────────────┐
     │  立模浇注防撞护栏  ├───────→│   安装钢柱     │
     └────────┬────────┘        └──────┬───────┘
              ↓                         ↓
     ┌─────────────────┐        ┌──────────────┐
     │    清理桥面       │        │  安装水平钢管   │
     └────────┬────────┘        └──────────────┘
              ↓
     ┌─────────────────┐
     │    桥面混凝土      │
     └────────┬────────┘
              ↓
     ┌─────────────────┐
     │  中粒式沥青混凝土铺装 │
     └────────┬────────┘
              ↓
     ┌─────────────────┐
     │  细粒式沥青混凝土铺装 │
     └────────┬────────┘
              ↓
     ┌─────────────────┐
     │    安装伸缩缝      │
     └─────────────────┘
```

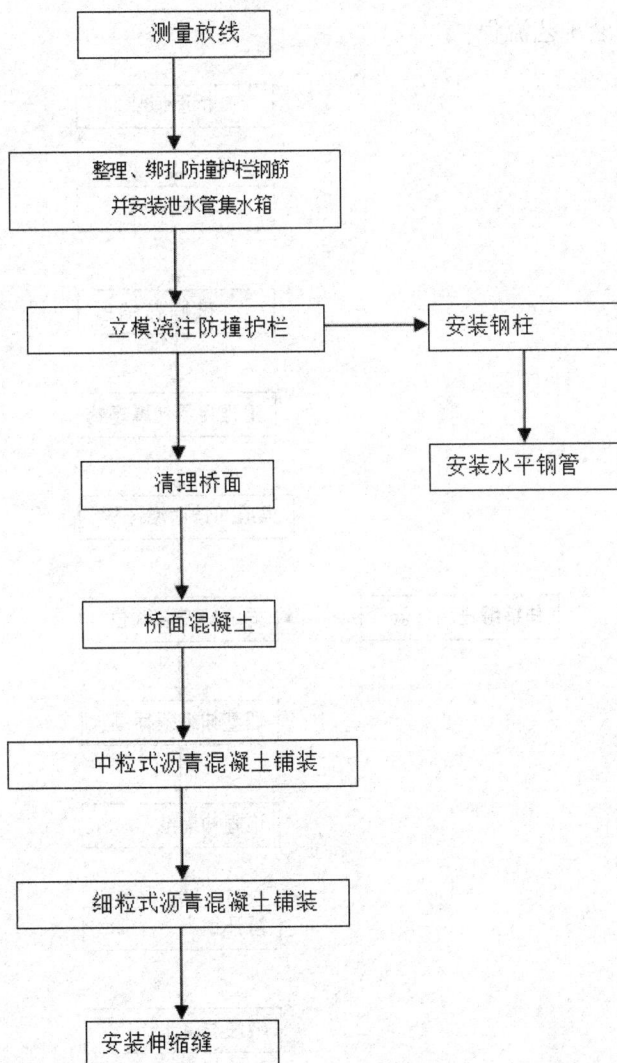

（1）浇注桥面混凝土前，在桥面范围内布点测量高度，确定浇注的厚度。

（2）桥面钢筋网，应采取垫块保证其保护层厚度。

（3）当进行混凝土桥面铺装时，预留伸缩缝工作槽。

（4）混凝土的铺设要均匀，用震动器振捣密实，并用整平板整平。

（5）桥面铺装在收浆后进行拉毛，然后进行覆盖和洒水养护。

3. 泄水管

采用集中泄水孔，直径不小于15cm，经墩柱设置的PVC管引入地面排水系统。

（1）在浇注桥面板时用塑料管预留泄水管安装孔，在预留孔上用纸等物质封孔防止桥面铺装时预留孔堵塞。

（2）泄水管顶面应略低于桥面铺装面层，下端应伸出结构物底面100～150mm，并按图纸所示将其引入地下排水设施。

4. 桥梁伸缩装置

（1）伸缩缝安装工艺流程

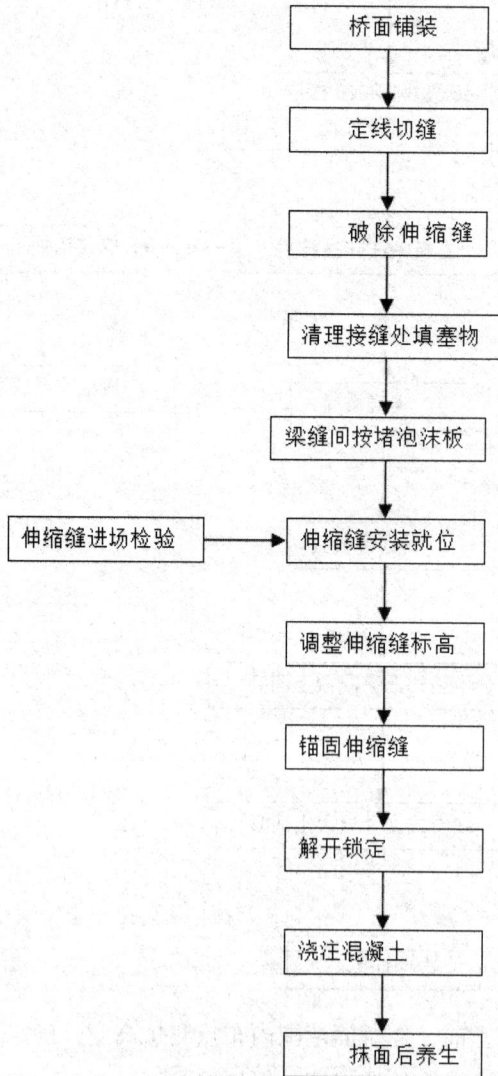

图 10-1 伸缩缝安装施工工艺流程图

（2）伸缩缝的安装

1）安装方法采用反开槽二次切边法施工，即当铺筑完混凝土路面后再反开伸缩缝安装槽。第一次切边按设计边线向内反 5cm 处切边，待伸缩装置安装完成后再二次切边至设计线，以保证切边边口的整齐。

2）安装形式，桥面伸缩装置与防撞墙伸缩装置，分体安装以桥面伸缩装置端头的翘起来保证缝端的漏水问题。

3）安装

①伸缩缝安装前首先检查伸缩缝开槽宽度与伸缩装置的间隙是否符合温差要求。间隙中是否清理干净，待检查验收合格后方可安装。

②为防止安装过程伸缩缝装置产生的变形，保证伸缩装置与两侧路的平顺，采用"吊缝固定法"，即采用长 3 米，25# 工字钢垂直于槽放置，间距 1 米，用∩型钢筋在工字钢上将伸缩缝吊起同工字钢靠紧固定，用仪器检查平整度、顺直度合格后方予以焊接。这样即可控制焊接时伸缩装置的变形，又可保证伸缩装置安装的整体质量。

③在止水胶带下填塞苯板的方法，不能很好的保证浇筑槽内混凝土时两梁的间隙及严密性，而影响施工质量，为此采用在安装前伸缩缝钢梁前端根据锚固槽深度，焊上 2mm 铁挡板，两板内再填苯板支撑的方法，用以保证这一环节的施工质量。

④混凝土浇注

施焊固定后，拆掉工字钢，切断∩型钢筋，按设计规定宽度二次开缝，要求开缝顺直，清理后，解除定缝铁件，再次对各部位质量进行检查，合格后，方能浇注混凝土，混凝土浇注采用两侧同步浇注严密振捣的方法，至无气泡冒出为止，然后用刮杠刮平，以两遍抹子成活，成活后拉毛。

⑤养护与保护

采用细麻片浸水双层加盖进行养护，养护期间，水车供水设专人负责，并对道路严格封闭，设专人看护。

⑥桥面改性沥青混凝土铺装

现浇连续梁桥面铺装采用平均 8cm 钢筋混凝土铺装（C40 混凝土）+ 防水层 +9cm 沥青混凝土铺装；

钢箱梁桥面铺装采用 2cm 改性环氧树脂薄层铺装层 +4cm 高粘改性沥青 SMA-13。

5. 桥面铺装施工不得使用振动碾压

（1）材料温度控制参数

沥青加热温度控制在 160 ～ 165℃，现场制作温度控制在 165 ～ 170℃，加工最高温度 175℃，集料加热温度 190 ～ 200℃，混合料出场温度 175 ～ 185℃，混合料最高温度（废弃温度）195℃，摊铺温度不低于 160℃，初压开始温度不低于 150℃，复压最低温度不低于 130℃，碾压终了温度不低于 120℃，开放交通温度不高于 60℃。

（2）材料运输

在材料运输至现场过程中应注意以下问题：

由于改性沥青混合料的沥青玛蹄脂的粘性较大，运料车的车厢底部要涂刷较多的油水混合物，而且为了防止运料车表面混合料结成硬壳，运料车运输过程中加盖苫布，运料车的数量也要适当增加。

1）来料的温度必须满足摊铺温度，即不低于160℃，为此在现场设专职质量人员对油温进行测定。

2）车辆等候时，相互之间应有一定的距离，倒车、停车、卸载设专人指挥，防止运输车辆与摊铺机发生碰撞影响摊铺质量。

3）自卸车离开前将负责卸净，并听从指挥离开，避免粒料倒在摊铺机受料斗外影响摊铺工作正常进行。

（3）摊铺

在摊铺沥青施工中，各部门应按施工前制定的原则在各部位严把质量关。摊铺开始前，在摊铺机受料斗内涂刷少量防止粘料用的柴油。沥青面层施工应进行试验段的施工，确定摊铺系数以及施工设备配置是否合理，高程采用浮动基准梁控制平整度和厚度的施工方法。

1）在摊铺沥青时，要注意天气变化，严禁雷雨天气摊铺，混合料摊铺温度要严格控制不得低于160℃。

2）沥青混合料缓慢、均匀、连续不间断地摊铺，摊铺过程中不随意变换速度或中途停顿，摊铺速度应根据拌和机产量，施工机械配套情况及摊铺层厚度、宽度确定。摊铺速度为2米/分钟。在摊铺过程中，摊铺机螺旋送料器应不停顿的转动，两侧应保持有不少于送料器高度2/3的混合料，并保证在摊铺机全宽度断面上不发生离析，在熨平板按所需厚度固定后不得随意调整。

3）用机械摊铺混合料时，不用人工反复修整。

4）碾压

碾压过程是面层施工中的重要环节，碾压SMA的八字方针为"紧跟、慢压、高频、低幅"，并合理的选择压路机组合方式及碾压步骤。SMA混合料压实宜采用钢筒式静态压路机组合，不使用轮胎压路机，速度要慢，不超过5公里/小时。沥青混合料的压实按初压、复压、终压3个阶段进行。

①初压：应在混合料摊铺后较高温度下进行，不低于150℃，初压用10T钢碾紧跟在摊铺机后面压1~2遍，压路机应从外侧向中心碾压，相邻碾压带应重叠30cm。

②复压：复压采用重型的振动压路机碾压2~3遍或钢性碾压3~4遍，达到要求的压实度，并无明显轮迹；复压高温不低于130℃，使用振动压路机时，相邻碾压带重叠宽度为10~20cm，振动压路机倒车时应先停止振动，并在向另一方运动后再开始振动，以避免混合料形成鼓包。

③终压：终压应紧接在复压后进行，终压可选用双轮钢筒式压路机或关闭振动的振动

压路机碾压一遍即可结束，其碾压终了温度不低于120℃。

5）接缝

①纵缝：根据本工程特点，我单位在沥青混合料摊铺过程中采用两台国产S2100摊铺机并排摊铺，采用此方式摊铺可以一次整幅摊铺，纵缝热接提高了路面的平整度，美化了路面的视觉效果。

②横缝：改性沥青路面的接缝处理要比普通混合料困难一些，因此，摊铺时在边部设置挡板，也可以在改性沥青层每天施工完工后，在其尚未冷却之前，即切割好，并利用水将接缝处冲刷冲洗干净，第二天，涂刷粘层油，即进行摊铺新混合料。

6）改性沥青混合料施工中容易产生的问题

①过碾压：由于改性路面的集料嵌挤作用，压实程度不大，压实度比较容易达到，但是随着碾压遍数的增加，集料不断地往下走，玛蹄脂一点点地向上浮，造成构造深度减小，在碾压过程中特别注意表面构造保持在1～1.5毫米，以便有适宜的构造深度，构造深度太小，是因为过碾压造成的。

②出现油斑：改性沥青路面通车后出现油斑也是常见的一种病害。是由于改性沥青的纤维拌合不均造成的，因此在拌合时严格控制纤维的投放数量和投放时间，并延长干拌时间，确保纤维拌合均匀。还要注意储藏期间纤维干燥，防止纤维受潮成团。

③碾压成型温度不够高是常见的毛病。改性在130℃碾压的效果就很差。在低温时碾压容易出现不平整。在行车过程中出现车辙，是因为碾压不足造成的。

7）改性沥青质量检测

采用《公路改性沥青路面施工技术规范》（JTJ036）、《公路沥青路面施工技术规范》（JTJ032）。

6. ES钢箱梁涂装

钢桥的防腐主要有重防腐油漆涂装和金属热喷涂长效防腐等体系，随着技术的发展，上述体系的耐腐蚀寿命均可达到较长的时间。立交匝道有多处钢箱梁结构，涂装面积大、维修工作量大，宜首选耐腐蚀寿命长的方案，以降低维修费用。具体根据业主要求，通过研究选择合适的钢结构各部位防腐方案。

（1）除锈基本要求：

1）钢板型材经预处理后，表面除锈质量等级达到Sa2.5级，表面预处理的粗糙度为45～75um。

2）U形钢预先在内部做一道环氧富锌防锈漆。

3）组装成型的钢构件，二次表面处理达到SA2.5级。按要求涂装。留一度面漆在工地施工。

4）涂装基本要求

①当环境湿度高于85%时，不宜进行高压无气喷涂，但工程进度关系，须按涂装的

部位在涂装监理工程师及油漆服务商指导下进行作业。

②大面积涂装应采用高压无气喷涂方式。

③对喷涂难以确保膜厚的部位应采用预涂达到规定的膜厚；

④涂层表面应力要求平整，不得有明显的针孔、裂纹、流挂、皱皮等弊病；

⑤膜厚测量结果：85%以上的点应等于或大于规定值，最低膜厚不应低于规定值的85%。外表面按两个90%进行测点。

⑥涂层损伤部位应采用打磨成坡度处理，油漆应逐层修补。涂层应进行膜厚管理，并记录膜厚检测报告。

⑦涂装检验

由工厂检验员、监理工程师共同验收除锈，涂装质量。最后一度面漆喷涂后，作总膜厚提交报告。

⑧不做涂装的部位：

支座区格内浇灌混凝土部位，不做油漆；

工地大接头和焊接部位（包括顶板、底板的大接头，横隔舱的端部，腹板与横隔舱焊接的部位，U形钢、扁钢的接头，工地散装件的接头以及其他需工地焊接的部位），在焊缝两侧各50mm范围内只冲砂，用胶带保护好，不做油漆，待工地焊接完成后一起做油漆。

7. 高架桥防雷接地

防雷接地设施在每桥墩内各设一套，将照明灯杆、梁内钢筋、立柱钢筋、承台内的钢筋连接，承台内的钢筋与桩内的接地印下钢筋连接，防雷接地电阻不应大于4欧姆。

第十一章　公路桥梁施工建设管理

第一节　施工项目进度控制

一、进度控制概述

项目进度控制的基本对象是工程活动。它包括项目结构图上各个层次的单元，上至整个项目，下至各个工作包（有时直到最低层次网络上的工程活动）。项目进度状况通常是通过各工程活动完成程度（百分比）逐层统计汇总计算得到的。进度指标的确定对进度的表达、计算、控制有很大影响。由于一个工程有不同的子项目、工作包，它们工作内容和性质不同，必须挑选一个共同的、对所有工程活动都适用的计量单位。

进度控制管理是采用科学的方法确定进度目标，编制进度计划与资源供应计划，进行进度控制，在与质量、费用、安全目标协调的基础上，实现工期目标。由于进度计划实施过程中目标明确，而资源有限，不确定因素多，干扰因素多，这些因素有客观的、主观的，主客观条件的不断变化，计划也随着改变，因此，在项目施工过程中必须不断掌握计划的实施状况，并将实际情况与计划进行对比分析，必要时采取有效措施，使项目进度按预定的目标进行，确保目标的实现。进度控制管理是动态的、全过程的管理，其主要方法是规划、控制、协调。

二、工程施工阶段的进度控制

施工阶段是建设工程实体的形成阶段，对其进度实施控制是建设工程进度控制的重点。做好施工进度计划于项目建设总进度计划的衔接，并跟踪检查施工进度计划的执行情况，在必要时对施工进度计划进行调整，对于建设工程进度控制总目标的实现具有十分重要的意义。

监理工程师受业主的委托在建设工程施工阶段实施监理时，其进度控制的总任务就是在满足工程项目建设总进度计划要求的基础上，编制或审核施工进度计划，并对其执行情况加以动态控制，以保证工程项目按期竣工交付使用。

（一）施工进度控制目标体系

保证工程项目按期建成交付使用，是建设工程施工阶段进度控制的最终目的。为了有效地控制施工进度，首先要将施工进度总目标从不同角度进行层层分解，形成施工进度控制目标体系，从而作为实施进度控制的依据。

建设工程不但要有项目建设交付使用的确切日期这个总目标，还要有各单位工程交工动用的分目标以及按承包单位、施工阶段和不同计划期划分的分目标。各目标之间相互联系，共同构成建设工程施工进度控制目标体系。其中，下级目标受上级目标的制约，下级目标保证上级目标，最终保证施工进度总目标的实现。

（二）施工进度控制目标的确定

为了提高进度计划的预见性和进度计划控制的主动性，在确定施工进度控制目标时，必须全面细致地分析与建设工程进度有关的各种有利因素和不利因素。只有这样，才能订出一个科学、合理的进度控制目标。确定施工进度控制目标的主要依据有：建设工程总进度目标对施工工期的要求；工期定额；类似工程项目的实际进度；工程难易程度和工程条件的落实情况等。

（三）公路工程施工进度控制工作内容

建设工程施工进度控制工作从审核承包单位提交的施工进度计划开始，直至建设工程保修期满为止，其工作内容主要有：

1. 施工前进度控制

（1）确定进度控制的工作内容和特点，控制方法和具体措施，进度目标实现的风险分析，以及还有哪些尚待解决的问题；

（2）编制施工组织总进度计划，对工程准备工作及各项任务做出时间上的安排；

（3）编制工程进度计划，重点考虑以下内容：

1）所动用的人力和施工设备是否能满足完成计划工程量的需要；

2）基本工作程序是否合理、实用；

3）施工设备是否配套，规模和技术状态是否良好；

4）如何规划运输通道；

5）工人的工作能力如何；

6）工作空间分析；

7）预留足够的清理现场时间，材料、劳动力的供应计划是否符合进度计划的要求。

8）分包工程计划；

9）临时工程计划；

10）竣工、验收计划；

11）可能影响进度的施工环境和技术问题。

2.编制年度、季度、月度工程计划

（1）施工过程中进度控制

1）定期收集数据，预测施工进度的发展趋势，实行进度控制。进度控制的周期应根据计划的内容和管理目的来确定。

2）随时掌握各施工过程持续时间的变化情况以及设计变更等引起的施工内容的增减，施工内部条件与外部条件的变化等，及时分析研究，采取相应措施。

3）及时做好各项施工准备，加强作业管理和调度。在各施工过程开始之前，应对施工技术物资供应，施工环境等做好充分准备。应该不断提高劳动生产率，减轻劳动强度，提高施工质量，节省费用，做好各项作业的技术培训与指导工作。

（2）施工后进度控制

施工后进度控制是指完成工程后的进度控制工作，包括：组织工程验收，处理工程索赔，工程进度资料整理、归类、编目和建档等。

（3）施工进度计划的编制

施工进度计划是表示各项工程（单位工程、分部工程或分项工程）的施工顺序、开始和结束时间以及相互衔接关系的计划。它既是承包单位进行现场施工管理的核心指导文件，也是监理工程师实施进度控制的依据。施工进度计划通常是按工程对象编制的。

1）施工总进度计划的编制

施工总进度计划一般是建设工程项目的施工进度计划。它是用来确定建设工程项目中所包含的各单位工程的施工顺序、施工时间及相互衔接关系的计划。编制施工总进度计划的依据有：施工总方案；资源供应条件；各类定额资料；合同文件；工程项目建设总进度计划；工程动用时间目标；建设地区自然条件及有关技术经济资料等。

施工总进度计划的编制步骤和方法如下：

①计算工程量

②确定各单位工程的施工期限

③确定各单位工程的开竣工时间和相互搭接关系

④编制初步施工总进度计划

⑤编制正式施工总进度计划

2）单位工程施工计划的编制

单位工程施工进度计划是在既定施工方案的基础上，根据规定的工期和各种资源供应条件，对单位工程中的分部分项工程的施工顺序、施工起止时间及衔接关系进行合理安排的计划，其编制的主要依据有：施工总进度计划；单位工程施工方案；合同工期或定额工期；施工定额；施工图和施工预算；施工现场条件；资源供应条件；气象资料等。

单位工程施工计划的编制方法如下：

①划分工作项目

②确定施工顺序

③计算工程量

④计算劳动量和机械台班数

⑤确定工作项目的持续时间

⑥绘制施工进度计划图

⑦施工进度计划的检查与调整

3. 流水施工原理

组织施工的方式有：依次施工、平行施工和流水施工。

（1）流水施工的定义

流水施工是指将拟建工程在平面和空间上划分为若干个施工段（或施工层），并将其建造过程按施工工艺顺序划分成若干个施工过程，使所有施工过程均按某一时间间隔依次投入施工，依次完工，并使同一施工过程在各施工段之间保持连续均衡施工，不同施工过程之间，在满足施工技术要求的条件下，最大限度地安排平行搭接施工的组织方式。

（2）流水施工的要点

1）划分施工段；

2）划分施工过程；

3）每个施工过程组织独立的施工队组；

4）必须安排主导施工过程连续、均衡施工；

5）相邻施工过程之间最大限度地安排平行搭接施工。

（3）流水施工的优点

1）流水施工能合理、充分地利用工作面，加速工程的施工进度，从而有利于缩短施工期，可使拟建工程项目尽早竣工，将会使用，发挥投资效益；

2）资源均衡，从而降低了工程费用；

3）施工队组连续性、节奏性和专业化施工，可使工程质量相应提高

4）有利于机械设备的充分利用和劳动力的合理安排。

（4）流水施工的表达方式

流水施工的表达方式在实际工程施工中，主要用横道图和网络图来表达流水施工的进度计划。

1）横道图。它是以施工过程的名称和顺序为纵坐标、以时间为横坐标而绘制的一系列分段上下相错的水平线段，用来分别表示各施工过程在各个施工段上下工作的起止时间和先后顺序的图表。

2）网络图。它是由一系列的圆圈节点和带箭头的线组合而成的网状图形，用来表示各施工过程或施工段上各项工作的先后顺序和相互依赖、相互制约的关系图。

（5）流水施工的主要参数

流水施工的主要参数有工艺参数、空间参数和时间参数。

1）工艺参数

工艺参数是指参与拟建工程流水施工，并用以表达施工工艺顺序和特征的施工过程数。

影响施工过程划分的主要因素：施工进度计划的性质和作用；施工方案与工程结构的特点；劳动组织状况和施工过程劳动量的大小；施工内容的性质和范围。

2）空间参数

空间参数是指参与拟建工程流水施工、并用以表达拟建工程在平面和空间上所处状态的施工段数和施工层数。

划分施工段的目的：划分施工段是组织流水施工的基础，只有分段才能将单件的建筑产品划分为具有若干个施工段的批量产品，才能满足"分工协作，批量生产"的流水施工要求，才能在保证工程质量的前提下，为各施工队组确定合理的空间活动范围，确保不同的施工组能在不同的施工段上同时施工，以便达到连续、均衡施工、缩短工期的目的。

划分施工段的基本要求：

①施工段的数目要合理；

②各个施工段上的劳动量要大致相等，相差不超过15%；

③要在确保拟建工程结构的整体性和工程质量以及不违反操作规程的前提下确定施工段分界线的位置；

④当组织多层或高层主体结构工程流水施工时，为确保主导施工过程的施工队组在层间也能保持连续施工，平面上的施工段数与施工过程数 N 的关系应符合下列要求：

a. 对于等步距全等节拍流水，平面上的施工段数要大于或等于施工过程数 N。

b. 对于不等步距全等节拍流水，平面上的施工段数应大于或等于施工过程数 N 与技术间歇占用的施工段数之和。

c. 对于不等节拍流水，主导施工过程在一个施工层上工作的总持续时间应大于或等于所有施工过程在一个施工段上工作的持续时间和技术间歇时间之和。主导施工过程是指一个流水组中，劳动量较大或技术复杂、致使工作持续时间最长的施工过程。它的工作持续时间对工程的工期起主导作用。

3）时间参数

时间参数是指在组织流水施工时，用以表达流水施工过程的工作时间、在时间排列上的相互关系和所处状态的参数。主要有 7 种：

①流水节拍。流水节拍是指在流水施工中，从事某一施工过程的施工队组在任何一个施工段完成施工任务所需的工作持续时间。

②流水步距。流水步距是指在流水施工中，相邻两个施工过程的施工队组先后进入第一个施工段开始施工的最小间隔时间。

③施工过程持续时间。施工过程持续时间是指从事某一施工过程的施工队组在各个施

工段上连续施工时的总持续时间。

④流水组的施工工期。施工工期是指在组织某项拟建工程的流水施工时，从第一个施工过程进入第一个施工段开始施工算起到最后一个施工过程退出最后一个施工段施工的整个持续时间。

⑤技术间歇时间。技术间歇时间是指在组织流水施工时，为了保证工程质量，由施工规范规定的或施工工艺技术要求的相邻两个施工过程在同一施工段内施工间隔时间。

⑥组织间歇时间。组织间歇时间是指在组织流水施工时，由于施工组织的原因而安排的同一施工过程在各施工段之间的间歇时间，或同一施工段内相邻两个施工过程之间除技术间歇之外的其他间歇时间。

⑦平行搭接时间。平行搭接时间是指采用分别流水法组织单位工程流水施工时，相邻两个流水组之间按施工工艺顺序和工艺要求重叠在一起的部分所占用的时间。

（四）网络计划

1. 网络计划技术的基本原理

网络计划技术的基本原理是：首先绘制出拟建工程施工进度网络图，用以表达一项计划（或工程）中各种工作的开展顺序及其相互之间的逻辑关系；然后通过对网络图的时间参数进行计算，找出网络计划的关键工作和关键线路；再按选定的工期、成本或资源等不同的目标，对网络计划进行调整、改善和优化处理，选择最优方案；最后在网络计划的执行过程中，对其进行有效的控制与监督，以确保拟建工程施工按网络计划确定的目标和要求顺利完成。

在建筑工程施工中，网络计划技术的主要用途是用来编制建筑企业的生产计划和工程施工的进度计划，并用来对计划本身进行优化处理，对计划的实施进行监督、控制和调整，以达到缩短工期、提高工效、降低成本、增加企业经济效益的目的。

2. 网络计划的特点分析

网络计划技术的优点：

（1）能全面而明确地表达各施工过程在各施工段上各项工作间的先后顺序和相互制约、相互依赖的逻辑关系，使一个流水组中的所有施工过程及其各项组成了一个有机的整体。

（2）能对各项工作进行各种时间参数的计算，从名目繁多、错综复杂的计划中找出决定工程施工进度和总工期的关键工作和关键线路，为施工的组织者抓住主要矛盾，避免盲目抢工、确保工期提供科学的依据。

（3）能从许多可行施工方案中选出较优施工方案，并可再按某一目标进行优化处理，从而获得最优施工方案。

（4）在计划的执行过程中，某一工作因故推迟或提前完成时，可便捷地推算出它对整个计划和总工期的影响程度，迅速地根据变化后的具体情况及时进行调整，确保能自始至终地对计划进行有效的控制和监督，并利用计算出的各项工作的机动时间，更好地调整人力、物力，以达到降低成本的目的。

（5）网络计划的编制、计算、调整、优化和绘图等各项工作，都可以用电子计算机来协助完成，这就为电子计算机在建筑施工计划与管理中的广泛应用和计划管理的现代化提供了必要的途径。

网络计划技术的缺点：

（1）表达计划不直观、不形象，一般施工人员和工人不易看懂，因此阻碍了网络计划的推广和使用。

（2）网络计划是以工期最短为目标，只保证关键线路上的各项关键工作之间能连续地施工，而不能反映各施工过程在各施工段之间是否连续施工，所以网络计划不能反映流水施工的特点和要求。

（3）普遍网络计划不能在图上反映出劳动力等各项资源使用的均衡情况，并且不能在图上统计资源日用量。

3. 网络计划的分类

在建筑工程施工中，网络计划是正确表达施工进度计划、并对其实施过程进行有效控制和监督的较好形式。为了适应施工进度计划的不同用途，网络计划有以下几种方法：

（1）按网络计划编制的对象和范围分

①局部网络计划。局部网络计划是指以拟建工程的某一分部工程或某一施工阶段为对象编制而成的分部工程或施工阶段网络计划。

②单位工程网络计划。单位网络计划是指以一个单位工程为对象编制而成的网络计划。它有以分部工程为工作项目用来控制其施工时间和总工期的控制性网络计划，也有由几个分部工程的局部网络计划搭接而成的实施性网络计划；对于很简单的单位工程，也可以将一个单位工程中的所有分项工程组成一个流水组，直接编制成单位工程的实施性网络计划。

③总体网络计划。总体网络计划是指以一个建设项目或一个大型的单项工程为对象编制而成的控制性网络计划。

（2）按网络计划的性质和作用分

①实施性网络计划。实施性网络计划是指以分部、分项工程为对象，以分项工程在一个施工段上的施工任务为工作内容编制而成的局部网络计划，或由多个局部网络计划综合搭接而成的单位工程网络计划，或直接以分项工程为工作编制而成的单位工程网络计划。它的工作内容划分得较为详细、具体，是用指导具体施工的计划形式。

②控制性网络计划。控制性网络计划是指以控制各分部工程或各单位工程或整个建设项目的工期为主要目标编制而成的总体网络计划或控制性的单位工程网络计划。它是上级

管理机构指导工作、检查与控制施工进度计划的依据，也是编制实施性网络计划的依据。

（3）按网络计划有无时间坐标分

①无时标的普遍网络计划。这种网络计划中的各项工作持续时间写在箭线的下面，箭线的长短与工作持续时间无关。

②时标网络计划。这种网络计划以时间作为横坐标，箭线在时间坐标轴上的水平投影长度代表工作持续时间。

（4）按网络计划的图形形式分

①双代号网络计划。双代号网络计划是指用一根实箭线表示一项工作，并用箭尾、箭头处圆圈节点内的两个编号或代号代表该项工作的网络计划。

②单代号网络计划。单代号网络计划是指用一个圆圈或方格节点表示一项工作，并用节点中的一个编号或代号代表该项工作的网络计划。

③流水网络计划。流水网络计划是指将同一施工过程在各个施工段上的各项工作箭线合并成一条上下分段相错的流水箭线（与横道图中的横道线相似），由多条这样的流水箭线组合搭接而成的用来表示一个分部工程流水组流水施工进度的网络计划。

④时标网络计划。

4. 网络计划的表示方法

把一项计划（或工程）的所有工作（或一个施工段上的分项工程），根据其开展的先后顺序及其相互制约关系，全部用箭线（用箭头的线段）和节点（圆圈）来表示，从左向右、有序排列而成的网状图形，称之为网络图。因为这种方法是建立在网络模型的基础上，而且主要是用来编制计划（工作计划或施工进度计划）和对计划的实施进行控制、监督的，因此在国外将其称为网络计划技术。

网络计划是用网络图的形式来表述的，网络图是由箭线、节点和线路三个要素组成的。由于网络图中的箭线和节点所代表的内容不同，网络图分为双代号网络图和单代号网络图两种，因此网络计划也有双代号网络计划和单代号网络计划两种。

把一项计划（或工程）的所有工作（后一个施工段上的分项工程），根据其开展的先后顺序及其相互制约关系，全部用箭线（或带箭头的线段）和节点（圆圈）来表示，从左向右、有序排列而成的网状图形，称之为网络图。因为这种方法是建立在网络模型的基础上，而且是用来编制计划（工作计划或施工进度计划）和对计划的实施进行控制、监督的，因此在国外将其称为网络计划技术。

网络计划是用网络图的形式来表述的。网络图是由箭线、节点和线路三个要素组成的。由于网络图中的箭线和节点所代表的内容不同，网络图分为双代号网络图和单代号网络图两种，因此网络计划也有双代号网络计划和单代号网络计划两种。

（1）双代号网络图

1）特点和标注方法：

用一个箭线表示一项工作（有时也称过程、工序、活动），工作名称写在箭线的上方，工作持续时间写在箭线下方；箭尾表示工作的开始，箭头表示工作的结束。在箭线的两端分别画一个圆圈作为节点，并在节点内进行编号，用箭尾节点编号和箭头节点编号两个编号作为这项工作的代号，即每项工作的箭线都有首尾两个节点，且用这两个节点的编号作为工作的代号，所以叫作双代号表示法。用双代号表示法编制的网络图叫作双代号网络图。用这种网络图表示的计划称之为双代号网络计划。

2）绘图规则：

①在一个网络图中，只允许有一个起点和一个终止节点，如果有两个或两个以上时，应将多个起点节点或多个终止节点合并成一个或虚箭线连接成一个。在实际工程施工中，同时开始或结束的工作项目可能有多个，但为了保证网络图的完整性和便于时间参数的计算，在不改变原有逻辑关系的前提下，应调整或修改只有一个起点节点和一个终点节点的网络图。

②在一个网络图中，不允许出现循环回路，如果有循环回路，就要根据逻辑关系检查、判定是哪条箭线的箭头方向画错了，改变箭头方向即可。

③在一个网络图中，不允许出现同样编号的节点和箭线，即节点的编号不能出现重复，出现重号要再重新统一编号；平行工作间的代号，不能用同一代号，而应加设虚箭线和节点，并重新编号。

④早在一个网络图中，箭线之间的连接必须通过节点，不允许箭线与箭线直接连接。

⑤在网络图中，不允许出现无箭头的线段或双箭头的箭线。

⑥在网络图中，应尽量通过调整平面结构布局来避免或减少交叉箭线；当无法避免时，应采用暗桥法或断桥法表示，但同一个网络图中，只允许采用同一种方法。

⑦网络图必须按已定的逻辑关系进行绘制或修改。

3）绘图步骤：

①绘制草图。先按逻辑关系，从起点节点开始，由左至右依次绘制各项工作的箭线，直至终点节点。

②检查、调整、编号。草图绘制完成后，按逻辑关系由终点节点依次向起点节点进行检查、修改；并对网络图的平面布局进行调整，使之条理清楚，层次分明，关键线路简洁、明显；最后统一进行节点编号。

③绘制正式的网络图。

4）绘图要求：

为了使网络图平面布置合理，层次分明，重点突出，对网络图的绘制提出如下要求：

①网络图中的箭线，特别是图形周边的箭线，应尽可能地绘制成水平箭线或由垂直线、水平线组成的折线箭线，虚箭线可画成垂直的虚箭线；网络图内部的箭线也可绘制成斜线、

垂直线；网络图中不得使用曲线虚线。

②在网络图中，箭线的箭头方向应自左向右、向上、向下和向偏右，并尽量避免出现自右向左、向偏左方向的"反向箭线"。如有反向箭线，应通过调整网络图的平面布局来改正。

③在绘制网络图时，要尽量减少不必要的节点和虚箭线，以便使网络图更清晰、简洁，并减少时间参数的计算量。

（2）单代号网络图的绘制

1）绘图规则

单代号网络图的绘图规则与双代号的绘图规则基本相同，主要区别在于：当网络图中有多项开始工作时，应增设一项虚拟的工作（S），作为该网络图的起点节点；当网络图有多项结束工作时，应增设一项虚拟的工作（F），作为该网络图的终点节点。

2）绘图示例

绘制单代号网络图比绘制双代号网络图容易得多。

5.网络优化

网络计划的优化是指在一定约束条件下，按既定目标对网络计划进行不断改进，以寻求满意方案的过程。网络优化的优化目标应按计划任务的需要和条件选定，包括工期目标、费用目标和资源目标。

根据优化目标的不同，网络计划的优化可分为工期优化、费用优化和资源优化三种。

（1）工期优化

所谓工期优化，是指网络计划的计算工期不满足要求工期时，通过压缩关键工作的持续时间以满足要求工期目标的过程。

工期优化方法：

网络计划工期优化的基本方法是在不改变网络计划中各项工作之间逻辑关系的前提下，通过压缩关键工作的持续时间来达到优化目标。在工期优化过程中，按照经济合理的原则，不能将关键工作压缩成非关键工作。此外，当工期优化过程中出现多条关键线路时，必须将各条关键线路的总持续时间压缩相同数值；否则，不能有效地缩短工期。

网络计划的工期优化可按下列步骤进行：

1）确定初始网络计划的计算工期和关键线路；

2）按要求工期计算应缩短的时间

3）选择应缩短持续时间的关键工作。选择压缩对象时宜在关键工作中考虑下列因素：①缩短持续时间对质量和安全影响不大的工作；②有充足备用资源的工作；③缩短持续时间所需增加的费用最少的工作。

4）将所选定的关键工作的持续时间压缩至最短，并重新确定计算工期和关键线路。若被压缩的工作变成非关键工作，则应延长其持续时间，使之仍为关键工作。

5）当计算工期仍超过要求工期时，则重复上述2）~4），直至计算工期满足要求工期或计算工期已不能再缩短为止。

6）当所有关键工作的持续时间都已达到其能缩短的极限而寻求不到继续缩短工期的方案，但网络计划的计算工期仍不能满足要求工期时，应对网络计划的原技术方案、组织方案进行调整，或对要求工期重新审定。

（2）费用优化

费用优化又称工期成本，是指寻求工程总成本最低时的工期安排，或按要求工期寻求最低成本的计划安排的过程。

1）费用和时间的关系

在建设工程施工过程中，完成一项工作通常可以采用多种施工方法和组织方法，而不同的施工方法和组织方法，又会有不同的持续时间和费用。由于一项建设工程往往包含许多工作，所以在安排建设工程进度计划时，就会出现许多方案。进度方案不同，所对应的总工期和总费用也就不同。为了能从多种方案中找出总成本最低的方案，必须首先分析费用和时间之间的关系。

①工期费用与工期的关系

工程总费用由直接费和间接费组成。直接费由人工费、材料费、机械使用费、其他直接费及现场经费等组成。施工方案不同，直接费也就不同；如果施工方案一定，工期不同，直接费也不同。直接费会随着工期的缩短而增加。间接费包括企业经营管理的全部费用，它一般会随着工期的缩短而减少。在考虑工程总费用时，还应考虑工期变化带来的其他损益，包括效益增量和资金的时间价值等。

②工作直接费与持续时间的关系

由于网络计划的工期取决于关键工作的持续时间，为了进行工期成本优化，必须分析网络计划中各项工作的直接费与持续时间之间的关系，它是网络计划工期成本优化的基础。工作的直接费与持续时间之间的关系类似于工程直接费与工期之间的关系，工作的直接费随着持续时间的缩短而增加。为简化计算，工作的直接费与持续时间之间的关系被近似地认为是一条直线关系。当工作划分不是很粗时，其计算结果还是比较精确的。工作的持续时间每缩短单位时间而增加的直接费称为直接费用率。工作的直接费用率越大，说明将该工作的持续时间缩短一个时间单位，所需增加的直接费就越多；反之，将该工作的持续时间缩短一个时间单位，所需增加的直接费就越少。因此，在压缩关键工作的持续时间以达到缩短工期的目的时，应将直接费用率最小的关键工作作为压缩对象。当有多条关键线路出现而需要同时压缩多个关键工作的持续时间时，应将它们的直接费用率之和（组合直接费用率）最小者作为压缩对象。

2）费用优化方法

费用优化的基本思路：不断地在网络计划中找出直接费用率（或组合直接费用率）最小的关键工作，缩短其持续时间，同时考虑间接费随工期缩短而减少的数值，最后求得工程总成本最低时的最优工期安排或按要求工期求得最低成本的计划安排。

按照上述基本思路，费用优化可按以下步骤进行：

①按工作的正常持续时间确定计算工期和关键线路。

②计算各项工作的直接费用率，应找出直接费用率的计算按上述公式进行。

③当只有一条关键线路时，应找出直接费用率最小的一组关键工作，作为缩短持续时间的对象；当有多条关键线路时，应找出组合直接费用率最小的一组关键工作，作为缩短持续时间的对象。

④对于选定的压缩对象（一项关键工作或一组关键工作），首先比较其直接费用率或组合直接费用率与工程间接费用率的大小：

a. 如果被压缩对象的直接费用率或组合直接费用率大于工程间接费用率，说明压缩关键工作的持续时间会使工程总费用增加，此时应停止缩短关键工作的持续时间，在此之前的方案即为优化方案；

b. 如果被压缩对象的直接费用率或组合直接费用率等于工程简捷费用率，说明压缩关键工作的持续时间不会使工程总费用增加，故应缩短关键工作的持续时间；

c. 如果被压缩对象的直接费用率或组合直接费用率小于工程间接费用率，说明压缩关键工作的持续时间会使工程总费用减少，故应缩短关键工作的持续时间。

⑤当需要压缩关键工作的持续时间时，其缩短值的确定必须符合下列两条原则：

a. 缩短后工作的持续时间不能小于其最短持续时间；

b. 缩短持续时间的工作不能变成非关键工作。

⑥计算关键工作持续时间缩短后相应增加的总费用。

⑦重复上述③～⑥，直至计算工期满足要求工期或被压缩对象的直接费用率或组合直接费用率大于工程间接费用率为止。

⑧计算优化后的工程总费用。

（3）资源优化

资源是指为完成一项计划任务所需投入的人力、材料、机械设备和资金等。完成一项工程任务所需要的资源量基本上是不变的，不可能通过资源优化将其减少。资源优化的目的是通过改变工作的开始时间和完成时间，使资源按照时间的分布符合优化目标。

在通常情况下，网络计划的资源优化分为两种，即"资源有限，工期最短"的优化和"工期固定，资源均衡"的优化。前者是通过调整计划安排，在满足资源限制条件下，使工期延长最少的过程；而后者是通过调整计划安排，在工期保持不变的条件下，使资源需用量尽可能均衡的过程。

这里所讲的资源优化，其前提条件是：①在优化过程中，不改变网络计划中各项工作之间的逻辑关系；②在优化过程中，不改变网络计划中各项工作的持续时间；③网络计划中各项工作的资源强度（单位时间所需资源数量）为常数，而且是合理的；④除规定可中断的工作外，一般不允许中断工作，应保持其连续性。为简化问题，这里假定网络计划中的所有工作需要同一种资源。

1）"资源有限，工期最短"的优化

"资源有限，工期最短"的优化一般可按以下步骤进行：

①按照各项工作的最早开始时间安排进度计划，并计算网络计划每个时间单位的资源需用量。

②从计划开始日期起，逐个检查每个时段（每个时间单位资源需用量相同的时间段）资源需用量是否超过所能供应的资源限量。如果在整个工期范围内每个时段的资源需用量均能满足资源限量的要求，则可行优化方案就编制完成；否则，必须转入下一步进行计划的调整。

③分析超过资源限量的时段。如果在该时段内有几项工作平行作业，则采取将一项工作安排在与之平行的另一项工作之后进行的方法，以降低该时段的资源需用量。

④对调整后的网络计划安排重新计算每个时间单位的资源需用量。

⑤重复上述②~④，直至网络计划整个工期范围内每个时间单位的资源需用量均满足资源限量为止。

2）"工期固定，资源均衡"的优化

安排建设工程进度计划时，需要使资源需用量尽可能地均衡，使整个工程没单位时间的资源需用量不出现过多的高峰和低谷，这样不仅有利于工程建设的组织与管理，而且可以降低工程费用。

"工期固定，资源均衡"的优化方法有多种，如方差值最小法、极差值最小法、削高峰法等。按方差值最小的原理，"工期固定，资源均衡"的优化一般可按以下步骤进行：

①按照各项工作的最早开始时间安排进度计划，并计算网络计划每个时间单位的资源需用量。

②从网络计划的终点节点开始，按工作完成节点编号值从大到小的顺序依次进行调整。当某一节点同时作为多项工作的完成接点时，应先调整开始时间较迟的工作。

③当所有工作均按上述顺序自右向左调整一次之后，为使资源需用量更加均衡，再按上述顺序自右向左进行多次调整，直至所有工作既不能右移也不能左移为止。

三、进度计划的审查与实施

（一）进度计划审查

1. 审查前注意事项及准备工作

施工组织设计中的施工进度计划是在工程项目施工前围绕如何实现进度目标所做的统筹安排，施工进度计划既是进度目标的分解和落实，也是进度动态控制的依据。因此，施工进度计划合理与否直接关系到进度能否得到有效控制。经业主与监理批准了的进度计划是工程实施、也是处理工程索赔时的重要依据。

在审查施工组织设计必须抓好施工进度计划的审查工作，主要审查以下方面：施工总体部署及进度安排，包括施工总部署，施工组织机构，施工总进度计划，阶段性施工进度计划，单位工程施工进度计划，工程施工所需劳动力的计划，进度考核管理制度等。

（二）审查依据

1. 合同工期、开、竣工时间及里程碑事件进度控制点
2. 施工组织设计
3. 工程总进度计划和施工总进度计划
4. 材料和设备供应计划
5.《建设工程监理规范》的相关规定

（三）审查要点

1. 编写、审查、批准程序是否符合要求
2. 施工进度计划内容是否全面。进度计划内容至少应包括：合同与施工图纸所涵盖的全部作业项目，工程项目实施中的一些重要里程碑点以及合同约束限制条件，对图纸、设备、预埋件、甲方供应材料的到场要求，施工文件以及一些报审报险事项的反映，所以这些内容在进度计划中都要有所体现。另外还可将每项工程施工所需劳动力数量以及资金需求也列入其中。

3. 施工进度计划是否满足合同及业主主要时间控制点的要求。承包商的进度计划首先必须满足合同工期的要求，工程的合同文件均对工程的施工工期及一些专业间接口的时间作了一些特殊专业的施工条件与时机作了限制，在编制进度计划时也要将这些限制条件转化为控制性工期。这些控制性工期就是编制进度计划的基础，也是工程项目进度控制的目标。同时还必须符合业主控制性进度计划中一些关键时间节点的要求。

4. 施工进度计划是否与施工方案一致。施工方案中的施工部署、施工方法、施工工艺、施工机械以及施工组织方式直接影响进度计划安排，因此，在审查施工进度计划时必须检查施工进度计划是否与施工方案一致，如果有矛盾须要求承包商调整进度计划施工方案。

5. 施工进度计划中的工序分解粗细程度是否满足指导施工的要求。计划中表达施工过程的内容，划分的粗细程度既不能太粗也不宜太细，该计划的细度应根据项目的性质适度划分，在可能的情况下尽量细化。

6. 施工进度计划中工序间的逻辑关系是否合理。要求进度计划审查人员对工程项目有全面的了解，对工程施工程度和施工方法流程有比较清晰的思路。能识别工程项目中各工序间的联系，确认其逻辑关系的符合性与合理性，从而使施工进度计划更科学合理，达到"纲举目张"的效果。

7. 施工进度计划中各工期的确定是否合理。主要是各作业单元工期的确定，根据上述

的控制性工期及确定的工序间的逻辑关系，根据各作业单元工程量的多少、施工条件的完善程度以及拟用于本工程的施工设备生产能力，本着最佳组合，最高效益、均衡生产的原则，确定合理的施工工期。

8. 资源加护能否保证进度计划的需求。在报审进度计划时，监理工程师应要求承包商提供各工种劳动力，施工机具，材料主要资源计划作为附件监理工程师通过审查资源计划是否与进度计划相符，来评价进度计划的可实施性，如资源计划不能满足进度计划的要求，应要求承包生调整资源计划或进度计划，进度计划一旦被批准，资源计划也作为进度控制的依据。

9. 进度保证措施是否合理。在进度计划报审时，监理工程师应要求承包商提供进度保证措施作为附件。进度保证措施包括技术措施、管理措施和季节性施工措施。进度计划一旦被批准，这些措施也将作为进度控制的依据。如果在施工过程中承包商没有采用这些措施而导致工期延期，一般监理工程师不能同意工期延期申请。

10. 进度计划中的关键工作及非关键工作的总时差是否明确。关键工作是进度控制的重点，关键工作一旦出现拖延，必然导致整个进度的延期。因此，控制了关键工作的进度也就控制了施工进度。非关键工作尽管不是进度控制的重点，但当非关键工作的延误超过了总时差时，就会转化为关键工作。因此，对那些总时差较小的非关键工作，也应给予足够的重视。明确关键工作和非关键工作总时差的目的除了确定进度控制的重点外，还为审批工期延期申请提供依据，一般来说，只有当关键工作出现延误，或非关键工作的延误时间超过了总时差时，承包商才有可能获得延期。

11. 该进度计划是否参与工程的材料、设备供应、进度计划相协调。当所监理的项目由多家承包商施工，在审批各承包商进度计划时必须注意各承包商进度计划之间的协调，比如土建与设备安装、设备安装与精装修、室内工程与室外工程之间的时间进度一致。否则，一般批准了承包商的进度计划，而各承包商在时间进度上又存在矛盾，将会给监理工作带来被动，甚至索赔。

此外，在审批进度计划时，还必须检查现场的施工条件是否能够满足进度计划的要求。

（四）批复方案时应注意的问题

1. 针对施工单位提出的工期承诺及施工进度计划，进行分析，在挖潜力的同时，与工期目标比较，施工进度计划应留有余地；

2. 土建、装修、空调、消防、智能化等各种专业配合，以及材料、设备订货，对进度计划影响较大，应充分考虑业主、总承包方、分包方等单位之间的沟通、协调和配合的难度；

3. 设计变更和图纸中的不确定因素可能影响后续工作，尽可能考虑避免因图纸原因的停工；

4. 施工单位的资源投入是保证进度计划顺利实施的关键因素之一；

5. 施工过程中施工单位工序安排以及各工种间的交叉作业等是工程能否顺利实施的重

要环节；

6. 对工程进度进行动态控制，建立制度，按时检查监督施工进度状态，对未实现分解目标的分项或分部工程，及时监督纠正，避免积少成多而影响到总目标的实现。

（五）审查意见

1. 对施工进度计划是否满足合同工期目标及业主主要时间节点的要求提出明确意见；

2. 对施工进度计划是否与施工方案、施工组织设计一致提出明确意见；

3. 对施工进度计划中的工序分解粗细程度是否能够满足指导施工的要求提出明确意见；

4. 对施工进度计划汇中工序间的逻辑关系是否合理提出明确意见；

5. 对资源计划能否保证进度计划的需要提出相关意见；

6. 对进度保证措施是否有力提出相关意见；

7. 对施工进度计划是否可行、是否同意实施或需修改等提出明确意见。

（六）进度计划的实施

1. 施工进度保证措施

（1）推行项目法施工，确保工期目标的实现

1）选派有施工管理经验、并卓有成效地完成类似工程项目管理的同志担任项目经理；

2）根据施工项目组织原则，选用和国际工程接轨的施工组织体系，组建施工项目管理机构，明确责任、权限和义务；

3）在遵守招标文件、工程承包合同和本企业规章制度的前提下，根据本施工项目管理的需要，制订施工项目管理制度；

4）组织编制定切实可行的施工组织设计；

5）有效进行进度、成本和安全的目标控制；

6）对劳动力、材料、设备、资金和技术五大生产要素，针对其特点，进行优化配置和动态管理；

7）加强工程承包合同管理，严格执行合同条款；

8）进行有效的施工项目的信息管理。

（2）做好充分准备工作，确保顺利开工

1）一旦中标，迅速调动人员到施工现场，做好各项准备工作，包括组织材料及设备进场等工作，以免因此影响开工；

2）组织有丰富阅历的技术人员，认真开展图纸会审工作。学习和研究有关施工标准及规范，明确业主对施工的技术要求。精心制定施工方案和技术措施，对施工人员进行详细的技术底。

（3）采用科学的管理保证施工进度

1）采用计算机管理软件加强施工进度计划的管理，同时对人力、材料、机械等资源的配置进行优化，提高计划管理的科学性、先进性；

2）使用公司自编的计算机材料管理系统，对材料管理进行控制。对材料的到货、使用、贮存实行动态控制，有效支持软件，做到合理安排施工计划，平衡调配劳动力分布，加快施工进度；

3）管道预制工厂化，实施流水作业法施工，高效率、高质量地完成配管工作。

（4）精心策划、加强内部协调

1）加大劳动力与施工设备的投入，保证优势全力投入该工程的施工；

2）自工程开工之起，报经当地劳动主管部门同意，采取弹性工作日，放弃节假日，增加有效工作日；

3）提前做好材料采购供应准备，保证按施工总进度计划要求保质保量运至仓库，避免劳动力大面积窝工和大面积返工；

4）按施工组织设计要求做好施工现场的平面布置工作，以利施工、运输、吊装等的便捷和现场施工的安全、有序、整洁；

5）根据本工程特点有针对性地编制项目协调工作程序，以便指导日常项目管理；

6）项目部每周组织召开一次本工程现场调度会议，对工程进度、质量、安全、资金及物质供应等进度综合平衡协调，解决施工过程中存在的各类总是和矛盾，保证工程顺利进展；

7）各部分的计划施工时间是按照平行流水作业、合理的主体及交叉施工的原则来考虑，X光探伤等考虑夜间作业，加快施工进度；

8）建立现场协调会制度，每周召开一次由各方参加的协调会议，密切业主、监理公司、质量监督站、设计院的工作关系，特别是与监理公司、质量监督站应保持密切的工作联系，随时沟通与解决施工中所遇到的问题，做到遇到问题不拖延、不推诿及时沟通、迅速解决。

（5）不利条件下工期保证

1）如土建未按计划达到主要控制节点部位

①土建节点延迟影响了安装，我们不等不靠，立即调整计划，改变施工路线，继续保持前进势头；

②我们通过自己的努力，追回损失的时间。力保后续节点不受影响。

2）设计频繁变更

只要是设计单位签发，业主签证认可的设计变更，我们不拖延，不讲条件，立即实施，不使问题积累，如设计变更牵涉到甲供设备材料，也请抓紧办理。

3）甲供设备材料未按计划到货

①调整施工计划，改变施工路线，有条件部位先施工；

②到货后组织突击抢干，加班加点，抢时间；

4）甲供设备材料质量问题

①甲供设备材料到货后立即检验，及早发现问题，给甲方处理留有时间余地；

②甲供设备材料一般质量缺陷，或型号规格不符，甲方如委托修复处理或提出代用串换，我们积极配合，主动提建议、想办法，满足甲方要求；

③如对进度已发生影响我们争取补救。

5）灾害性天气，停电、停水、意外事故。

①对安装影响较大，我们准备承担压力，通过平时加快安装进度弥补工期损失；不利情况发生时，采取措施消除影响在确保安全前提下，坚持施工。不能做好推迟进度借口，除非甲方主动决定工期顺延；

②灾害天气均有预报和预兆，事故要做好准备，采取防范措施，调整施工计划，最大限度减少影响；

③加强水电维护，防止施工原因造成停电停水；

④加强管理，消除重大安全和火灾隐患，杜绝事故发生。

（6）紧急情况下的工期保证

施工现场的情况复杂多变，不利条件如果频繁出现，其产生的后果常常是进行性的积累，往往造成工程后期安装工程量高度集中，施工高峰突起，压力骤增，而距竣工期期限不多时，或者甲方在工程实施中提出重大节点提前到位要求，对此类紧急情况，我们的预案是以下几点

1）增加项目施工资源投入，调遣后备梯队进场；

2）采取激励政策，调动职工积极性，加班加点、突击抢干；

3）启用项目应急储备资金。

四、进度计划的检查与调整

（一）施工进度计划的检查

在项目施工进度计划的实施过程中，由于各种因素的影响，原始计划的安排常常会被打乱而出现进度偏差。因此，在进度计划执行一段时间后，必须对执行情况进行动态检查，并分析进度偏差产生的原因，以便为施工进度计划的调整提供必要的信息。

1. 施工进度计划检查内容

施工进度计划的检查包括下列内容：

（1）工作量的完成情况

（2）工作时间的执行情况

（3）资源使用及进度的互配情况

（4）上次检查提出问题的处理情况。

2. 施工进度检查方法

项目施工进度检查的主要方法是比较法。常用的检查比较方法为列表比较法。在项目施工过程中，通过以下方式获得项目施工实际进展情况：

（1）定期地、经常的收集由承包单位提交的有关进度报表资料。

项目施工进度报表资料不仅是对工程项目实施进度控制的依据，同时也是核对工程进度的依据。进度报表由监理单位提供给施工单位，施工单位按时填写完成后提交项目工程部及监理工程师核查。报表内容一般应该包括工作的开始时间、完成时间、持续时间、逻辑关系、实物工程量和工作量，以及工作时差的利用情况等。进度报表能体现出建设工程时间进展情况。

（2）由项目工程部及驻地监理人员现场跟踪检查建设工程时间进展情况。为避免项目部报已完工程量，工程部管理人员及驻地监理人员有必要进行现场实地检查和监督。要求每周检查一次。

（3）监理例会通报工程进度情况

在定期组织召开监理例会上，要求项目部汇报每周工程进度情况。

3. 日常检查与定期检查

（1）日常检查

随着设计工作的进行，不断的观测进度计划中所包含的每一项工作的实际开始时间、实际完成时间、实际持续时间、目前状况的内容，并加以记录，以此作为进度控制的依据。

（2）定期检查

每隔一定的时间对进度计划的执行情况进行以此较为全面、系统的观测、检查。观测、检查有关项目范围、进度计划和预算变更的信息，间隔时间因项目的类型、规模、特点和对进度计划的执行要求程度不同而异。项目拟定以周、旬、月为观测周期。对监测的结果加以记录、以便及时调整，保证设计进度的实现。

（二）施工进度计划的调整

项目施工进度计划的调整应依据进度计划检查结果，在施工进度计划执行发生偏离的时候，通过对工程量、起止时间、工作关系、资源提供和必要的目标进行调整，或通过局部改变施工顺序，重新作业过程相互协作方式等工作关系进行的调整，更充分利用施工的时间和空间进行合理交叉衔接，并编制调整后的施工进度计划，以保证施工总目标的实现。

1. 进度偏差调整原则

（1）若出现进度偏差的工作为关键工作，必须对原定进度计划采取相应调整措施；

（2）当出现进度偏差的工作为非关键工作，且工作进度滞后天数已超出其总时差，必须对原定进度计划采取相应调整措施；

（3）若出现进度偏差的工作为非关键工作，且工作进度滞后天数已超出其自由时差而未超出其总时差，只有在后续工作最早开工时间不宜推后的情况下才考虑对原定进度计划采取相应调整措施；

（4）若出现进度偏差的工作为非关键工作，且工作进度滞后天数未超出其自由时差，不必对原总进度采取任何调整措施。

2. 进度偏差的影响分析

在建设工程项目实施过程中，通过实际进度与计划进度的比较，发现有进度偏差时，需要分析该偏差对后续工作及总工期的影响，从而采取相应的调整措施对原进度计划进行调整，以确保工期目标的顺利实现。

（1）分析进度偏差的工作是否为关键工作

在工程项目的实施过程中，若出现偏差的工作为关键工作，则无论偏差大小，都将对后续工作及总工期产生影响，必须采取相应的调整措施。若出现偏差的工作不为关键工作，需要根据偏差值与总时差和自由时差的大小关系，确定对后续工作和总工期的影响程度。

（2）分析进度偏差是否大于总时差

在工程项目实施过程中，若工作的进度偏差大于该工作的总时差，说明此偏差必将影响后续工作和总工期，必须采取相应的调整措施。若工作的进度偏差小于或等于该工作的总时差，说明此偏差对总工期无影响，但它对后续工作的影响程度，需要根据比较偏差与自由时差的情况来确定。

（3）分析进度偏差是否大于自由时差

在工程项目实施过程中，若工作的进度偏差大于该工作的自由时差，说明此偏差对后续工作产生影响，应根据后续工作允许影响的程度而定。若工作的进度偏差小于或等于该工作的自由时差，则说明此偏差对后续工作无影响。因此，原进度计划可以不做调整。

根据分析项目工程部及监理工程师确认应该调整产生进度偏差的工作和调整偏差值的大小，来确定采取调整新措施，获得新的符合实际进度情况和计划目标的新进度计划。

3. 进度偏差影响到总工期时的调整措施

当工程项目施工实际进度影响到后续工作、总工期时，需要对进度计划进行调整。

（1）在确定需缩短持续时间的关键工作时，应按以下几个方面进行选择：

1）缩短持续时间对质量和安全影响不大的工作；

2）有充足备用资源的工作；

3）缩短持续时间所需增加的工人或材料最少的工作；

4）缩短持续时间所需增加的费用最少的工作；

（2）当确定为可压缩的关键工作后，可通过以下具体措施进行纠偏：

1）在有足够的工作面时，督促各单位增加劳动力、材料、设备等的投入加快进度；

2）在工作面受到制约时，督促各方面单位将现有的资源进行合理配置并采用加班或多班制工作。

第二节 施工项目质量控制

一、工程质量计划

为了加强项目部工程质量管理,保证工程质量目标的实现,根据《建设工程管理条例》、《建设工程项目管理规范》的有关规定,特制定本制度。

（一）工程项目质量目标的确定

1. 质量目标必须符合《建设工程施工合同》的质量要求;

2. 必须符合公司创优工程的项目。

（二）项目部实现质量目标必须编制质量计划

质量计划应包括下列内容:

1. 项目质量计划目标的确定;

2. 编制项目质量计划（或质量目标的分解）;

3. 项目质量计划的实施:（1）施工准备阶段;（2）施工阶段;（3）竣工验收阶段;（4）工程保修阶段;（5）质量的持续改进和检查验证。

（三）质量计划的审批程序

1. 项目部编制质量计划;

2. 质量部审核;

3. 总监办审批。

二、质量检查管理

为了加强项目部质量管理的力度,达到提高工程质量,杜绝质量事故,提高自身的社会信誉和市场竞争能力的目的,特制定本规定;

（一）项目部每年对项目部的质量管理工作做如下检查

1. 项目部每季度定期对项目部范围内所有在建项目实行季度检查;

2. 项目部对职责范围内的直管项目部实行月度检查及日常检查。

（二）公司质量检查的内容

1. 质量管理。项目部的质量管理制度、岗位责任制,工程质量计划,质量管理人员资格等;

2. 施工质量。

3. 技术资料。

（三）项目部在检查中对发现的问题立即发出限期"整改通知单",对质量问题项目部必须定人、定时、定措施进行整改。各项目部在整改期限内整改完毕后上报公司质量部门复查。

（四）项目部根据整改回复组织落实复查验收。并在整改通知单签署验收意见。经验收合格后，方可进行下道工序施工并结案。

（五）项目部对检查中发现的问题进行登记备案，从管理上、施工技术上分析质量问题，为质量整改提供依据。

（六）根据项目质量问题进行统计分析，进行技术攻关，提高项目部工程质量的整体水平。

（七）质量检查的奖罚：根据《建设工程质量管理条例》及公司有关奖罚规定执行。

三、技术资料管理

（一）技术资料执行技术负责人领导下的专业技术员负责制度，各专业技术员负责本专业所施工工程的技术资料的收集、整理工作。技术负责人定期组织项目部资料员对各专业技术员的内业工作进行检查、监督，并组织竣工技术资料汇总移交工作。项目部资料员、技术员完成技术资料的检查、和竣工资料的汇总移交工作。

（二）技术资料内容应按照工程项目签订合同中所要求的标准执行。

（三）在技术资料收集之前应列出单位工程划分计划、资料收集计划及试验和检验计划，经项目技术负责人审核，技术经理审批后按计划进行收集和整理，在资料收集过程中应注意资料的规范、标准（包括书写格式、纸张大小等）。

（四）工程技术资料管理与工程施工紧密联系，对施工试验记录、材料试验记录及施工记录中反映出来的问题，要及时向项目技术负责人汇报，针对发现的问题及时处理和解决。

（五）相关部门或责任人（材料员、试验员、测量员等），对自己工作范围内的技术资料，应主动及时地将各类资料上交给单位工程技术员，不得无故拖延或私自留存。

（六）技术内业资料应随施工进度及时整理，与施工进度同步，同时必须真实地反映工程的实际情况，项目部生产技术部应定期和不定期地对技术资料进行检查，确保技术资料的同步、真实和有效。

（七）项目竣工验收时，由技术负责人组织生产技术部及有关人员对资料进行审核汇总，形成完整、系统的资料。

（八）单位工程一般要求整理三套完整的竣工资料，如合同有要求应按其要求的份数整理。

四、材料采购、检验、保管管理

（一）项目部材料员应对材料承包方的背景资料及时收集并上报公司施工技术部备案，

由公司施工技术部统一发放合格承包方审批名录。

（二）材料采购必须在合格承包方名录采购。当施工急需时应经公司施工技术部审批，同意后方可允许在名录外采购。

（三）材料进场必须有材料员、仓管员、试验员到场进行检测，做好进货检验会签记录。

（四）钢材、水泥、砂、石等原材料进场应核对出厂合格证和质量保证书，还应分期、分批进行抽样检验（详见材料试验规定）。检验合格后，方可填写入库单，并应及时做好材料标识和复试工作。不合格材料有材料员与供货方进行交涉，办理退货，调货、索赔等工作事宜。

（五）各种材料的领用，发放必须持有施工员签发的材料领用单后，仓库保管员方可发放有关材料。

（六）各种材料进场后至使用前均要分类标识，明确监狱状态，表明该批材料是否为待验品、不合格或合格品，以便使用。

（七）仓库保管员应根据不同材料分类堆放，并根据不同性质做好防水、防火、防潮、防热等保护工作。易燃易爆物品应有专门仓库，专人保管登记领用。

（八）大批量进场的材料应按进库顺序堆放，先进先出，注明进货时间，以免积压损坏过期。

五、隐蔽工程检查验收管理

隐蔽工程验收是指将被其他分项工程所隐蔽的分部或检验批工程，在隐蔽前所进行的验收，坚持隐蔽验收制度是防止质量隐患，保证鲜明质量的重要措施。

（一）基坑（槽）、基础：项目部会同质监单位、建设单位、设计单位、监理单位检查基坑（槽）的土质，基底的处理，回填土料质量，填土的密实性，外形尺寸、标高及各种基础质量。认真做好土壤质量试验，打（试）记录，地基验槽记录等文字资料。

（二）钢筋工程：检查钢筋规格、形状、尺寸、数量、锚固长度，接头位置以及除锈、设计认可的代用变更、保护层控制等情况，认真做好钢筋隐检记录（含予应力张拉）。

（三）隐蔽工程需由建设单位、监理单位及项目部专业质量员，技术负责人参加验收并办理签字盖章手续，特殊部位验收还应邀请相关人员参加，在隐检中发现不符合要求处，要认真进行处理，未经验收合格者不得进行下道工序施工。

六、成品保护管理

为保证建筑产品的完善性，确保工程质量达到预期的目标，特制定以下制度。

（一）项目部在施工前必须编制防护措施

（二）项目部与班组签订成品保护责任制，由班组把责任落实分解到每一作业岗位，同时加强员工的成品保护教育工作，提高岗位工人素质。

（三）项目部对已经验收的成品必须进行标志。

（四）项目部具体由质检员负责工程的成品保护检查工作。施工班组对前一班组作业完成的成品有责任进行保护。后作业班组不得对前施工班组完成的成品有污染或破坏。前施工班组如对成品保护不当，后施工班组在交接班时，必须共同检验后，告知项目负责人、专业质检员落实进行处理。

（五）不同材料的交接处，易碰撞受损部位，必须采用遮挡，隔离的防护措施，确保成品的完整性，对已完成的部位，必须达足够强度后，才能进行上部的施工。

（六）对进场的设备，半成品等应指定部位堆放，并有专人负责保护，避免在施工安装前损坏或缺少零部件。

（七）各分部分项工程进行定人负责，无项目施工令，不得进行施工。成品应及时采取护、盖等必要的保护手段，以免人为的破坏。

七、见证取样管理

（一）单位工程开工前，项目部应根据施工合同建立经上级主管部门审批合格的工地试验室承担有见证试验的检测项目。

（二）有见证取样项目和送检次数应符合国家和地方、行业有关标准、法规的规定。送检试样应在建设单位或监理人员的见证下，在材料验收、施工试验中随机抽取，不得另外进行。

（三）见证取样和送检时，取样人应在试样或其包装上做出标识、封志。标识和封志应标明样品名称和数量、工程名称、取样部位、取样日期，并应有取样人和见证人签字，见证记录列入工程技术档案。

（四）各种有见证取样和送检试验资料必须真实、完整，不得伪造、涂改、抽换或丢失。

第三节　施工项目成本控制

工程项目成本控制是指为实现工程项目的成本目标，在工程项目成本形成的过程中，对所消耗的人力资源、物质和费用开支，进行指导、监督、调节和限制，及时控制与纠正即将发生和已经发生的偏差，把各项费用控制在规定和规定的范围内。

一、施工项目成本控制的内容与程序

（一）施工项目成本控制的内容

1. 施工项目成本控制的原则

（1）全面控制的原则

①全面控制

a. 建立全员参加责权利相结合的项目成本控制责任体系

b. 项目经理、各部门、施工队、班组人员都负有成本控制的责任，在一定的范围内享有成本控制的权利，在成本控制方面的业绩与工资奖金挂钩，从而形成一个有效的成本控制责任网络。

②全过程控制

a. 成本控制贯穿项目施工过程的每一个阶段

b. 每一项经济业务都要纳入成本控制的轨道

c. 经常性成本控制通过制度保证，不常发生的"例外问题"也有相应措施控制，不能疏漏。

（2）动态控制的原则

①项目施工是一次性行为，其成本控制应事前重视、事中控制。

②在施工开始之前进行成本预测，确定目标成本，编制成本计划，制订或修订各种消耗定额和费用开支标准。

③施工阶段重在执行成本计划，落实降低成本措施，实行成本目标管理。

④成本控制随施工过程连续进行，与施工进度同步，不能时紧时松，更不能拖延。

⑤建立灵敏的成本信息反馈系统，使成本责任部门（人员）能及时获得信息、纠正不利成本偏差。

⑥制定不合理开支，把可能导致损失和浪费的苗头消灭在萌芽状态。

（3）创收与节约相结合的原则

①施工生产既是消耗资财人力的过程，也是创造财富增加收入的过程，其成本控制应坚持增收与节约相结合的原则。

②作为合同签约依据，编制工程预算时，应"以支定收"，保证预算收入。在施工过程中，要"以收入定支"，控制资源消耗和费用支出。

③每发生一笔成本费用，都要核查有否相应的预算收入，收支是否平衡。

④经常性的成本核算时，要进行实际成本与预算收的对比分析。

⑤严格控制成本开支范围，费用开支标准和关财务制度，对各项成本费用的支出进行限制和监督。

⑥提高施工项目的科学管理水平、优化施工方案，提高生产效率、节约人、财、物的消耗。

⑦采取预防成本失控的技术组织措施，制止可能发和的浪费。

⑧施工的质量、进度、安全都对工程成本有很大的影响，因而成本控制必须与质量控制、进度控制、安全控制等工作相结合、相协调，避免返工（修）损失、降低质量成本、减少并杜绝工程延期违约罚款、安全事故损失等费用发生。

⑨坚持现场管理标准化，堵塞浪费的漏洞。

（4）责权利相结合的原则

①要使控制真正发挥作用，必须严格按照经济责任制要求，贯彻责权利相结合的原则。有责无权，不能完成所承担的责任，有责无利，缺乏履行责任的动力。

②工程项目成本涉及面广，必须形成覆盖项目全员的成本责任网络，归口控制项目成本，并与奖金分配挂钩，有奖有罚。

2. 工程项目成本控制的方法

（1）制度控制

制度控制是企业层次对项目成本实施的总体宏观控制，使项目施工过程中成本管理"有章可循"。这些制度主要有《劳务工作管理规定》《机械设备租赁管理办法》《料具租赁管理办法》《工程项目成本核算管理标准》等，详见公司内部文件。

（2）定额控制

为了控制项目成本，企业必须有完整的定额资料，这些定额除了国家统一的建筑、安装工程基础定额以及市场的劳务、材料价格信息之外，企业还应有完善的内部定额资料。内部定额资料根据国家的统一定额，结合现行质量标准，安全操作规程，施工条件及历史资料等进行编制，并以此作为编制施工预算，工长签发施工任务书，控制考核，工效及材料消耗的依据。

（3）合同控制

①项目经理部与公司之间的经济技术承包合同

②公司与劳务承包队伍之间的承包合同

③项目经理部与劳务承包实体之间的承包合同

3. 工程项目成本控制的内容

（1）材料费的控制

材料费的控制按照"量价分离"的原则：一是材料用量的控制；二是材料价格控制。

1）材料用量的控制

材料消耗量主要是由项目经理部的施工过程中通过"限额领料"去落实，具体有以下几个方面：

①定额控制

对于有消耗定额的材料，项目以消耗定额为依据，实行限额发料制度。项目各工长只能在规定限额内分期批领用，需要超过限额领用的材料，必须先查明原因，经过一定审批手续方可领料。

②指标控制

对于没有消耗定额的材料，则实行计划管理和按指标控制的方法。根据上期实际耗用，结合当月具体情况节约要求，制定领用材料指标，据以控制发料。超过指标的材料，必须经过一定的审批手续方可领用。

③计算控制

为准确核算项目实际材料成本，保证材料消耗准确，在各种材料进场时，项目材料员必须准确计量，查明是否发生损耗或短缺，如有发生，要查明原因，明确责任。在发生的过程中，要严格计量，防止多发或少发。

2）材料价格的控制

材料价格主要由材料采购部门在采购中加以控制。由于材料价格是由买价、运杂费、运输费中的合同损失等所组成的，因此在控制材料价格时，须从以下几个方面进行：

①买价控制

买价的变动主要是由市场因素引起的，但在内部控制方面，应事先对供应商进行考察，建立合格供应商名册。采取材料时，必须在合格供应商名册中选定供应商名册。采购材料时，必须在合格供应商名册中选定供应商，实行货比三家，在保质保量的前提下，争取最低买价。同时实行项目监督，项目对材料部门采购的物资有权过问询价，对买价过高的物资，可以根据双方签订的横向合同处理。此外，材料部门对各个项目所需的物资可以分类批量采购，以降低买价。

②运费控制

合理组织材料运输，就近购买材料，先用最经济的运输方法，借以降低成本。为此，材料采购部门要求供应商按规定的条件和指定的地点交货，供应单位如降低包装质量，则按质论价付款；因变更指定交货地点所增加的费用均由供应商自付。

③损耗控制

要求项目现场材料验收人员及时严格验收手续，准确计量，以防止将损耗或短缺计入材料成本。

（2）人工费的控制

按照内部施工图预算，钢筋翻样单或模板量计算出定额人工工日，并将安全生产、文明施工及零星用工按定额工日的一定比例一次性包干给劳务承包队伍，达到控制人工开支的目的。

（3）机械费的控制

机械费用主要由台班数量和台班单价两方面决定，为有效控制台班费支出，主要从以下几个方面控制：

①指导项目合理安排施工生产，督促项目加强设备租赁计划管理，减少因安排不当引起的设备闲置。

②协助项目加强机械设备的调度工作，尽量避免窝工，提高现场设备利用率。

③监督项目强强现场设备的维修保养，避免因不正当使用赞造成机械设备的停置。

④协助项目做好上机人员与辅助生产人员的协调与配合，提高机械台班产量。

（4）管理费的控制

管理费在项目成本中有一定比例，由于没有定额，所以在控制与核算上都较难把握，项目在使用和开支时弹性较大，主要采取以下控制措施：

①根据各工程项目的具体情况及项目经理自身的管理能力、水平、思想素质等，分别赋予不同的管理费开支权限。

②制定项目管理费开支指标。项目经理在规定的开支范围内有权支配，超计划使用则需经过一定审批手续。

③及时反映，经常检查。企业委托财务部门对制定的项目管理费开支标准执行情况逐月检查，发现问题及时反映，找出原因，制定纠正措施。

4. 施工项目成本控制的实施

施工项目的成本主要是在施工过程中形成的，其成本费用支出主要发生在施工项目的各职能部门的业务活动中，发生在施工队、生产班组进行的分部分项工程施工中，因而施工项目成本控制的实施要是指在项目的施工过程中，以各职能部门、施工队、生产班组为成本控制对象，以分部分项工程为成本控制对象，在对外经济业务时，以经济合同为成本控制对象，所进行落实成本控制责任制，执行成本控制计划并随时进行检查、考核、分析等一系列成本控制活动。

施工项目成本控制责任制的主要内容如下：

（1）项目经理

①项目成本控制的责任中心，全面负责项目成本控制工作。

②负责成本预测、决策工作，主持制订、审核项目目标成本、成本计划和降低成本技术组织措施计划。

③建立项目成本控制责任体系，与各职能部门（人员）班组签订成本承包责任状，并监督执行情况。

（2）预算部门

①预测项目成本，编制项目成本计划。

②会同财会部门进行成本计划的综合平衡。

③编制施工图预算、施工预算、提供各单位工程，分部分项工程、各成本项目的预算成本资料。

④监督对外经济合同履约情况收集变更资料。

⑤负责外包工作对外结算工作，控制费用支出。

⑥编制预算时要充分考虑可能发生的成本费用，不要漏项。对预算中"缺口"项目，不要估计偏低，以保证工程收入发生工程变更，及时办理增减账，以通过工程款结算向甲方取得补偿。

（3）技术部门

①在审查各级部门所提技术组织措施的基础上，汇总编制项目的技术组织措施计划。

②提出有效的技术节约、降低成本措施，负责落实，提供技术节约报表。

③制定经济合理的施工组织设计。

④认真会审图纸，提出便于施工、降低成本的修改意见。

⑤制订并贯彻降低成本的技术组织措施，提高经济效益。

（4）工程部门

①合理规划施工现场布置、减少二次搬运、运输费等支出。

②保证工程质量，降低质量根本，避免返工损失。

③严格施工安全控制，确保安全生产，减少事故损失。

④组织均衡生产，搞好现场调度和协作配合，注意收尾工程。

⑤及时办理工程签证。

（5）材料部门

①编制降低材料成本措施计划。

②控制材料采购成本，合理安排储备，降低材料管理损耗，减少资金占用。

③严格执行进料验收、限额发料、周转材料、回收利用制度。

④负责材料台账记录，提供材料耗用报表，考核材料实际消耗。

（6）动力部门

①编制机械台班使用计划和降低机械使用费措施计划。

②提供各类机械台班实际使用资料，合理使用、节约台班费用。

③加强机械设备管理、保养、维修，提供完好率、使用率。

④控制外租机械租赁的费用。

（7）质安部门

①编制质量成本计划，进行全面质量成本控制。

②合理精简项目管理人员、服务人员，节约工资性支出。

③执行费用开支标准和有关财务制度，控制非生产性开支。

④管好行政办公用财产物资，防止损坏和流失。

（8）财务部门

①编制项目管理费用计划和成本降低计划。

②建立月度财务收支计划制度，根据施工需要，平衡调度资金，控制资金使用。

③按照成本开支范围，费用开支标准、有关财务制度，严格审核各项成本费用，控制成本支出。

④对成本进行分部分项、分阶段和月度的考核分析，发现问题及时反馈。

⑤及时核算实际成本，编制成本报表。

（二）施工项目成本控制程序

1. 确定项目目标（责任）成本

施工企业承揽的工程项目，一般都要成立项目部。由项目经理与上级领导签订责任书，明确自己在工程施工过程中承担的责任，同时确定目标（责任）成本。

2. 编制项目内控成本计划

根据目标（责任）成本，首先根据施工图纸计算实际工程量，由项目经理及其他项目组管理人员根据施工方案和分包合同，确定计划支出的人工费、实际需要的机械费；其次，根据定额材料消耗量，确定材料费，一般应有 3 ~ 5% 的降低率；根据项目责任合同确定项目现场经费。以上费用综合即为初步确定的项目内控成本计划。计算出的内控成本，必须确保项目责任成本降低率的完成。如果达不到降低率的要求，应通过加快工具周转、缩短工期、采用新技术、新工艺等办法予以解决。通过价值工程的方法，在保证质量和安全的前提下，将不同工期条件与项目固定成本进行对比，解决成本与工期之间的和谐性。项目内控成本的制定，必须附有明确、具体的成本降低措施。

3. 落实责任、实施项目成本的过程控制

成本控制要做到全员参与，树立全员经济意识。一是内控成本编制完成后，应在项目部内部层层分解责任成本，层层签订责任书。明确好项目部内各个成员的责任，谁负责、谁负担。提高项目部内成员的责任意识，可将责任书贴在墙上，时刻提醒项目部内成员。二是由各岗位责任人员对每个环节、每道工序实施全过程控制。在项目经理部建立"QC"小组，对成本支出构成比重大的和可控成本进行重点分析、监督，落实控制措施；对重点材料采用竞标的办法，对能自定的材料、物资和大宗物品采用招投标办法，在保证质量的前提下，降低采购成本；科学施工，避免浪费。做到科学配料、科学拌和，不出废料及不合格产品。施工中讲求质量，避免问题和浪费的产生；控制非生产费用和综合支出。减少非生产支出，控制不合理综合费用的发生，对能避免发生的费用要严格控制，从根本上杜绝。

4. 项目成本核算

项目成本核算方法一般有表格核算法和会计核算法。前者是各要素部门和核算单位定期采集信息，填制相应的表格，并通过一系列的表格，形成项目成本核算体系；后者是建立在会计核算的基础上，利用会计核算所独有的借贷记账法，按项目成本内容和收支范围，组织项目成本核算的方法。项目成本核算在满足基本会计核算要求的同时，更注重责任成本的核算。要求正确区分相关部门（岗位）的责任成本与非责任成本，并建立内部模拟要

素市场，实行内部有偿结算。

（1）人工费的核算

项目会计根据工资（奖金）发放表、内部结算票据和项目劳资员提供的"单位工程用工汇总表"，据以编制"工资分配表"，进行分部分项的生产人员工资分配；工资附加费可以采取比例分配法；劳动保护费可按标准直接进入人工费核销。分包劳务成本一般由分包单位按合同内容编制结算单，经项目施工员、预算员及项目经理审签后，再按各公司规定程序报公司批准后进行核算。对跨期完工的项目，可先进行劳务分包成本预估，经项目部审核后计入项目成本，决算时冲回。

（2）材料费的核算

材料费是指在施工过程中耗用的构成工程实体的费用，主要包括：主要材料、结构件、其他材料、周转材料摊销、租费和运输费等。材料费核算必须建立健全严格的材料收、发、领、存、退制度，每月定期盘点一次库存，保证成本的准确性和真实性。

（3）机械使用费的核算

自有机械或运输设备进行机械作业所发生的各项费用，由项目部根据实际使用情况直接计入成本。公司内部设备租赁费，按公司转入并由项目相关人员确认的结算单入账。对外租赁的机械费，采取平时按台班及租赁合同预估，结算调整的方式按月进行核算。

（4）其他直接费和间接费用的核算

其他直接费在发生时直接计入成本。间接费用由项目会计按规定的核算标准和费用划分标准进行成本核算。费用划分标准是：建筑工程以直接费为标准，安装工程以人工费为标准，产品（劳务、作业）的分配以直接费或人工费为标准。

5. 项目成本分析

首先进行综合分析，将工程实际成本同目标成本、内控成本进行对照检查，计算出绝对数、相对数，以反映成本目标总的完成情况。其次进行成本项目分析，即按施工成本费用构成项目进行分析比较，反映各成本项目降低情况，分析积极、消极因素，促进消极向积极转化。

（1）人工费分析

将项目中的人工费的实际成本同预算成本相比较，再参照劳资部门的有关劳动工资方面的统计资料，找出人工费超支因素及其原因。

（2）材料费分析

常用的方法为因素分析法（具体公式略），分析重要材料物资因用量、单价变化对材料费的影响。另外，材料费分析还应有材料定额变动的分析、废旧料利用情况的分析、施工工艺变动对材料费影响的分析，等等。

（3）机械使用费分析

将施工机械使用费的内控计划数与实际数相对比，然后进行价格、数量分析，找出施工企业自有及租赁机械使用上的节约或浪费。

6. 项目成本考核及奖惩兑现

在工程项目内控成本管理的过程中或结束后，定期或按时根据项目内控成本管理情况，给予责任者相应的奖励或惩罚。只有奖罚分明，才能有效调动每一位员工完成内控成本的积极性，为降低施工项目成本、增加企业积累，做出自己的贡献。

（三）工程项目成本控制条例

1. 总则

第一条　目的

为了增强工程项目的成本控制力度，降低成本费用，提高市场竞争力，根据国家有关政策法规，结合公司具体情况，特制定本制度。

第二条　要求

工程项目的成本管理应"以保证质量为前提，以过程控制为环节，以规范操作为手段，以提高经济效益为目的"。

第三条　主要任务

建立成本的事前预测、优化；事中动态控制；事后分析、评价的动态循环系统，落实部门职责和岗位责任制，形成系统内各环节有效实施成本管理的体系，以努力降低成本，提高经济效益。

第四条　适用范围

本制度适用于城区房地产公司所有工程项目。

2. 前期环节的成本控制

第五条　事业发展中心进行市场调研，对市场走势做出分析、判断，及时提供、反馈给公司管理层作为决策参考。

第六条　新项目立项时向公司提交详细的《可行性研究报告》，并经公司立项听证会讨论通过。

第七条　若项目立项后，合作条件或招标、拍卖条件等关键因素发生变化，并将对我方构成重大不利影响时，应重新立项。

第八条　招标或拍卖项目的竞价不得突破内定的最高限价，合作建房项目要充分考虑地价款的支付方式及相应的资金成本。

3. 规划设计环节的成本控制

第九条　总体规划设计方案，必须包括建造成本控制总体目标，首先上报总经理审查，同意后方可进入下一设计阶段（如初步设计、扩初设计、施工图设计）。每一阶段都必须要求设计单位出具《设计概（预）算》，并与上一阶段的概（预）算进行认真分析比较，编出项目的《建造成本概（预）算》，确定各成本单项的控制目标，以此控制下一阶段的设计。

第十条 施工图设计合同应具备有关钢筋、混凝土等建材用量的要求，并写明由设计单位出《设计概算》。

第十一条 设计单位在设计时，若无特殊技术，不得指定施工或材料供应单位。

第十二条 每个项目要成立设计、工程、项目经理部、成本合约部共同组成的造价联合小组，对施工图的技术性、安全性、周密性、经济性（包括建成后的物业管理成本）等进行会审，提出明确的书面审查意见，并督促设计单位进行修正，避免或减少由于设计不合理甚至失误所造成的投资损失。

4. 施工招标环节的成本控制

第十三条 施工单位的选择参照《对外业务分包管理制度》和《招投标管理制度》。

（1）施工单位招标时，同等条件下，应尽量选择企业类别或工程类别高而收费较低的单位。

（2）零星工程应当在两个以上的施工单位中，综合考察其技术力量、报价等，进行择优选择。

（3）垄断性的工程项目（如水、电、气等）应尽力进行公关协调，最大程度降低造价。

第十四条 出包工程应严禁擅自转包。

5. 施工过程的成本控制

第十五条 现场签证

（1）现场签证要反复对照合同及有关文件规定慎重处理。

（2）现场签证必须列清事由、工程实物量及其价值量，并由项目执行经理和预算人员以及现场监理人员共同签名。项目经理必须对工程量、单价、用工量负责把关。

（3）现场签证按《工程签证管理制度》执行。签证内容、原因、工程量必须清楚明了，涂改后的签证及复印件不得作为结算依据。项目部指定人员监管变更洽商的收集留存，并于每月及时报给成本合约部及成本管理中心，成本合约部建立变更洽商台账一览表，以保证资料的完整齐全

（4）凡实行造价大包干的工程项目，取费系数中已计取预算包干费或不可预见费的工程项目，在施工过程中不得办理任何签证。

（5）需要变更设计的，应填写《设计变更审批表》并编制预算，经设计、监理和甲方有关负责人批准后，方可办理，办理过程中必须对照有关施工或售楼合同，明确经济责任，杜绝盲目签证。

第十六条 工程质量与监理

（1）项目监理通过招标方式择优选择具有合法资格与有效资质等级的监理单位。监理单位应与所监理工程的施工单位和供应商无利益关系。

（2）工程项目管理人员应要求监理单位密切配合，严格把关。一旦发现质量事故，

必须组织有关部门详细调查、分析事故原因，提交《事故情况报告》及防止再发生事故的措施，明确事故责任并督促责任单位，按照公司认可的书面处理方案予以落实。事故报告与处理方案应一并存档备案。

（3）应特别重视隐蔽工程的监理和验收。隐蔽工程的验收，必须由工程项目管理人员联合施工单位、质检部门共同参加并办理书面手续。凡未经验收的隐蔽工程，施工单位不得进入下道工序施工。隐蔽工程验收记录按顺序进行整理，存入工程技术档案。

第十七条　工程进度款

（1）原则上不向施工单位支付备料款。确需支付者，应不超过工程造价的15%，并在工程进度款支付到工程造价50%时开始抵扣预付备料款。

（2）工程进度款的拨付应当按下列程序办理

1）施工单位按月报送《施工进度计划》和《工程进度完成月报表》。

2）项目部、工程部会同监理人员，对照施工合同及进度计划，审核工程进度内容和完工部位（主体结构及隐蔽工程部分须提供照片）、工程质量证明等资料。

3）成本合约部对上报的工程进度款中的已完工程量和造价进行审核，通过后交成本管理中心复核。

4）按公司有关资金支出审批制度的规定程序，予以付款并登记台账。

（三）工程进度款支付达到工程造价的80%时，原则上应停止付款，预留至少15%的工程尾款和5%的保修款（具体比例参照合同约定），以便掌握最终结算主动权。

6.工程材料及设备管理

第十八条　开工前，项目经理部应及时列出所需材料及设备清单，一般按照下列原则决定甲供、甲定乙供和乙供，并在工程施工承包合同中加以明确。

（1）甲方能找到一级建材市场的、有特殊质量要求和价格浮动范围较大的材料和设备，应实行甲供或甲定乙供，其余材料和设备实行乙供。

（2）实行甲供或甲定乙供的材料和设备应尽量不支付采购保管费。

第十九条　应按工程实际进度合理安排采购数量和具体进货时间，防止积压或出现窝工现象。

第二十条　甲供材料、设备的采购必须进行广泛询价，货比三家，也可在主要设备和大宗建材采购上采用招标的方式。在质量、价格、供货时间均能满足要求的前提下，应比照下列条件择优确定供货单位。

（1）能够实行赊销或定金较低的供货商。

（2）愿意以房屋抵材料款，且接受正常楼价的供货商。

（3）能够到现场安装，接受验收合格后再付款的供货商。

（4）售后服务和信誉良好的供货商。

第二十一条　项目经理部对到货的甲供材料和设备的数量、质量及规格，要当场检查验收并出具检验报告，办理验收手续，妥善保管。对不符合要求的，应及时退货并通知财务管理部拒绝付款。

　　第二十二条　《采购合同》中必须载明：因供货商供货不及时或质量、数量等问题对工程进度、工程质量产生影响和损失的，供货商必须承担索赔责任。

　　第二十三条　由材料设备部负责建立健全材料的询价、定价、签约、进货和验收保管相分离的内部牵制制度，保证材料采购过程的公正、公开。

　　第二十四条　对于乙供材料和设备，我方必须按认定的质量及选型，在预算人员控制的价格上限范围内抽取样板，进行封样，并尽量采取我方限价的措施（参照《乙供材料设备限价管理制度》）。同时在设备和材料进场时应要求出具检验合格证。

　　第二十五条　甲供材料、设备的结算必须凭供货合同、供货厂家或商检部门的检验合格证、我方的验收检验证明、结算清单，经财务管理中心审核无误后，方能办理结算。

　　7. 竣工交付环节的成本控制

　　第二十六条　单项工程和项目竣工应经过自检、复查、验收三个环节才能移交。

　　第二十七条　项目经理部、设计管理部、工程管理部、成本合约部、物业必须参加工程结构验收、装修验收及总体验收等，《移交证明书》应由施工单位、监理单位和物业公司同时签署。

　　第二十八条　凡有影响使用功能，安全上不合格的结构、安装、装饰部位和设备、设施，均应限期整改直到复验合格。因施工单位原因延误工程移交，给我方造成经济损失的，要按合同条款追究其责任。

　　第二十九条　工程移交后，应按施工合同有关条款和物业管理规定及时与施工单位签订《保修协议书》，以明确施工单位的保修范围、保修责任（包括验收后出现的质量问题的保修责任约定）及处罚措施等。

　　第三十条　采取一次性扣留保修金、自行保修的，应对保修事项及其费用有充分的预计，留足保修费用。

　　8. 工程结算管理

　　第三十一条　工程结算要以甲方掌握的设计变更和现场签证为准，对于施工单位提供的设计变更和现场签证，在复核无误的基础上也可作为参考。

　　第三十二条　成本合约部应详细核对工程量，审定价格、取费标准，计算工程总造价，做到资料完整、有根有据、数据准确。

　　第三十三条　成本合约部编制的《预、结算书》，应当有各工程量的计算过程及详细的编制说明，扣清甲供材料款项等。

　　第三十四条　成本合约部应对主体工程成本进行跟踪分析管理，进行"三算"对比，找出工程成本超、降的因素，并提出改进措施和意见。

　　第三十五条　成本管理中心负责审核成本合约部的预结算书，编报预结算汇总表。在成本管理中心提供的结算资料的基础上，财务管理中心应当结合预付备料款、代垫款项费用等债权、债务，对照合同审核并决算。

第三十六条　在项目开发经营计划的基础上，应注意加快项目开发节奏，尽可能缩短项目开发经营周期，减少期间费用。应保证向客户承诺的交工日期，以避免赶工成本和延期赔偿；应尽最大努力加快销售，减少现房积压时间，降低利息费用等成本。

第三十七条　项目成本控制贯穿于工程项目的全过程，要逐项循序地进行落实，责任到人，按照制度和有关章程办理，努力抓出实效。

二、成本预测与成本控制实施

（一）详细预测法

1. 概念

详细预测方法，通常是对施工项目计划工期内影响其成本变化的各个因素进行分析，比最近期已完工施工项目或将完工施工项目的成本（单位面积成本或单位体积成本），预测这些因素对工程成本中有关项目（成本项目）的影响程度。然后用比重法进行计算，预测出工程的单位成本或总成本。

这种方法，首先要计算最近期已完的或将近完工的类似施工项目（以下称为参照工程）的成本，包括备成本项目的数额；第二步要分析影响成本的因素，并分析预测备因素对成本有关项目的影响程度；第三步再按比重法计算，预测出目前施工项目（以下称为对象工程）的成本。

2. 预测影响工程成本的因素

在工程施工过程中，影响工程成本的主要因素可以概括为以下几方面：.

（1）材料消耗定额增加或降低，这里材料包括燃料、动力等．由于采用新材料或材料代用，引起材料消耗的降低或者采用新工艺、新技术或新设备，降低了必要的工艺性损耗，以及对象工程与类似工程材料级别不同时，消耗定额和单价之差引起的综合影响等。

（2）物价上涨或下降，工程成本的变化最重要的一个影响因素是因为物价的变化。有些工程成本超支的主要原因就是由于物价大幅度上涨，实行固定总价合同的工程往往会因此而亏本。

（3）劳动力工资的增长。劳动力工资（包括奖金、附加工资等）的增长不可避免地使得工程成本增加（包括由于工期紧，而增加的加班工资）。

（4）劳动生产率的变化，工人素质的增强或者是采用新的工艺，提高了劳动生产率，节省了施工总工时数，从而降低了人工费用；另一方面，可能由于工程所在地地理和气候环境的影响，或施工班组工人素质与类似工程相比较低，使劳动生产率下降，从而增加了施工总工时数和人工费用。

因此，在确定影响成本因素对成本影响程度之前，首先要分析预测影响该工程的因素是哪一些。

3. 作用

这种方法更快地根据各种因素来估计项目施工成本的情况，编制正确可靠的成本计划。通过成本预测，有利于及时发现问题，找出成本管理中的薄弱环节，采取措施，控制成本。

（二）德尔菲法

1. 概念

德尔菲法是为了克服专家会议法的缺点而产生的一种专家预测方法。在预测过程中，专家彼此互不相识、互不往来，这就克服了在专家会议法中经常发生的专家们不能充分发表意见、权威人物的意见左右其他人的意见等弊病。各位专家能真正充分地发表自己的预测意见。1946 年，兰德公司首次用这种方法用来进行预测，后来该方法被迅速广泛采用。

德尔菲法依据系统的程序，采用匿名发表意见的方式，即专家之间不得互相讨论，不发生横向联系，只能与调查人员发生关系，通过多轮次调查专家对问卷所提问题的看法，经过反复征询、归纳、修改，最后汇总成专家基本一致的看法，作为预测的结果。这种方法具有广泛的代表性，较为可靠。

德尔菲法是预测活动中的一项重要工具，在实际应用中通常可以划分三个类型：经典型德尔菲法（classical）、策略型德尔菲法（policy）和决策型德尔菲法（decision Delph）。

2. 现实意义

德尔菲法作为一种主观、定性的方法，不仅可以用于预测领域，而且可以广泛应用于各种评价指标体系的建立和具体指标的确定过程。

例如，在考虑一项投资项目时，需要对该项目的市场吸引力做出评价。我们可以列出同市场吸引力有关的若干因素，包括整体市场规模、年市场增长率、历史毛利率、竞争强度、对技术要求、对能源的要求、对环境的影响等。市场吸引力的这一综合指标就等于上述因素加权求和。每一个因素在构成市场吸引力时的重要性即权重和该因素的得分，需要由管理人员的主观判断来确定。这时，我们同样可以采用德尔菲法。

3. 用途

德尔菲法主要应用于预测和评价，它既是一种预测方法，又是一种评价方法。不过经典德尔菲法德侧重点是预测，因为在进行相对重要性之类的评估时，往往也是预测性质的评估，即对未来可能事件的估计比较。具体地说，德尔菲法主要有以下五个方面的用途：

（1）对达到某一目标的条件、途径、手段及它们的相对重要程度做出估计；

（2）对未来事件实现的时间进行概率估计；

（3）对某一方案（技术、产品等）在总体方案（技术、产品等）中所占的最佳比重做出概率估计；

（4）对研究对象的动向和在未来某个时间所能达到的状况、性能等做出估计；

（5）对方案、技术、产品等做出评价，或对若干备选方案、技术、产品评价出相对名次，选出最优者。

（三）高低点法

1. 概念

高低点法指在若干连续时期中，选择最高业务量和最低业务量两个时点的成本数据，通过计算总成本中的固定成本、变动成本和变动成本率来预测成本。

2. 原理

利用代数式 $y=a+bx$，选用一定历史资料中的最高业务量与最低业务量的总成本（或总费用）之差 $\triangle y$，与两者业务量之差 $\triangle x$ 进行对比，求出 b，然后再求出 a。

y—— 一定期间某项成本总额

x—— 业务量

a—— 固定成本

b—— 变动成本

3. 计算

$$b= \triangle y / \triangle x,$$

即

单位变动成本＝（最高业务量成本 – 最低业务量成本）/（最高业务量 – 最低业务量）＝高低点成本之差 / 高低点业务量之差

可根据公式 $y=a+bx$ 用最高业务量或最低业务量有关数据代入，求解 a。

a= 最高（低）产量成本 –b× 最高（低）产量

4. 优缺点

高低点法虽然具有运用简便的优点，但它仅以高低两点决定成本性态，因而带有一定的偶然性。所以这种方法通常只适用于各期成本变动趋势较稳定的情况。

（四）趋势预测法

1. 概念

趋势预测法又称趋势分析法。是指自变量为时间，因变量为时间的函数的模式。

趋势预测法的主要优点是考虑时间序列发展趋势，使预测结果能更好地符合实际。根据对准确程度要求不同，可选择一次或二次移动平均值来进行预测。首先是分别移动计算相邻数期的平均值，其次确定变动趋势和趋势平均值，最后以最近期的平均值加趋势平均值与距离预测时间的期数的乘积，即得预测值。

趋势预测法包括以下几种方法。

（1）算术平均法

1）概念

算术平均法是将过去若干个按照发生时间顺序排列起来的同一变量的观测值进行加总，然后，被观测值的个数除，示出观测值的平均数，以这一平均数作为预测未来期间该变量预测值的一种趋势预测方法。

2）原理

假设用下列符号表示各有关的数值：

xI 各观测值，I=1，2，…，n（在成本预测中各观测值即为各期的成本金额）；

n 观测值的个数；

x 平均数（即预测值）。

则算术平均数的计算公式如下：

$$x = \sum xI / n$$

3）适用范围

这种方法虽然比较简单，但是，其所确定出的预测值，可能会出现较大的误差。只有产品的成本比较稳定的情况下，采用此法才比较适宜。

（2）加权算术平均法

1）概念

利用过去若干个按照发生时间顺序排列起来的同一变量的观测值并以时间顺序数为权数，计算出观测值的加权算术平均数，以这一数字作为预测未来期间该变量预测值的一种趋势预测方法。

2）原理

假设用下列符号表示各有关的数值：

xi. 各观测值；

wi. 各观测值的对应权数；

y. 加权算术平均数（即预测值）。

则加权算术平均数的计算公式如下：

$$y = \sum (xi*wi) / \sum wi$$

3）意义

采用这种方法来确定预测值，目的是为了适当扩大近期实际成本量对未来期间成本量预测值的影响作用。

（3）简单移动平均法

1）概念

将过去若干个按照发生时间顺序排列起来的同一变量的观测值中最近几期的数值进行加总，然后，被最近几期观测值的个数除，求出观测值的平均数，以这一平均数作为预测未来期间该变量预测值的一种趋势预测方法。

2）原理

假设用下列符号表示各有关的数值：

t. 期间数；

xi. 第 t 期的观测值；

n. 最近几期观测值的个数；

Mt+1 移动平均数（即预测值）。

则简单移动平均数的计算公式如下：

$$Mt+1 = （xt+xt-1+\cdots+xt-n+1）/n$$

3）意义

这种方法实际上也就是用以往一段时间内的实际成本量的算术平均数，作为下期的成本量预测值。在产品的成本短期内变化不是太大的情况下，采用此法比较适宜。

（4）加权移动平均法

1）概念

这是利用过去若干个按照发生时间顺序排列起来的同一变量的观测值中最近几期的数值并以这一期间的时间顺序数为权数，计算出观测值的加权移动平均数，并以它作为预测未来期间该变量预测值的一种趋势预测方法。

2）原理

假设用下列符号表示各有关的数值：

t. 期间数

xi. 第 t 期的观测值；

n. 最近几期观测值的个数；

wi. 第 t 期观测值的对应权数；

yt+1. 加权移动平均数（即预测值）。

则加权移动平均数的计算公式如下：

$$yt+1=（xtwt+xt-1wt-1+\cdots+xt-n+1wt-n+1）/（wt+wt-1+\cdots+wt-n+1）$$

3）意义

可以适当扩大近期实际成本量对未来期间成本量预测值的影响作用。

2. 主观概率法

（1）概念

主观概率法是市场趋势分析者对市场趋势分析事件发生的概率（即可能性大小）做出主观估计，或者说对事件变化动态的一种心理评价，然后计算它的平均值，以此作为市场趋势分析事件的结论的一种定性市场趋势分析方法。主观概率法一般和其他经验判断法结合运用。

主观概率是指根据市场趋势分析者的主观判断而确定的事件的可能性的大小，反映个人对某件事的信念程度。所以主观概率是对经验结果所做主观判断的度量，即可能性大小的确定，也是个人信念的度量。主观概率也必须符合概率论的基本定理：

①所确定的概率必须大于或等于 0，而小于或等于 1；

②经验判断所需全部事件中各个事件概率之和必须等于 1。

（2）特点

主观概率是一种心理评价，判断中具有明显的主观性。对同一事件，不同人对其发生的概率判断是不同的。主观概率的测定因人而异，受人的心理影响较大，谁的判断更接近实际，主要取决于市场趋势分析者的经验，知识水平和对市场趋势分析对象的把握程度。在实际中，主观概率与客观概率的区别是相对的，因为任何主观概率总带有客观性。市场趋势分析者的经验和其他活信息是市场客观情况的具体反映，因此不能把主观概率看成为纯主观的东西。另一方面，任何客观概率在测定过程中也难免带有主观因素，因为实际工作中所取得的数据资料很难达到（大数）规律的要求。所以，在现实中，既无纯客观概率，又无纯主观概率。

（3）价值

尽管主观概率法是凭主观经验估测的结果，但在市场趋势分析中它仍有一定的实用价值，它为市场趋势分析者提出明确的市场趋势分析目标，提供尽量详细的背景材料，使用简明易懂的概念和方法，以帮助市场趋势分析者判断和表达概率。同时，假定市场趋势分析期内市场供需情况比较正常，营销环境不出现重大变化，长期从事市场营销活动的人员和有关专家的经验和直觉往往还是比较可靠的。这种市场趋势分析方法简便易行，但必须防止任意、轻率地由一两个人拍脑袋估测，要加强严肃性、科学性、提倡集体的思维判断。

（二）成本控制实施

1. 降低造价的原则

（1）保证工程质量，达到顾客满意。

（2）保证施工进度，确保工期目标。

（3）保证安全施工和文明生产的需要。

（4）不使用含有有害物质的材料；不使用不合格的材料。

（5）加强管理节能降耗；加强管理消除浪费。

2. 降低成本的方法

（1）采用新材料、新技术；

（2）优化施工方案；

（3）科学管理、提高工效；

3. 降低成本的目的

（1）提高效益；

（2）回报业主，回报社会；

（3）严格过程控制。

严格执行公司《质量/环境管理体系程序文件》和《质量/环境手册》中有关的过程策划和控制程序。

a. 选择专业性水平高的施工员和施工队伍，严格按过程控制程序施工，消除不合格品，以避免返修、返工而造成的浪费。

b. 加强施工过程中的材料管理，做到运输无遗洒、工完料净、现场清洁；有依据地合理利用下方料。

c. 制定相应的规章制度，加强成品、半成品的保护工作，并应责任落实到人。

（4）劳动力的控制

根据工程情况编制具体的劳动力使用量计划，合理地使用劳动力。根据施工方案，精心组织施工，严格工艺流程，合理安排施工顺序，做到布局合理、重点突出、全面展开、平行作业、交叉施工，各工序应紧密衔接，避免不必要的重复工作和窝工。

（5）能源控制

编制节能降耗的技术措施，合理利用能源，消除浪费。

4. 成本控制因素

工程成本有五大项组成：即人工费、材料费、机械费，其他直接费与管理费用，要想控制成本，使工程成本达到规定的降低率与降低额，必须加强科学管理，提高劳动力率，具体到每一个成本项目，应有不同的措施：

（1）人工费：精减施工管理人员，提高施工人员素质，加强对民工现场管理，合理安排工序格接，做到均衡施工，提高劳动率，杜绝窝工，施工期等现象。

（2）材料费：控制材料成本主要从两个方面考虑：一是价格；二是用量，价格上要货比三家，在保证质量的基础上，尽量使用价廉物美的材料，坚决制止吃回扣买高价；用量上，加强材料的科学管理，严格规范的收、发、存制度，将材料管理落实到责任人，避免责任不到位。

（3）机械使用费：加强学习，提高施工操作人员素质，努力提高机械使用率，降低机械维率。充分发挥自有机械能力，尽量减少使用外租机械化。

（4）其他直接费与管理费用，积极组织施工管理人员学习专业知识，提高施工管理人员素质低管理费用。加强科学管理，减少现场各项杂费。

（5）加强成本核算，设立专项核算员，对人工、材料、机械费用严格控制，提高管理水平。

（6）严把质量关，尽量减少返工造成不必要的浪费。

（7）合理安排工期，使之连续施工。避免因管理不善造成的误工、停工。

5. 成本控制方法

（1）明确生产成本管理职责，建立健全相关预算、结算、绩效方法和制度，严格执行。

（2）减少固定成本的浪费和支出，扩大固定成本利用率，降低单位产品固定成本支出。

（3）优化生产物流流程，降低库存，减少库存成本支出。

（4）增强供应商和价格管理，减少采购成本支出。

（5）精简机构，提高运行流程收益。

（6）提高生产效率，优化生产工艺，降低单位成本支出。

（7）节能减排，降低能源及环保成本消耗。

6. 企业如何降低成本

（1）靠现代化的管理降低成本

要降低成本，必须抓住管理这个纲。各企业要将实行成本目标管理与经济责任制相结合，强化成本核算，在产、供、销、财务等各个环节都要加强管理，把生产成本中的原材料、辅助材料、燃料、动力、工资、制造费、行政费等项中每一项费用细化到单位产品成本中，使成本核算进车间，进班组，到人头。变成本的静态控制为动态控制，形成全员、全过程、全方位的成本控制格局，使降低成本落实到每个职工的具体行动中。在此基础上，一是要加强供应管理，控制材料成本。企业要制定采购原材料控制价格目录，实行比价采购的办法，实行货比三家、择优选购，做到同质的买低价，同价的就近买，同质同价，能用国产不用进口，以达到降低成本的目的；二是要加强物资管理，降低物化劳动消耗。物资储量和消耗量的高低，直接影响着产品成本的升降。因此，各企业要从物资消耗定额的制定到物资的发放都要实行严格的控制，对原材料等各种物资的消耗用品，要实行定额分类管理，在订货批量和库存储备等方面实行重点控制，要按照适用、及时、齐备、经济的原则下达使用计划，并与财务收支计划、订货合同相结合，纳入经济责任制考核，对影响成本的各种消耗进行系统控制和目标管理，防止各种不必要的浪费，从而达到合理储存、使用物资，降低成本，提高效益，使之既保证生产的合理需要，又减少资金占用；三是强化营销管理，降低销售成本。要把增强销售人员的法律意识与加强销售管理相结合，在每一笔销售业务发生以前，要对客户的营运状况和承付能力认真调查核准，不能贸然发货，更不能搞"感情交易""君子协议"，避免不必要的经济损失。对业务人员的工资、奖金、差旅费、补助、业务费及装卸费、短途运输费、中转环节等费用本着既要节约，又要调动积极性的原则制定相应的管理办法，并严格考核与奖惩，对拖欠的货款，要采取经济、法律、行政的手段予以积极清收；四是要加强资金管理，控制支出节约费用。企业要建立健全财务监督体系，建立厂内银行，通过推行模拟市场核算来降低成本，控制费用来提高经济效益，避免用钱无计划、开支无标准，多头批条和资金跑冒滴漏现象严重从而造成在资金使用上不计成本的做法，严格加强对资金的控制，使全体职工感受到市场竞争的压力，变由几个算账为人人当家理财，特别要加强行政费用及一些事业性费用的核算，包括管理部门的行政、差旅费、办公费等的开支。在这方面要根据承担的工作性质不同，核算每个人头的费用基数进行控制考核，每只铅笔、每张稿纸都必须从承包额中列支。

（2）靠技术改造降低成本

近年来，原材料价格上升、能源提价对成本的上升影响很大。如何在这些不利因素存在的情况下降低成本、提高效益。企业必须树立技术改造是降低成本重要途径的观念，通过技术改造，采用新技术、新工艺、新材料，提高产品技术含量，开辟降低生产成本的途径。一是要特别注重工艺技术改革，积极采取新技术、新工艺节能降耗，从根本上减少原材料的消耗，在达到产品质量目标的同时，保证成本控制目标的实现；二是在实施技改项目建设中应注意降低项目建设成本，注重以较少的投入求得较多的回报。一方面要采取短、平、快的技改方式；另一方面要采取超常规的基建和技改管理，上项目时机要选准，立项要准确，实施要快速，在保证质量的前提下，千方百计加快技改工程进度，降低项目建设成本，争取早日投资回报。

（3）靠深化改革降低成本

深化企业改革，不断激发职工的劳动热情，提高职工素质，建立适应市场经济的精干高效的运行机制，也是降低成本的重要一环。各企业要把深化改革作为降本增效的重要工作。首先，要改革人事制度，打破干部和工人的界限，体现"肯干、能干、干好"的用人原则，实行招聘与聘任制相结合的人事制度，优化劳动组合，竞争上岗，优胜劣汰，做到"能者上、庸者让、差者下"，从而调动干部职工的积极性，提高劳动生产率，增强企业干部职工的工作责任感和危机感，发动全体干部职工投入到降本增效的工作中去。其次，在科学测定确保最佳成本目标所必需的劳动量的基础上，相应改善劳动组织，核定劳动定员，改革内部分配制度，减少因非生产性人员过多和窝工、怠工、劳动量不足造成的消耗。各企业内部可根据各科室、车间的工作性质、工艺复杂状况、劳动强度、工作环境等因素，分别采取相应的分配形式，做到向苦、脏、累、险和高技能岗位倾斜，进而激发职工的劳动热情，增加有效劳动时间，降低单位产品的劳动消耗量和工资成本，按生产经营实体需要，对职能科室进行精简合并，本着精干、高效的原则配备管理人员，改变人浮于事的局面，达到降本增效的目的。

（4）靠过硬的质量降低成本

产品的质量与产品成本之间有着极为密切的关系。在竞争异常激烈的情况下，谁的产品质量高，谁就有竞争力，产品就有市场，就不会占用过多的资金；产品质量高，不出或少出次品，可以直接降低生产成本；产品质量高，就可以按优质优价原则，以较高价格出售，相对降低成本在销售收入中的比重；产品质量高，可以赢得更多的用户，直接增加销售量，降低销售成本；产品质量高，实际上也就节约了能源、原材料；产品质量高，就可以节省劳动力与管理费用，这样无疑会降低成本。因此，企业要十分注重提高产品质量，千方百计严把产品质量关。

一是要强化对质量管理的领导，企业厂长（经理）要亲自抓质量，形成质量管理网络，每天反馈质量信息，进行质量分析、控制质量成本；二是要有严格的工艺技术标准，对影响产品质量的供、产、销等各个环节实行系统的质量管理，做到不符合质量要求的原材料不采购进厂，不符合质量要求的半成品不流入下道工序，不合格的产品不出厂；三是要充实质量管理力量，完善质量管理制度，建立专职检测队伍，制订自检、互检和专检相结合的质量检测制度和标准，严把产品质量关，同时将质量管理纳入经济责任制考核，推行优质优价优工资、劣质废品惩工资的分配原则，对因各种原因影响产品质量的人或事要给予严肃惩处，以此增强企业上下的质量意识、提高产品质量；四是开展群众性的质量管理小组活动，有计划有组织地进行质量攻关。对影响产品质量，一时又难以搞清的质量问题，作为 QC 小组的攻关课题落实到车间、班组，开展群众性的 QC 小组攻关活动，使群众性的 QC 小组活动在有组织领导、有活动课题、有计划安排、有检查落实的受控状态下进行，从而提高产品质量。

（5）靠优化结构降低成本

一是优化产品结构。一个企业的产品是否受市场欢迎，能否在市场中占有一定的份额，是降低成本的基础前提。如果一个企业的产品销售不出去，造成积压，根本谈不上降低成本。只有产品品种多，产品结构合理，才能满足不同层次消费者的需要，才有稳定的市场，才可以减少库存和产品资金占用，加快资金周转，只有产品结构合理，才能加速产品扩散，实行多角化经营，加快市场渗透，提高市场的相对占有率，从而达到降低成本的目的。所以各企业在生产经营中必须认识到自己的不足，认真分析、审时度势，及时改变生产经营战略，对市场形势不好，积压占用成品资金多的产品进行限产和转产，对选择的主导产品要通过采用先进技术，提高生产的机械化、自动化水平，强化生产指挥调度等一系列措施提高产量，以降低产品成本中所含的折旧、利息等固定费用。同时还必须不断创新、优化产品结构，采取"你无我有、你有我多、你多我精、你精我转"的策略，增加花色品种，开发新产品，追踪世界发展潮流，结合不同地区、不同层次消费者的需要，形成不同的产品结构，使产品市场逐步扩大。

二是优化资本结构。在激烈竞争的市场形势下，企业要不断发展，以此来增强参与市场竞争，抗衡市场风险的能力，但是要发展就要靠大的投入，而且在目前整个市场低迷的情况下，大的投入必然给企业背上沉重的包袱。为此，各企业要通过兼并、租赁等多种形式，加大资产的流动和重组，优化资本结构，实现资本的扩张，以此来扩大生产规模、降低成本，提高市场占有率和竞争力，达到降本增产，增销增利的良好效果。就要靠大的投人，而且在目前整个市场低迷的情况下，大的投入必然给企业背上沉重的包袱。为此，各企业要通过兼并、租赁等多种形式，加大资产的流动和重组，优化资本结构，实现资本的扩张，以此来扩大生产规模、降低成本，提高市场占有率和竞争力，达到降本增产，增销增利的良好效果。

（三）成本控制实施细则

1. 一般规定

第一条 为了加强成本管理，降低消耗，增加企业经济效益，提升市场竞争力，特制定本细则。

第二条 项目成本控制包括成本预测、计划、实施、核算、分析、监督、考核、整理成本资料与编制成本报告。

第三条 项目经理部应对施工过程发生的、在项目经理部管理职责权限内能控制的各种消耗和费用进行成本控制。项目经理部承担的成本责任与风险应在"项目管理目标责任书"中明确。目标成本在"项目管理目标责任书"中处于核心地位，该项指标在项目管理目标责任考核中未能完成的，行使"一票否决"。

第四条 公司应建立和完善项目管理层作为成本控制中心的功能和机制，并为项目成本控制创造优化配置生产要素，实施动态管理的环境和条件。

第五条 项目经理部应建立以项目经理为中心的成本控制体系，按内部各岗位和作业层进行成本目标分解，明确各管理人员和作业层的成本责任、权限及相互关系。项目经理是项目成本控制的第一责任人。

2. 成本计划

第六条 项目经理部应按照实事求是、适当先进、一贯配比原则编制成本计划。

第七条 项目中标后，投标人员应与计划成本分析领导小组、项目管理人员进行相互交底。同时项目管理人员要对标书进行认真评估，掌握本项目整体盈亏情况，确定项目的主要盈利点和亏损点，为项目经理部进行科学安排施组、优化施工工艺、管理创新、有针对性地进行二次经营、资源控制、风险锁定与转移等项工作的开展奠定坚实基础。

第八条 项目经理部在进场前必须认真细致地做好施工调查，对当地劳动力价格、材料价格、设备租赁价格、沿线施工环境、社会施工力量分布等进行详细调查。

第九条 项目经理部在标书分析、施工调查和施工图认真研究的前提下，必须对施工组织进行科学的分析，弄清主次矛盾，找出关键，制定最经济合理的施组方案。这个方案必须合理安排各种资源的投入顺序、数量、比例，进行科学的工程排队，组织平行交叉流水作业，均衡生产，充分提高对时间、空间、各种资源的利用，使其达到保证工程安全质量、加快施工速度、缩短工期取得全面经济效益的企业理想目标。项目部制定的施组方案应形成文字性材料，并报上一级工程专家委员会审核后实施。

第十条　项目经理部管理层应在标书分析、施工调查、实施性施组方案和招标文件中的工程量清单基础上，结合企业的内部定额，确定该项目的目标成本。当项目某些环节或分部分项工程施工条件尚不明确时，可按照本企业类似工程施工经验或招标文件所提供的计量依据计算出目标成本。项目目标成本必须在工程开工前编制完成。

第十一条　项目目标成本编制完成再经上级项目管理部门审核通过后，以此为基础，公司管理层应与项目经理部管理层签订"项目管理目标责任书"，作为对其进行监督、考核的主要依据之一。

第十二条　项目经理部根据确定的目标成本应按工程特点分项分部进行成本分解，为其工程成本核算、监督、考核提供依据；同时还应按成本项目进行分解，确定项目的人工费、材料费、机械台班费、其他直接费和间接费的构成，为施工生产要素的成本核算、监督、考核提供依据。

第十三条　项目经理部应编制"目标成本控制措施表"，并将各分项分部工程成本控制目标、重点和要求及各成本要素的控制目标、重点和要求，落实到成本控制的责任者，并在表中明确对成本控制措施、方法和时间应进行检查，使其根据形势的发展不断修正、完善。

3. 成本控制

第十四条　项目经理部应坚持按照增收节支、全面控制、责权利相结合的原则，用目标管理方法对实际施工成本的发生过程进行有效控制。

第十五条　项目经理部应根据成本控制目标要求，通过生产要素的优化配置、合理使用、动态管理，有效控制实际成本。应加强现场管理，避免因施工计划不周和盲目调度造成窝工损失、机械利用率降低等而使施工成本增加。

第十六条　项目经理部应加强施工定额管理，现场工、料、机消耗及以费率取费的各项费用均不得超出内部定额。

第十七条　项目经理部应加强施工任务单管理，应切实贯彻灵活、机动的人力资源政策，合理用工，控制人工费的消耗。

第十八条　项目经理部应加强材料费用的控制，尤其是钢材、水泥等主材和大堆料的管理与使用，避免浪费、使项目效益大量流失的情况发生。材料采购应严格按计划进行，防止积压，形成毁损；大宗物资应采用招标办法进行采购，过程应公开透明；应健全材料管理制度，加强计量检验和定期盘点工作；应抓好材料修旧利废、节约代用和回收利用工作；材料人员的经济利益应与项目经理部使用物资的质量、单价及管理情况挂钩，条件允许的项目应建立内部索赔制度。

第十九条　项目经理部应加强机械费用的控制。应合理配备主辅施工机械，明确划分使用范围和作业任务，提高其利用率和使用效率；应加强机械设备的维修、保管；应合理确定机械设备的进场和退场时间；要加强机械设备的台班计量管理，要防止超计量的可能，机械费用的支付应与实际完成的工程数量挂钩。

第二十条 项目经理部应对间接费用严格控制。在执行国家及上级部门的财经法规、制度的前提下，对管理层各职能部门实行责任费用考核；对办公费、差旅费、招待费的支付应按公司内部规定严格执行。

第二十一条 项目经理部在成本控制过程当中应当加强项目风险管理。要对各种自然风险、价格风险、技术风险、工期风险、安全风险、质量风险、社会风险、国际风险、内部决策与管理风险等进行预测、辨识、分析、判断、评估，并采取相应对策，如风险回避、控制、分隔、分散、转移、自留及利用等活动，要使项目实际成本始终处于可控范围之内；项目经理部必须建立风险管理制度和方法体系。特别是加强对材料价格、工期、质量的风险控制。

第二十二条 项目经理部必须加强安全控制，必须坚持"安全第一，预防为主"的方针，减少、消除由于安全事故导致项目成本加大情况发生。

第二十三条 项目经理部必须加强质量管理，必须坚持"质量第一，预防为主"的方针和"计划、执行、检查、处理"循环工作方法，不断改进过程控制，严格按施工规范文明施工，提高工程质量一次验收合格率，减少、消除由于工程项目质量达不到设计要求而增加的返工损失。

第二十四条 项目经理部应加强对分包成本的管理。要选用信誉好、实力强、工程质量高的协作队伍；分包合同的签订必须在分包工程开工前完成，各项条款严密，工程细目、单价、数量要量化准确，计量原则与拨款方式要明确；加强分包合同履约的过程控制，动态监控，减少、转移、回避风险；加强对分包方材料发放控制；加强对分包方验工计价管理，当月已完工程符合质量要求的才予计量。

第二十五条 项目经理部应加强施工合同管理和施工索赔管理，正确运用施工合同条件和有关法规，及时进行索赔。

4. 成本核算

第二十六条 项目经理部进行成本核算时应坚持权责发生制、实质重于形式、配比性、重要性、一贯性的原则。

第二十七条 项目经理部应根据财务制度和会计制度的有关规定，在企业职能部门的指导下建立成本核算制，明确项目成本核算的原则、范围、程序、对象、方法、内容、责任及要求，并设置核算台账，记录原始数据。

第二十八条 施工过程中项目成本核算，项目部宜以每月为一核算期，在月末进行；作业层根据分项分部工程特点，尽量缩短核算周期（每日、每循环）。

第二十九条 核算对象应按分项或分部工程划分，并与施工项目管理责任目标成本界定范围相一致。

第三十条 项目成本核算应坚持工程部门工程量统计、验工部门价值量计算与财务部门实际成本归集"三同步"的原则，三部门核算期内应及时沟通交流情况。财务部门应按分项或分部工程设置工程数量、计量价值等管理台账，完善内控制度。

第三十一条　项目经理部应在成本核算的基础上，编制月度项目成本报告。

第三十二条　项目经理与成本核算负责人应对核算信息的真实性负责，对提供虚假信息的将追究其的经济、行政乃至法律责任。

5. 成本分析

第三十三条　项目经理部进行成本分析应坚持客观性、重要性、及时性、相关性、一贯性、明晰性的原则。

第三十四条　项目经理部在成本核算的基础上每核算期内应进行成本分析，并将分析结果形成文件，为成本偏差的纠正与预防、成本控制方法的改进、制定降低成本措施、改进成本控制体系、变更索赔工作的开展、企业以后相似项目的经营投标等提供依据。

第三十五条　项目经理部应在每核算期分项分部成本的累计偏差和相应目标成本余额的基础上，预测分析后期成本的变化趋势和状况；根据偏差原因制定改善成本控制的措施，控制下月施工任务的成本。

第三十六条　项目经理部应将成本核算、分析、预测信息在全体员工中进行沟通，增强全员成本意识，使全体员工明确各自在成本控制过程中的地位和作用，并群策群力寻求改善成本的对策与途径。

第三十七条　项目经理部（指挥部）应将成本分析报告、预测报告随核算报告一同按季度报送公司财会部。

第三十八条　项目经理部进行成本分析可采用下列方法：

（1）按照量价分离的原则，用对比分析影响成本节超的主要因素。包括：实际工程量与预算工程量的对比分析，实际消耗量与计划消耗量的对比分析，实际采用价格与计划价格的对比分析，各种费用实际发生额与计划支出额的对比分析。

（2）在确定施工项目成本各因素对计划成本影响时，可采用连环替代法或差额计算法进行成本分析。

6. 成本监督与考核

第三十九条　项目经理部进行成本监督与考核应坚持奖罚分明、奖惩兑现的原则。

第四十条　项目成本监督、考核应分层进行：公司对项目经理部的成本管理进行监督与考核；项目经理部对项目内部各岗位及作业层成本管理进行监督与考核。

第四十一条　项目成本监督、考核内容应包括：目标成本完成情况监督、考核，成本管理工作业绩监督、考核。

第四十二条　项目成本监督、考核的时间应采取定期与不定期方法相结合。

第四十三条　项目成本监督、考核应按照下列要求进行：

（1）公司对项目经理部进行监督考核时，应以"项目管理目标责任书"确定的责任目标成本为依据。考核主体为公司项目主管部门，相关部门配合。

（2）项目经理部应以控制过程的监督考核为重点，控制过程的考核应与竣工考核相结合。

（3）各级成本监督考核应与进度、质量、安全等指标的完成情况相联系。

（4）项目成本监督考核的结果应形成文件，为奖罚责任人提供依据。

（5）公司、项目经理部根据有关制度、合同规定，对监督考核结果必须奖惩兑现，赏罚分明。

第四十四条 对项目经理部的成本监督应实行预警报告制度，亏损额达核算期内目标5% 及以上的项目，应把原因分析向集团公司工程管理中心报备。

第四十五条 公司对各子分公司项目经理部成本管理的监督检查职责如下：

（1）公司应对各子分公司项目经理部成本管理情况定期不定期的进行监督检查，检查依据为《成本管理实施细则》《资金管理实施细则》等有关规定，每次检查后都应有检查工作底稿，对发现的问题有书面整改建议，事后有督促、有回访、有记录。公司应对各子分公司项目经理部建立健全风险预警机制，当发现重大、异常问题和不良趋势时应及时向该项目部的子分公司主要领导通报，同时向公司报告，并采取相应手段促使该项目部限期改正。

监督检查的主要内容：各子分公司材料采购价格是否合理；分包合同是否及时签订，履行是否严格；分包单价是否合理；验工计价程序是否合规，工程数量是否符合实际情况；资金管理是否严格，有无超拨情况，债权债务是否及时清理，民工工资是否及时发放；间接费用的支付是否合法合规；工程质量、安全是否平稳可靠；施组是否科学、现场管理是否规范；工期能否保证；责任成本管理体系是否建立并有效执行。

（2）公司应对所属子分公司项目部的成本控制承担监管责任，由于公司指挥部监管缺位、监管不力子分公司项目经理部亏损的，公司对指挥部考核时，将视各子、分公司项目部亏损情况，扣减公司指挥部领导班子承包兑现奖，并按一定比例扣减指挥部经费计划。

（3）各子分公司项目经理部每个季度末应将详细的财务决算上报集团公司项目经理部。

三、成本核算管理方法

（一）总则

第一条 为加强成本核算及管理工作，规范成本预算、控制、核算、分析等行为，保证成本准确核算、有效控制，现根据国家有关法律法规、企业内部控制制度要求，结合公司成本管理工作流程，制定本办法。

第二条 本办法所称成本是指可归属于产品成本、劳务成本的直接材料、直接人工和其他直接费用。本办法适用公司下属各车间及部门的成本核算及管理工作。

第三条　成本管理工作为公司生产经营管理的核心，贯穿于生产经营活动全过程。基本任务为：通过预测、计划、控制、核算、分析和考核，反映公司生产经营成果，挖掘产品成本潜力，降低产品成本。

成本管理工作重点：

1. 坚持质量第一，一切降低成本的手段不能以牺牲质量为前提；

2. 加强和完善成本管理的基础统计工作；

3. 确定成本费用的开支范围和标准，合理划分产品成本界限；

4. 对主营产品实施成本预测；

5. 编制合理、可行的成本计划，组织制订降低成本的措施；

6. 分解成本和费用指标，控制生产损耗，落实成本管理责任，实行分级归口管理；

7. 准确、及时核算产品成本，控制和监督成本计划和费用预算执行情况，进行成本和费用分析；

8. 根据成本计划及费用预算执行结果，定期开展成本控制责任考核。

第四条　公司实施全员成本管理。管理目标需逐一分解细化，落实到具体车间、部门及人员。

第五条　成本管理工作贯彻责、权、利三结合原则，公司定期对各级成本管理责任人的成本控制成果组织考核，考核结果将影响人员全年绩效考评。

（二）职责分工

第六条　全员成本管理由总经理牵头，按分工职责建立成本管理责任制，确保办理成本业务的不相容岗位相互分离、制约和监督。同一岗位人员应定期作适当调整和更换，避免同一人员长时间担任同一业务。

第七条　公司领导和职能部门的成本责任制具体分工如下：

1. 总经理

（1）领导、组织、安排、协调公司各部门开展成本管理工作；

（2）对公司成本管理工作取得的整体效果负责；

（3）对公司成本管理决策和实施的结果负责。

2. 生产副总

（1）对生产体系的生产计划和成本考核指针完成及效果负责；

（2）对组织生产体系的成本管理、正确执行成本计划和费用预算负责；

（3）对生产体系成本管理决策和实施结果负责。

3. 质量副总

（1）对产品开发、产品质量、技术改造、工艺革新等所产生的经济效果及法律风险负责；

（2）对降低成本技术组织措施的实施及其经济效益负责。

4. 财务行政副总

（1）领导并组织成本核算管理工作开展，对公司经济效益的真实性、合法性、完整性负责；

（2）遵守财经纪律，对公司执行国家有关财经法律、法规和制度负责。

（3）参与成本管理中如：工资福利等重大决策方案的制订，并对结果承担责任。

5. 生产部

（1）对生产任务的有效完成负责；

（2）对外协外联业务中发生的人工、燃动成本控制负责；

（3）对盲目投产（指未按生产计划生产或接到市场销售发生重大变化的通知但未及时调整生产计划）造成在产品、半成品资金占用超过定额或长期积压负责；

（4）对生产调度不及时，造成停工损失负责；

（5）对在制品、半成品管理不严，致使成本计算不真实负责。

（6）负责本部门成本控制目标的分解

6. 内勤部

（1）对物料领发的准确性和及时性负责；

（2）对物料采购计划的正确制定负责；

（3）对库存物资的有效保养、安全有序负责。

7. 财务部

（1）制订成本管理制度，编制落实成本计划，并监督考核执行情况；

（2）对监督成本费用审批控制过程负责；

（3）制定目标成本，组织成本核算，进行成本预测和分析，提出改进措施和建议。

8. 质量部

（1）对由于执行检验制度不严，造成报废或质量事故负责；

（2）对外购材料、外协件检验不严所造成的损失负责；

（3）对工艺改进造成的质量风险或隐患负责。

（4）负责本部门成本控制目标的分解。

9. 采供部

（1）对材料供应不及时，造成停工待料负责；

（2）对不按计划采购，造成材料超出积压负责；

（3）对不执行比价采购原则，造成材料进价偏高负责。

（4）负责本部门成本控制目标的分解。

10. 工程部

（1）对机器设备增减、报废不及时办理手续，致使设备数额账实不符，折旧提存不实负责；

（2）对机器设备维护保养工作组织不力，造成停工损失、废品损失或维修费用超预算负责。

（3）对由于计量衡器未检修或检定失准造成材料物资短缺损失负责；

（4）对水、电、气消耗无定额，无计量，无记录，或未提出合理分摊标准，致使成本计算不实负责；

（5）由于未及时安装或维修各种能源消耗计量仪表，造成能耗责任不清，成本不实负责。

（6）对全厂各部门能源消耗指标的编制和监控负责。

（7）负责本部门成本控制目标的分解。

11. 行政人事部

（1）对劳动组织、劳动纪律、生产用工等管理不当，影响正常生产负责。

（2）对按国家政策控制工资、奖金及劳动保险费的支出负责。

（3）对办公费用及其他行政事务费用的超支负责。

（三）成本管理基础工作

第八条　根据生产和管理的实际情况，建立、健全各项原始记录。各部门需指定专人负责管理原始记录，统一规定各类原始记录的格式、内容、填写、审核、签署、传递等要求，保证原始记录管理的规范化和标准化。

1. 内勤部负责材料物资方面的原始记录，真实反映材料的收、发、领、退等物流全过程。包括：材料、物资入库单、领料单、退料单、外加工产品材料领料单、外加工产品成品入库单、材料物资盘点表等，并作好材料仓库台账的记账工作。

2. 行政人事部负责劳动工资方面的原始记录，反映职工人数、调动、考勤、工资、工时、停工情况、有关津贴等项记录。

3. 质量部负责工艺改动方面的原始记录，反映产品工艺改动、工时材料定额变动等项的记录。

4. 生产部负责生产方面的原始记录，反映产品从材料领出至验收入库的全部过程，并作好产品投入产出数量管理和工时统计工作。

5. 工程部负责设备使用方面的原始记录，反映设备验收、交付使用、维修、报废的情况，如固定资产验收单、固定资产调拨单、在建工程转固验收单等，并作好固定资产卡片和固定资产台账的登记工作。

6. 工程部负责动力消耗方面的原始记录，反映根据各计量仪表所显示的水、电、气的实际耗用量，并作好能源消耗统计报表。

7.各部门建立本部门使用的各项物资消耗或损耗标准，建立有利于成本控制的各项技术经济指标标准，并做好相应的统计报表。

第九条 建立健全各项资产、物资的计量验收制度，并保持计量工具的准确性，对材料、在产品、半成品、产成品及工器具等的收发和转移，都必须进行计量、点数和质量验收。

1.材料运达仓库后，由仓库管理人员根据入库单（或送货单位送货单）所列的品名、规格和数量，采取点数、过磅等适用的计量方法，准确计算数量，经质量部门检验后，按实际合格数量入库。对于数量和质量不符，以及破损等情况，要查明原因，分清责任，要求有关方面赔偿或扣付货款。

2.对于在产品、半成品在车间与车间之间或车间内部的转移，应根据工艺流程记录的凭证，经质量检验合格后进行点数、交接。在产品报废或短缺，应及时查清数量和原因，填制有关的原始凭证，以保证投入、产出数量记录的准确性和连贯性。

3.对于车间完工的半成品和产成品，应由车间填制入库单，经检验合格签证后，送交仓库点收入库。

（四）成本计划

第十条 为了保证产品目标成本和经营目标的落实，各部门应本着费用最少、效益最大的原则，明确合理期限，充分考虑成本发生的不确定因素，根据自身工作需要编制成本费用计划，制订降低成本的具体措施，组织内部成本管理。编制成本计划应服从公司整体战略目标，结合历史资料和计划期需要，考虑各种成本降低方案，从中选择最优成本方案。

第十一条 公司成本计划编制以年度为一个计划期。

第十二条 成本计划中成本项目的内容、费用的分摊、产品成本的计算，必须和计划期内实际成本核算的方法口径一致，以便检查计划的执行情况。计划期成本项目内容如有变动和上年实际成本不一致时，要调整上年实际成本的成本项目，以统一核算的口径和内容。

第十三条 成本计划和费用预算至少包括但不局限于下列内容：

1.产品销售计划；

2.产品生产计划；

3.产品单位成本计划；

4.动力消耗计划；

5.工资计划；

6.生产费用及期间费用预算。

第十四条 成本计划应结合下列因素进行编制：

1.成本控制目标；

2.计划期内生产、工资、材料供应、工艺技术改进等计划；

3.计划期内原料、辅料、包材、其他材料、动力等现行消耗定额和工时定额；

4.计划期内各部门的费用预算计划；

5.内部计划价格预计；

6.上期成本水平和成本分析资料。

第十五条　成本计划编制步骤：

1.准备工作。包括：收集整理各项基础资料和历史资料，掌握计划期内材料、工时定额、工艺技术改进等方面的变化情况，研究降低成本的具体措施。

2.正式编制计划。编制成本计划在总经理和财务行政副总的统一领导下，由财务部门牵头，组织各有关职能部门和各方面的有关人员共同参加。编制成本计划要以提高经济效益为中心，进行生产、供应、销售、资金、费用等多方面计划的综合平衡。需注意下列各项计划的逻辑关系：

（1）产品生产计划、劳动工时计划与成本之间的关系；

（2）物资供应计划与产品材料成本计划之间的关系；

（3）工资计划与产品工资成本计划之间的关系；

（4）各项费用预算与成本计划之间的关系；

（5）资金计划与成本计划之间的关系；

（6）成本计划与利润计划之间的关系。

3.上报集团审批。根据编制的成本计划确认成本指针，如主要产品单位成本、产值成本率、产值燃动率、产值工资率、产值费用率等，由总经理审批，报集团核准。

第十六条　如集团对成本计划和成本指标进行调整，各部门则按照调整后的指标对成本计划和费用预算进行修订。修订步骤同成本计划编制步骤。

（五）成本控制

第十七条　结合全员成本管理，将成本计划和目标成本的各项指针细化，层层分解，实行成本分级归口管理，并对实际的生产耗费进行严格审核，保证有效地控制经济活动，实现成本控制，完成目标成本和成本计划。

第十八条　实行成本分级归口管理和成本控制

1.材料成本的控制。

（1）采购价格控制。制订价格审批管理条例和奖惩办法；对外购物资和外协加工进行价格监督；搜集市场信息，掌握各种物资及外协加工的最低价格的客户资料；审核各有关部门的物资采购和外协加工价格审批单；监督检查审批后价格执行情况。

（2）材料耗用控制。严格执行限额发料制度和维修用材料的计划发料制度，严格超限额领用和补料的审批制度，严格各项材料收发的手续，严格执行余料退库及假退规定，实施以旧换新、修旧利废、综合利用等节约用料的方法，保证产品用料单耗的降低。

2.设备使用及保养控制。严格执行设备的使用及保养制度，加强机器设备、厂房的合理利用，从数量、时间、能力和综合利用等几方面提高设备利用率。

3. 劳动力耗费控制。控制定编、定员、保持一线生产工人的比例相对稳定，保证提高出勤率、工时利用率和劳动生产率，要控制工资总额的增长幅度低于经济效益的增长幅度。

4. 费用开支控制。实行费用指标限额管理和考核制度，明确各项费用权责归属，严格费用支出审批手续，控制按计划和限额耗费。

5. 生产投入控制，要控制生产量的投入，包括投产周期、投产数量等，保证按计划投产，控制过量生产，确保均衡完成生产计划。

6. 材料外协加工费用控制，要严格执行货比三家，择优定点的原则，加工点及价格的确定，要实行审批制度。

7. 动力消耗控制。所有动力消耗都应实行定额管理和考核。控制动力消耗首先要从线路、管道方面划清耗能责任归属，安装计量仪表，减少跑、冒、滴、漏和大功率负荷空载现象，保证动力单耗的降低。

8. 结合各种耗费指标与费用支出，制订奖惩制度，节约或超支与工资奖金挂钩，以提高全员对成本控制工作的积极性。

（六）成本分析

第十九条 为检查成本计划执行情况，查找影响目标成本升降的因素，从而制定下一步降低成本的措施，应在正确核算成本的基础上，开展成本分析工作。

第二十条 必须建立各级成本分析制度，按月、季、半年、年度定期进行成本分析，对一些影响成本较大或对完成成本计划可能产生重大影响的问题，应及时组织专题分析，查明原因，提出整改措施。半年和年度的成本分析报告，需报送集团财务总监和集团财务部。

第二十一条 成本分析工作，由财务行政副总和生产副总牵头，以财务部为主，组织全厂职能部门和车间共同进行。各车间的成本分析应在其车间主管的主持下，以车间的核算人员为主，会同有关职能人员共同进行。

第二十二条 成本分析应采用本期实际数与计划数对比，与上年同期数对比。各级成本分析都要编制书面报告，配有图表和文字说明。对于成本分析中提出的主要问题，要有整改措施和实施责任人，并列入成本分析会纪要，实行跟踪检查考核。

1. 成本计划完成情况的总体分析，如产值成本率计划完成情况、生产费用计划完成情况，全部产品成本计划的完成情况等。

2. 按成本项目进行分析，材料项目要分析耗用数量和材料价格变动对成本带来的影响情况；工资、动力、费用分析，要结合相应费用总额与生产总量的变动情况分析；对亏损产品和利润下降幅度过大的产品单位成本，要深入查明原因，进行成本责任分析。

3. 费用中等相对重要费用项目，要按二级项目发生额结合归口管理部门责任进行分析，对完成全厂成本指针有较大影响的费用超支项目还必须责成有关部门进行重点分析。

4. 车间成本分析的主要内容，包括生产计划完成情况，材料消耗定额完成情况，费用预算执行情况等。

（七）成本核算原则

第二十三条　在成本核算中应严格执行以下核算原则：

1. 实际成本计价原则。产品成本核算，必须坚持按照实际成本计算的原则。在成本计算过程中，由于核算程序的需要，对材料、能源、劳务、自制半成品和产成品等，按计划成本、计划价格或定额成本进行核算的，最终必须在成本计算期内根据成本耗费的实际资料，调整为实际成本。不得以计划成本、估计成本、定额成本代替实际成本。

2. 合法性原则。计入成本的费用，都必须符合国家法律、法规和制度规定，不符合规定的费用不能计入成本。

3. 一贯性原则。与成本核算有关的会计处理方法，应保持前后期一致，使前后期的核算资料衔接，便于比较。不得通过任意改变会计处理方法调节各期成本和利润。

4. 费用确认配比原则。生产经营所发生的费用可按下列三种方式确认：

（1）按因果关系确认。对于费用的发生与某种收入存在明显因果关系的支出，应在该项收入实现时，确认为生产成本，并与之配比，而在该项收入未实现时，先作为计入存货的成本确认，例如制造产品的材料耗费和人工耗费，应计入产品的制造成本，随着产品的销售转为销售成本，并与相关的销售收入配比。

（2）按受益期分配确认。对于支出的效益涉及若干会计年度的资本性支出，应在与支出效益相关的各受益期，按合理的方式分配确认为费用，分别与各受益期的收入配比，例如固定资产的折旧费用。

（3）按发生的时期立即确认。对于既无明显因果关系，又难以按受益原则进行分配的支出，在发生的当期立即确认，即作为期间费用与发生当期的收入配比。

5. 权责发生制原则。在成本核算时，应遵循权责发生制原则。其基本内容是，凡是应计入本期的收入或支出，不论款项是否收到或付出，都算作本期的收支；凡是不应计入本期的收入或支出，即使款项已经收到或付出，也不能算作本期的收入或支出。在成本核算中运用权责发生制原则，主要是指确认本期费用的问题。即应正确处理待摊费用、递延资产和预提费用等。在成本核算时，对于已经发生的支出，如果其受益期不仅包括本期，而且还包括以后各期，就应按其受益期分摊，不能全部列于本期；对于虽未发出的费用，但却应由本期负担，则应先行预提计入本期费用中，待支出时，就不再列入费用。不得利用待摊费用、递延资产和预提费用人为地调节成本，使成本计算失去真实性。

第二十四条　为了正确核算产品成本和经营成果，应严格划清以下成本费用的界限：

1. 本期成本与下期成本的界限，应按照权责发生制原则，确定成本费用的归属，通过待摊费用和预提费用核算，及采用估价入账、余料退库等办法，划分本期成本与下期成本的界限。

2. 在产品成本和产成品成本的界限，必须加强车间生产的投入产出管理，结合定期盘存，确保期末在产品数量准确，并按规定方法正确计算在产品的约当成本和产成品实际成本，不得任意压低或提高在产品的成本。

3. 各种产品之间成本费用的界限，凡是能够直接计入有关产品的各项直接费用，都要直接计入；凡是与几种产品共同有关的不能直接确认的费用，要根据合理的分配标准，在各种产品之间分配。不得在盈利产品和亏损产品之间互相转移生产费用，以掩盖成本超支或盈利补亏。

4. 产品成本与期间费用的界限，期间费用不计入产品成本而直接计入当期损益。

第二十五条 应选择与产品生产类型相适应的成本核算方法。成本核算方法一经确定，应保持稳定，不得任意变更。

（八）成本费用核算内容和程序

第二十六条 生产经营中发生的所有费用，分为制造成本费用和期间费用，只有制造成本费用计入生产成本，而期间费用在发生的会计期间，直接计入当期损益。

1. 制造成本。是指企业生产经营过程中，实际消耗的直接材料、直接人工、直接动力支出和制造费用的总和。它们可归纳为：

（1）直接费用：是指在生产过程中发生的，能直接计入某种产品或劳务成本的生产费用。包括直接材料费、直接人工费、外协加工费、燃料动力等及其他直接费用。上述费用发生时，直接计入产品制造成本。

（2）间接费用。是指在生产过程中发生的，除直接费用之外的一切费用，包括内部各车间部门为组织和管理生产而发生的共同费用，以及不能直接计入产品成本的各项费用。这些费用发生时，应通过一定标准分配计入产品制造成本。

2. 期间费用。是指行政管理机构组织和管理生产经营活动而发生的费用，这些费用按规定进行汇总，直接计入当期损益。该费用分为管理费用、财务费用、销售费用。

第二十七条 计入产品成本的生产费用按经济用途划分如下项目：

1. 直接材料——指构成产品的原料、辅料、包装物等。

2. 直接工资——直接从事产品生产的工人的工资及附加。

3. 燃料动力费——生产所消耗的水、电、燃气等费用之和，按照一定标准分配计入产品制造成本。

4. 制造费用——指为生产产品和提供劳务而发生的各项间接费用。

第二十八条 期间费用的核算内容：

1. 管理费用—指为组织和管理企业生产经营所发生的各种费用。

2. 财务费用—指为筹集生产经营所需资金等而发生的费用。

3. 销售费用—指销售过程中发生的费用。

第二十九条 生产的一切可供对外销售的产品、厂内自制自用品和劳务加工等，应分别核算成本，不得混淆和遗漏。

第三十条 生产费用和成本核算的程序：

1.根据产品和劳务作业的生产过程特点、生产组织类型以及管理的需要，分别确定成本计算对象，选用适合的成本核算方法。

2.按照费用发生地点和成本计算对象，填制、审核各种会计凭证。有关成本核算的原始凭证和记账凭证，应有经办人员和责任人员签章，做到手续完整，准确及时。

3.设置下列各种成本和费用明细账：

（1）基本生产明细账，按生产地点和成本项目核算基本生产车间发生的生产费用。

（2）自制半成品明细账，由车间和库房按品种建立数量明细账，进行投料、移交、结存等日常数量核算，月末编制汇总表。车间和库房必须认真进行收发、计量、交接，要有合法的原始凭证、健全的台账登记制度和定期盘存制度，保证半成品资料的真实、准确，使产品成本计算建立在可靠的基础上。

（3）制造费用明细账，按车间、部门及二级明细项目分别对制造费用进行归集，月末进行分配核算，月终不保留余额。

（4）根据归集的全部生产费用和成本核算资料，按成本项目计算各种产品的在产品成本、产成品成本和单位成本。

（九）成本费用核算细则

第一节 材料费用核算

第三十一条 材料采购成本包括：

1.购入材料的原价（不含增值税；不包括购入材料包装物或容器的押金）；

2.购入材料的外地运杂费；

3.材料入库前，整理挑选时发生损耗的净损失，及其整理费用；

第三十二条 采用加权平均价格进行材料的日常核算。

第三十三条 核算材料成本，要收集当月采购生产过程中入库、领用、退库的全部材料凭证进行核算。对于材料价款尚未明确却已经办理入库的材料领用，要按暂估成本入账。当月领用的材料应计入当月成本，不准任意提前或延迟实际领用时间。外购材料直接交车间使用时，仍应按照规定的收发程序，办理材料检验和收发手续。

第三十四条 核算材料成本，应与库房发放数核对一致，然后按成本项目进行分配，计入产品成本计算对象或费用项目。

第三十五条 直接用于产品的材料成本，应当直接计入有关的成本计算对象。凡是由几种产品共同负担的材料，可分别按消耗定额比例、耗用重量比例、产品数量比例等方法，在有关的成本计算对象之间进行分配。

第三十六条 车间月末已领用而未使用的产品原材料，必须办理实物退料或"假退料"手续。生产计划执行完毕或中途停止执行时，所有已领未用的原材料应全部退库，不得移作他用。

第三十七条 生产过程中的废料和回收的包装物，应按月回收交库房统一处理变卖。变卖所得的款项应及时上缴财务部。任何个人和部门不得隐瞒和擅自挪用。

第三十八条 车间设有二级材料储备仓库的，必须严格按仓库管理程序，专库保管，专设账册凭证，专人收发保管。二级材料储备仓库的期末结存，应办理库存材料的移库核算手续，不得计入生产成本。

第三十九条 由于生产需要，对库存材料进行的各种加工，包括外部加工和自制，加工后虽然改变了原有材料的形状或规格，但仍具有通用材料性质，并入库待领的，作为自制材料处理。自制材料实际成本，应包括：领用材料和加工费用，扣除退库的余料价值。

第四十条 车间领用各种材料，必须按照实际领用数量填写领料单，不得把由于仓库保管责任所造成的材料溢缺、损坏等经济责任，自行修正领用数量，转嫁给领用部门承担。

第四十一条 库房保管材料盈亏、毁损的核算规定如下：

1.由于物资自然损耗，经生产副总和财务行政副总批准后，计入管理费用。

2.由于采购和保管责任而造成盈亏、毁损的，要由责任部门和人员提出书面说明和改进措施，追究相关责任。报生产副总和财务行政副总审查后，根据盘亏和毁损物资按实际成本，扣除责任人赔偿，通过规定的核销程序计入管理费用。

3.由于自然灾害和各种意外造成的损失，应查清原因，扣除保险公司和有关责任人的赔偿，减去残余价值，经总经理和财务行政副总批准后（金额巨大的，需报经集团领导审批），将净损失列入营业外支出。

第四十二条 库房物资应定期盘点，核实库存数。如有盘亏或毁损，应按上述规定处理，任何部门和个人不得隐瞒或擅自采取各种途径予以处理。

第二节　工资及福利费核算

第四十三条 全厂在册员工（含临时工和试用工）的各项工资，包括：基本工资、效益工资、计件工资、以及属于税法规定工资总额范围内的津贴、补贴、奖金等，都应当根据国家法律法规和集团公司要求进行计算、支付、汇总、分配。

第四十四条 实行计件工资制的车间，计件生产工人的工资，应根据上月实际完成合格品的实数量，或按实物量折算的劳动量，乘以计件单价计算。

第四十五条 严格按照国家的规定计提职工福利费、教育经费和工会经费。其提取基数，应为药厂每月实际发放工资数。

第四十六条 直接从事产品生产的生产工人工资及附加，凡是能直接划分产品成本归属的，应直接计入该产品成本。计件工资一般应直接计入有关的成本核算对象。

第四十七条　在归集和分配工资费用时，应当严格区分工资费用的用途，不能将应由其他项目负担的工资费用和应列入产品成本费用中的工资费用混淆。

第三节　动力费用核算

第四十八条　动力费用，指外购的水、电、天然气费用。月终结算时，应按照扣除增值税后金额分配核算动力费用。食堂、公寓楼等生活福利部门和在建工程耗用的外购动力，要按含税实际成本核算。

第四十九条　动力费用应当根据各车间的实际耗用量分摊计算。能直接划分产品动力消耗的，应按产品实际耗用量直接计算动力成本。无法划分产品的动力费用，根据一定比例在全部产品中进行摊销。当外购动力费用的实际支出，与内部统计数之间出现差额时，可按实际支付金额和厂内实际耗用总量重新计算单价，据以分配各受益单位的动力费用。

第四节　制造费用核算

第五十条　计提折旧的范围和方法，严格按照制订的《固定资产管理办法》中相关规定执行。

第五十一条　应按使用车间和部门，分别核算折旧费，一般不直接计入产品成本，而作为间接费用分配核算。生产车间计提的折旧，记入制造费用，管理部门应提的折旧计入管理费用；租出固定资产应提的折旧计入其他业务支出。

第五十二条　固定资产的修理费，按实际发生额一次或分次计入生产成本或期间费用。

第五十三条　修理费用的内容一般包括：房屋、建筑物及设备的修理、维护及保养费用。外包的修理费，按实付金额计算（不包括工程部人员为车间进行的日常维修而领用的材料费）。

第五十四条　制造费用的归集，设置制造费用明细账，按车间、部门分别设置账户，采用多栏式账页，按明细项目归集费用发生额，月末汇总结转生产成本账。制造费用明细账期末应无余额。

第五十五　制造费用应分成直接费用和间接费用再进行分配。直接费用直接进入相关产品成本，如无形资产摊销费用。间接费用根据一定比例在全部产品中进行摊销。

第五节　在产品、自制半成品、产成品成本核算

第五十六条　各生产车间必须加强在产品的管理和核算，设置在产品数量台账，记录车间在产品投入、转移、交库等数量变动及生产进度。车间内部如设有中间库的，应当设置实物收发保管数量卡片，根据车间内部收发凭证进行登记。为了保证在产品数量的准确性，车间主管人员要对在产品数量台账和中间库的数量卡片进行定期稽核，做到卡物相符。

第五十七条　在产品、半成品应当定期组织盘点，防止成本虚增、虚减。要在全厂建立产品的盘存制度，由生产部和财务部共同组织盘存。盘存工作一般可按下列办法进行：

1. 单件小批生产和轮番投产的生产类型，当产品完工下场时，应及时组织静态盘点。

2. 成批大量生产的生产类型，应定期组织盘点。一般每季度盘点一次。

3. 在年度终了前，要组织在产品、半成品的全面盘存，发生盈亏应查明原因，按照规定的审批权限，经批准后，扣除责任人赔偿，计入管理费用。如果没有在产品实物数量记录的，必须按月组织盘点。

4. 财务部应当根据在产品的数量记录、盘存记录，正确计算月末产品成本，不得任意估计。

第五十八条　在产品成本按直接材料费用计算，暨在产品成本只计算直接材料成本，其他费用全部由当期完工产品负担。计算公式如下：

$$月末在产品成本 = 月末在产品数量 × 单位产品材料单价$$

$$本月完工产品成本 = 月初在产品成本 + 本月发生的费用 - 月末在产品成本$$

第五十九条　已经完工的产成品，应在检查合格后填制产成品入库单，办理入库手续。财务部应当根据本月完工产成品的交库凭证或统计资料，正确计算产成品实际成本，按月编制分产品的完工产品成本汇总表，并据以结转产成品成本。

第六十条　应当加强产成品仓库的收发管理，要根据检验合格的成品交库单和手续齐全的发货凭证，记录成品卡片或成品台账。财务部应设置的产成品明细分类账，按月与产成品库核对一致。产成品结转销售的明细分类核算，一般应按加权平均计算的实际成本进行。产成品仓库发生盈亏毁损，应当及时查明原因和责任。按照规定的核销程序，在扣除过失人赔偿后，计入管理费用。

（十）成本考核

第六十一条　每个年度完毕，公司经营班子组成成本考核小组，对成本管理责任部门或人员进行考核。

第六十二条　考核指标以年初获得核准的成本计划或费用预算为基础，结合各部门或

责任岗位工作重点及控制目标进行制定。考核指标需具有可量化、可客观判断等特点。

第六十三条　成本考核小组通过目标成本节约额、目标成本节约率等指标和方法，根据成本计划和费用预算执行情况、考核指标完成情况以及工作管理工作具体开展情况，对部门或人员进行综合考评。

第六十四条　成本考核结果将与奖惩密切结合起来，并作为部门或个人年度工作完成的重要组成，纳入年度绩效考核结果。

（十一）其他

第六十五条　各车间部门根据责任工作分工建立成本内部报告制度，实时监督成本费用的支出情况，发现问题应及时上报上级领导及相关部门。

（十二）附则

第六十六条　本办法由财务部负责解释。未尽事宜，由财务部负责组织修订。
第六十七条　制度报集团财务部审批同意后予以实施。

第四节　施工项目的其他管理内容

一、生产要素管理

（一）定义

生产要素：生产力作用于施工项目的有关要素，也可以说是投入施工项目的劳动力、材料、机械设备、技术和资金等要素。

（二）管理目的

通过生产要素管理，实现生产要素的优化配置，做到动态管理，降低工程成本，提高经济效益，从而达到节约劳动和物化劳动。

（三）内容

1. 劳动力的管理

劳动力的管理，关键在于使用，如何提高效率，就和职工劳动的积极性密切相关，只有加强思想政治工作和利用行为科学，从劳动力个人的需要和行为关系出发，进行恰当的激励机制，才能达到管理的效果。

（1）项目经理部应根据施工进度计划和作业特点优化配置人力资源，制定劳动力需求计划，特殊作业人员数量、普工数量、技能等级、身体状况，报工程管理部批准，并筛选合格施工队与之签订劳务合同。

（2）劳务分包合同的内容包括：作业任务、应提供的劳动力人数；进度要求及进场、退场时间；双方的管理责任；劳务费计取及结算方式；奖励与处罚条款。

（3）工程开工前一周，施工队应根据劳动力需求计划调配作业人员，经项目经理审核符合标准后，方可进入工地施工。

（4）项目经理部应对劳动力进行动态管理。劳动力动态管理应包括下列内容：

1）对施工现场的劳动力进行跟踪平衡，及时要求施工队进行劳动力补充或减员，必要时向工程部提出申请计划。

2）向进入施工现场的作业班组下达施工任务书，进行考核并兑现费用的支付和奖惩。

（5）项目经理部应加强对人力资源的教育培训和思想管理；加强对劳务人员作业质量和效率的检查。

（6）项目经理在施工过程中应对人力资源的技能进行培训，对劳动力进行恰当的激励和惩罚，调动其积极性。

（7）项目经理应在工程结束后对施工队进行评价，并注重骨干队员的培养，为公司发展做好人才储备工作。

2.项目材料管理

（1）材料部按材料需要计划保质、保量、及时、供应材料。

（2）材料需求量计划应包括材料需求总计划、月计划、周计划。

（3）材料仓库的选址应有利于材料的进出和存放，符合防火、防盗、防风、防雨、防变质的要求。

（4）进场的材料应进行数量验收和质量认证，做好相应的验收记录和标识。不合格的材料应更换、退货或让步接收（降级使用），严禁使用不合格的材料。

（5）材料的计量设备必须经具有资格的机构定期检验，确保计量所需要的精确度。检验不合格的设备不允许使用。

（6）进入现场的材料应有生产厂家的材质证明（厂名、品种、出厂日期、出厂编号、实验数据）和出厂合格证。要求复验的材料要有取样送检证明报告。新材料未经实验鉴定，不得用于工程中。现场配制的材料应经试配，使用前应经认证。

（7）材料储存应满足下列要求：

1）入库的材料应按型号、品种分区堆放，并分别编号、标识。

2）易燃易爆的材料应专门存放、专人负责保管，并有严格的防火、防爆措施。

3）有防湿、防潮要求的材料，应采取防湿、防潮措施，并做好标识。

4）有保质期的库存材料应定期检查，防止过期，并做好标识。

5）易损坏的材料应保护好外包装，防止损坏。

（8）建立材料使用台账，记录使用和节超状况。

（9）应实施材料使用监督制度。材料管理人员应对材料使用情况进行监督；做到工完、料净、场清；建立监督记录；对存在的问题应及时分析和处理。

（10）班组应办理剩余材料退料手续。设施用料、包装物应回收，并建立回收台账。

（11）制定周转材料保管、使用制度。

3. 项目机械设备管理

程序是：选择——使用——保养——维修——改造——更新

（1）项目所需要的机械设备可从工程部自有机械设备调配，或租赁，或购买，提供给项目经理部使用。远离公司的项目经理部，可有企业法定代表人授权，就地解决机械设备来源。

（2）项目经理部应编制机械设备使用计划报工程部审批。对进场的机械设备必须进行安装验收，并做到资料齐全准确。进入现场的机械设备在使用中应做好维护和管理。（应有技术交验文件）

（3）项目经理部应采取技术、经济、组织、合同措施保证施工机械设备合理使用，提高施工机械设备的使用效率，用养结合，降低项目的机械使用成本。

（4）机械设备操作人员应持证上岗、实行岗位责任制，严格按照操作规范作业，搞好班组核算，加强考核和激励。

（5）项目工程结束后，施工机械应清理维修完好办理退库手续，损坏的照价赔偿。（内部施工方法）

4. 项目资金管理

程序：编制资金计划——投入资金——资金使用——资金核算与分析

（1）工程部应在财务部门设立项目专用帐号进行项目资金的收支预测、统一对外收支与结算。项目经理部负责项目资金的使用管理。（建立台账）

（2）项目经理部应编制资金收支计划，上报财务部门审批后实施。

（3）项目经理部应配合财务部门及时进行资金计收。资金计收应符合下列要求：

1）新开工项目按工程合同收取预付款或开办费（项目周转金定一下）。

2）根据合同编制"工程进度款结算单"，在规定日期内报监理工程师审批、结算。如发包人不能按期支付工程进度款且超过合同支付的最后期限，项目经理部应向发包人出具付款违约通知书，并按银行的同期贷款利率计息。

3）根据工程变更记录和证明发包人违约的材料，及时计算索赔计金额，列入工程进度款结算单。

4）发包人委托代购的工程设备或材料，必须签订代购合同，收取设备预付款或代购款。

5）工程材料价差应按规定计算，发包人应及时确认，并与进度款一起收取。

6）工期奖、质量奖、措施奖、不可预见费及索赔款应根据施工合同规定与工程进度款一起收取。

7）工程尾款应根据发包人认可的工程结算金额及时回收。

5. 工程项目现场管理

（1）现场管理的定义

施工项目现场管理是对施工现场的质量、安全防护、安全用电、机械设备、技术、消防保卫、场容卫生、环保材料等各方面的管理。

（2）现场管理的目的

通过严密的管理组织，严格的要求，标准化的管理，科学的施工方案和职工较高的素质，实现工程项目优质、高效、低耗的目的，使其有良好经济效益和社会效益。有利于培养一支懂科学，善管理、讲文明的施工队伍。

（3）现场管理的一般规定

1）项目经理部应认真做好现场管理，做到文明施工、安全有序、整洁卫生，不扰民、不损害公众利益。

2）现场项目经理部应根据工程的总体规划和部署，搞好承包施工区域的场容文明形象管理。严格执行并纳入总承包人或甲方的现场管理范畴，接受监督、管理与协调。

3）项目经理部应在现场入口处的醒目位置公示以下内容（五牌二图）：

①工程概况牌（工程规模、性质、用途、发包单位、施工单位、设计单位、监理单位、施工开、竣工日期）；

②安全纪律牌；

③防火须知牌；

④安全无重大事故记时牌；

⑤安全生产、文明施工牌；

⑥施工总平面图；

⑦项目经理部组织框架及主要管理人员名单图。

4）项目经理部应把施工现场管理列入经常性的巡视检查内容，与日常管理有机结合。认真听取总包、甲方、监理、邻近单位及社会公众的意见和反映，及时抓好整改。

（4）规范施工现场场容

施工现场场容应规范化、合理化、标准化施工现场布置合理，物料堆放有序，便于施工操作。

1）项目经理部必须结合现场施工条件，按施工方案和进度计划的要求，认真进行施工平面图规划、设计布置、使用和管理。

2）项目经理部应严格按照已审批的施工平面图和相关单位划定的位置进行以下内容的规划布置：

①布置：施工主要机械设备、脚手架、安全网和围挡。

②规划：临路、水、电、暖、线路。

③规划：现场办公、食宿、仓库。

④布置：材料的码放整齐，挂标识牌（产品名称、规格、数量、产地）。

3）按施工平面布置图设置各项临时设施，堆放大宗材料、成品、半成品和机具设备，不得侵占场内道路及安全设施。

4）施工机械应该按照施工平面布置图规定位置和线路设置，不得任意侵占场内道路及安全设施。施工机械进场必须经过安全检查，合格后方可使用，施工机械操作人员必须建立机组责任制，并依据有关规定持证上岗，禁止无证人员操作。

5）严格按要求架设施工现场用电线路，严禁任意拉接电线，用电设施的安装必须符合安装规范和安全操作规程。

6）设置夜间施工照明设施，必须符合施工安全的要求，危险潮湿场所的照明以及手持照明灯具应符合安全的电压。

经常清理建筑垃圾，每周举行依次清扫和整理施工现场活动，以保持场容整洁。把不需要的人、事、物分开。再将不需要的人、事、物加以处理，对施工现场现实摆放和停滞各种物料进行分类，对于不需要的剩料，多余的半成品、料头、片屑、垃圾废品、多余的工具、报废的设备要坚决清理出场。以增大施工操作面积。保证现场整洁，行道通畅提高工作效率，减少磕碰机会保证安全和质量，消除管理上的混放、混料等差错事故，节约资金减少库存。另一方面改变人的拖拉习惯，振奋人的精神，提高工作情绪。

7）确定废品、料头、切头的集散地，并设置标志，做到人人皆知。物料摆放要科学合理，经常使用的应放近一些，偶尔使用的应放远一些。

8）施工现场道路保持畅通，必要时现场应设置畅通的排水沟，不能积水，保持施工道路干燥坚实。

（5）环境保护

1）项目经理部应根据《环保管理系列标准》（GB/T2400-ISO14000），建立相应的管理体系，不断反馈监控信息，采取整改措施。

2）不准在现场熔化沥青和油漆，不得焚烧可产生有毒有害的废弃物。

3）施工垃圾应在指定的地点堆放，每日进行清理。应采取有效措施控制施工过程中的扬尘，飞沫，生活垃圾场和零星建筑垃圾实行袋装化。

4）施工中需要停水、停电、封路而影响环境时，必须经有关单位批准，事先告示。

5）在行人、车辆通行的地方施工，应当设置相应的标志。

6）施工噪音大时，应错开居民或人员休息时间，夜间施工时不得超过规定休息时间。

（6）防火保安

1）单位工程现场（钢结构一家），应设门卫、警卫负责现场保卫工作，要有防盗措施。

2）施工现场管理人员，应当佩戴证明其身份的胸卡，其他施工人员宜有标识。

3）现场建立健全消防、安全制度及措施，配置消防灭火器材，如灭火器、消防桶等。

4）现场严禁吸烟，用火要开动火证并设专人看火，备有水源及灭火器材。

5）电焊作业是应注意电焊火星落如木脚手板缝中或其他易燃品上，应派专人看火。配备消防设施。

（7）卫生防疫及其他事项

1）施工现场不宜设置职工宿舍，需设置的尽量和施工现场分开。

2）根据需要，宿舍应采取防暑降温、防寒保温和消毒防毒措施。

3）项目经理部应进行现场节能管理，有条件应下达节能措施。

4）现场的食堂、厕所应符合卫生要求，食堂工作人员必须有健康证，体检合格方可上岗。炊具应严格消毒，生熟食品应分开。

5）由于工地现场难点是厕所问题，应考虑施工人员人数设置厕所，要求通风良好，封闭严密，定期清除粪便。现场随地大小便问题只有在解决相关设施和方能彻底解决。

6）施工现场食堂严禁出售酒精饮料，现场施工人员在工作期间严禁饮用酒精饮料，现场应设饮水设备，炎热季节应供应清凉饮料。

二、施工现场管理

（一）技术管理基础工作

1. 建立健全施工项目技术管理制度

技术管理制度主要有：技术责任制度、图纸会审制度、施工组织设计管理制度、技术交底制度、材料设备检验制度、工程质量检查验收制度、技术组织措施计划制度、工程施工技术资料管理制度以及工程测量、计量管理办法、环境保护工作办法、工程质量奖罚办法、技术革新和合理化建议管理办法等。

2. 技术责任制度

首先建立以项目技术负责人为首的技术业务统一领导和分级管理的技术管理工作系统，并配备相应的职能人员，然后按技术职责和业务范围建立各级技术人员的责任制。

3. 贯彻技术标准和技术规程

项目经理部在施工过程中，严格贯彻执行国家和上级颁布的技术标准和技术规程及各种建筑材料、半成品、成品的技术标准及相应的检验标准。

4. 建立施工技术日志

施工技术日志是施工中有关技术方面的原始记录。内容有设计变更或施工图修改记录；质量、安全、机械事故的分析和处理记录；紧急情况下采取的措施；有关领导部门对工程所做的技术方面的建议或决定等。

5. 建立工程技术档案

施工项目技术档案是施工活动中积累形成的、具有保存价值并按照一定的立卷归档制度集中保管的技术文件和资料，如图纸、照片、报表、文件等。工程技术档案是工程交工验收的必备技术资料；同时也是评定工程质量、交工后对工程进行维护的技术依据之一；还能在发生工程索赔时提供重要的技术证据资料。

6. 做好技术情报工作

项目经理部在施工中应注意收集、索取技术信息、情报资料，通过学习、交流，采用先进技术、设备，采用新工艺、新材料，不断提高施工技术水平。

7. 做好职工技术教育与培训

通过对职工的技术教育、技术培训，提高职工的技术素质，使职工自觉遵守技术规程，执行技术标准，开展群众性的技术改造、技术革新活动。

（二）施工项目的主要技术管理工作

1. 设计文件的学习和图纸会审

图纸会审是施工单位熟悉、审查设计图纸，了解工程特点、设计意图和关键部位的工程质量要求，帮助设计单位减少差错的重要手段。它是项目组织在学习和审查图纸的基础上，进行质量控制的一种重要而有效的方法，图纸审查的内容包括：

（1）是否是无证设计或越级设计，图纸是否经设计单位正式签署。

（2）地质勘探资料是否齐全。如果没有工程地质资料或无其他地基资料，应与设计单位商讨。

（3）设计图纸与说明是否齐全，有无分期供图的时间表。

（4）设计地震烈度是否符合当地要求。

（5）几个单位共同设计的，相互之间有无矛盾；专业之间平、立、剖面面图之间是否有矛盾；标高是否有遗漏。

（6）总平面与施工图的几何尺寸、平面位置、标高等是否一致。

（7）防火要求是否满足。

（8）建筑结构与各专业图纸是否有差错及矛盾；结构图与建筑图的平面尺寸及标高是否一致；建筑图与结构图的表示方法是否清楚，是否符合制图标准；预埋件是否表示清楚；是否有钢筋明细，如无，则钢筋混凝土中钢筋构造要求在图中是否说明清楚，如钢筋锚固长度与抗震要求是否相符等。

（9）施工图中所列各种标准图册施工单位是否具备，如无，如何取得。

（10）建筑材料来源是否有保证。图中所要求条件，企业的条件和能力是否有保证。

（11）地基处理方法是否合理。建筑与结构构造是否存在不能施工、不便于施工，容易导致质量、安全或经费等方面的问题。

（12）工艺管道、电气线路、运输道路与建筑物之间有无矛盾，管线之间的关系是否合理。

（13）施工安全是否有保证。

（14）图纸是否符合监理规划中提出的设计目标描述。

2. 施工项目技术交底

建立技术交底责任制，并加强施工质量检验、监督和管理，从而提高质量。

（1）技术交底的要求

所有的技术交底资料，都是施工中的技术资料，要列入工程技术档案。技术交底必须以书面形式进行，经过检查与审核，有签发人、审核人、接受人的签字。整个工程施工、各分部分项工程，均须作技术交底。特殊和隐蔽工程，更应认真作技术交底。在交底时应着重强调易发生质量事故与工伤事故工程部位，防止各种事故的发生。

（2）施工项目技术负责人对工长、班组长进行技术交底。

应按工程分部、分项进行交底，内容包括：设计图纸具体要求；施工方案实施的具体技术措施及施工方法；设计要求；规范、规程、工艺标准；施工质量标准及检验方法；隐蔽工程记录、验收时间及标准；成品保护项目、办法与制度；施工安全技术措施。

（3）工长向班组长交底

主要利用下达施工任务书的时候进行分项工程操作交底。

3. 隐蔽工程检查与验收

隐蔽工程是指完工后将被下一道工序所掩盖的工程。隐蔽工程项目在隐蔽前应进行严密检查，做出记录，签署意见，办理验收手续，不得后补。有问题需复验的，须办理复验手续，并由复验人做出结论，填写复验日期。建筑工程隐蔽工程验收项目如下：

（1）地基验槽。包括土质情况、标高、地基处理。

（2）基础、主体结构各部位的钢筋均须办理隐检。内容包括：钢筋的品种、规格、数量、位置锚固或接头位置长度及除锈、代用变更情况，板缝及楼板胡子筋处理情况，保护层情况等。

（3）现场结构焊接。钢筋焊接。钢筋焊接包括焊接型式及焊接种类；焊条、焊剂牌号（型号）；焊口规格；焊缝质量检查等级要求；焊缝不合格率统计、分析及保证质量措施、返修措施、返修复查记录等。

（4）高强螺栓施工检验记录。

（5）屋面、厕浴间防水层下的各层细部做法，地下室施工缝、变形缝、止水带、过墙管做法等，外墙板空腔立缝、平缝、十字缝接头、阳台雨罩接头等。

4. 施工的预检

预检是该工程项目或分项工程在未施工前所进行的预先检查。预检是保证工程质量、防止可能发生差错造成质量事故的重要措施。预检时要做出记录。预检项目如下：

（1）建筑物位置线，现场标准水准点，坐标点（包括标准轴线桩、平面示意图），重点工程应有测量记录。

（2）基槽验线，包括：轴线、放坡边线、断面尺寸、标高（槽底标高、垫层标高）、坡度等。

（3）模板，包括：几何尺寸、轴线、标高、预埋件和预留孔位置、模板牢固性、清扫口留置、施工缝留置、模板清理、脱模剂涂刷、止水要求等。

（4）楼层放线，包括：各层墙柱轴线、边线和皮数杆。

（5）翻样检查，包括几何尺寸、节点做法等。

（6）楼层 50cm 水平线检查。

（7）预制构件吊装，包括：轴线位置、构件型号、构件支点的搭接长度、堵孔、清理、锚固、标高、垂直偏差以及构件裂缝、损伤处理等。

（8）设备基础，包括：位置、标高、几何尺寸、预留孔、预埋件等。

（9）混凝土施工缝留置的方法和位置，接槎的处理（包括接槎处浮动石子清理等）。

（10）各层间地面基层处理，屋面找坡，保温、找平层质量，各阴阳角处理。

5. 技术措施计划的编制

技术措施是为了克服生产中的薄弱环节，挖掘生产潜力，保证完成生产任务，获得良好的经济效果，在提高技术水平方面采取的各种手段或办法。要做好技术措施工作，必须编制、执行技术措施计划。

（1）技术措施计划的主要内容

1）加快施工进度方面的技术措施。

2）保证和提高工程质量的技术措施。

3）节约劳动力、原材料、动力、燃料的措施。

4）推广新技术、新工艺、新结构、新材料的措施。

5）提高机械化水平、改进机械设备的管理以提高完好率和利用率的措施。

6）改进施工工艺和操作技术以提高劳动生产率的措施。

7）保证安全施工的措施。

（2）施工技术措施计划的编制

1）施工技术措施计划应同生产计划一样，按年、季、月分级编制，并以生产计划要求的进度与指标为依据。

2）编制施工技术措施计划应依据施工组织设计和施工方案。

3）编制施工技术措施计划时，应结合施工实际，公司编制年度技术措施纲要；分公司编制年度和季度技术措施计划；项目经理部编制月度技术措施计划。

4）项目经理部编制的技术措施计划是作业性的，因此在编制时既要贯彻上级编制的技术措施计划，又要充分发动施工员、班组长及工人提合理化建议，使计划有群众基础。

5）编制技术措施计划应计算其经济效果。

（3）技术措施计划的贯彻执行

1）在下达施工计划的同时，下达到栋号长、工长及有关班组长。

2）对技术措施计划的执行情况应认真检查，发现问题及时处理，督促执行。如果无法执行，应查明原因，进行分析。

3）每月底施工项目技术负责人应汇总当月的技术措施计划执行情况，填写报表上报、总结、公布成果。

6. 施工组织设计工作

施工组织设计工作是一项重要的技术管理工作，是指导工程从施工准备到施工完成的组织、技术、经济的一个综合性的设计文件，对施工的全过程起指导作用。

（1）编制施工组织设计应遵循的原则：

1）认真贯彻基本建设工作中的各项有关方针、政策，严格执行基本建设程序和施工程序的要求；

2）施工、建设、设计单位及其他各有关单位应密切配合，了解工程建设的性质和目的，明确上级要求，做好调查研究，充分掌握总设计的资料和依据；

3）结合实际情况，统筹规划全局，做好施工部署，分期分批、配套组织施工，缩短工期，为早日发挥投资的经济效益创造条件；

4）在做好技术经济分析和多方案比较的基础上，选择最优施工方案和先进施工机具；

5）积极采用新技术、新工艺，努力提高机械化程度、工厂化生产程度；采用有效办法和措施，节约劳动力，提高劳动生产率；

6）分析生产工艺，合理安排施工项目的顺序；应用网络计划方法，分析主要矛盾；合理调配力量，组织流水施工和立体交叉施工；做好冬、雨季施工安排，力争全年均衡有计划施工；

7）坚持质量第一，重视施工安全，切实拟订保证质量和安全的有效措施；

8）贯彻勤俭节约的原则，因地制宜，就地取材；制订节约能源和材料措施；尽量减少运输量；合理安排人力、物力，搞好综合平衡调度；

9）节约用地，少占农田好地；搞好施工总平面规划和管理，做到文明施工；

10）土建、安装、机械化等各专业施工的总包、分包单位，要互相配合，协调施工顺序，互相创造条件，保证施工顺序进行。

（2）施工组织设计的贯彻执行

施工组织设计是指导施工的设计。其经批准后，在施工现场各项准备工作和施工活动开始前，各级技术负责人要根据施工组织设计的有关规定，向执行工程项目施工的有关施工人员交底，使他们了解其内容和要求及有关事项，交底时应做记录，不能走过场。各级生产和技术领导人是实现和贯彻施工组织设计的组织者，各施工计划、技术物资供应、劳动及加工单位或部门，都应按施工组织设计的有关要求，安排各自的工作。

在施工过程中如果施工条件发生变化、施工方案有重大变更、设计图纸有很大变动等情况，应对施工组织设计及时修改或补充，经原审批单位批准之后，按修改的方案执行。

在执行过程中，应当随时检查，发现问题，及时解决。施工组织设计作一些必要的、局部的调整也是经常可能发生的；但总的原则、方案、工期都不能随意变动；或者编制以后，不去执行，从而造成严重事故者，应当追究执行者的事故责任。

同时，施工组织设计在执行中，要做好执行记录，总结经验，积累资料，以便不断提高施工组织设计的编制水平。

（三）施工质量保证措施

1.制定科学周密的质量计划（或施工组织设计），内容包括：

（1）工程特点及施工条件分析

（2）履行施工承包合同所必须达到的工程质量总目标及其分解目标；

（3）质量管理组织机构人员及资源配置计划；

（4）为确保工程质量所采取的施工技术方案和施工程序；

（5）材料、设备质量管理及控制措施；

（6）工程检测项目计划及方法等。

2.设置质量控制点，凡属关键技术、重要部位、控制难度大、影响大、经验欠缺的施工内容以及新材料、新技术、新工艺、新设备等均可列为质量控制点，实施重点控制。

3.加强对施工生产五大要素的质量控制。

（1）劳动主体——人员素质，即作业者、管理者的素质及其组织效果。

（2）劳动对象——材料、半成品、工程用品、设备等的质量。

（3）劳动方法——采取的施工工艺及技术措施的水平。

（4）劳动手段——工具、模具、施工机械、设备等条件。

（5）施工环境——现场水文、地质、气象等自然环境，通风照明安全等作业环境以及协调配合的管理环境。

4.对施工作业过程的质量进行控制。

（1）过程控制的基本程序

1）进行作业技术交底。

2）检查施工工序、程序的合理性、科学性，防止工序流程错误，导致工序质量失控。

3）检查工序施工条件是否符合施工组织设计的要求。

4）检查工序施工中人员操作程序、操作质量是否符合质量规程要求。

5）检查工序施工中间产品的质量即工序质量、分项工程质量。

6）对工序质量符合要求的中间产品（分项工程）及时进行工序验收或隐蔽工程验收。

7）质量合格的工序经验收后可进入下道工序施工。未经验收合格的工序，不得进入下道工序施工。

（2）施工工序质量控制要求

工序质量是施工质量的基础，工序质量也是施工顺利进行的关键。为达到对工序质量控制的效果，在工序管理方面做到以下几点：

1）贯彻预防为主的基本要求，设置工序质量检查点。对材料质量状况、工具设备状况、施工程序、关键操作、安全条件、新材料新工艺应用、常见质量通病，甚至包括操作者的行为等影响因素列为控制点作为重点检查项目进行预控。

2）落实工序操作质量巡查、抽查及重要部位跟踪检查等方法，及时掌握施工质量总体状况。

3）对工序产品、分项工程的检查应按标准要求进行目测、实测及抽样试验的程序，做好原始记录，经数据分析后，及时做出合格及不合格的判断。

4）对合格工序产品应及时提交监理进行隐蔽工程验收。

5）完善管理过程的各项检查记录，检测资料及验收资料，作为工程质量验收的依据，并为工程质量分析提供可追溯的依据。

（四）安全生产措施

1. 认真进行施工现场危险源的辨识与评价，制定有计划性针对性的控制措施。

2. 编制切实可行的施工安全技术措施计划。其主要内容包括：工程概况、控制目标、控制程序、组织机构、职责权限、规章制度、资源配置、安全措施、检查评价、奖惩制度等。

3. 保证安全技术措施计划的实施。

（1）建立安全生产责任制，保证施工安全技术措施计划的实施。

（2）加强安全教育。

1）广泛开展安全生产宣传教育，使全体员工真正认识到安全生产的重要性和必要性，懂得安全生产和文明施工的科学知识，牢固树立安全第一的思想，自觉遵守各项安全生产法律法规和规章制度。

2）把安全知识、安全技能、设备性能、操作规程、安全法规等作为安全教育的主要内容。

3）对新入场的工人进行"三级"安全教育。

4）电工、电焊工、架子工、机操工、起重工、机械司机等特殊工种工人，除一般教育外，还要经过专业安全技能培训，经考试合格后方可独立操作。

5）采用新技术、新工艺、新设备施工和调换工作岗位时也要进行安全教育，未经安全教育培训的人员不得上岗作业。

（3）认真进行安全技术交底

1）项目经理部实行逐级安全技术交底制度，纵向延伸到班组全体作业人员。

2）技术交底做到具体、明确、针对性强。

3）技术交底的内容应针对分部分项工程施工中给作业人员带来的潜在危害和存在的问题。

4）技术交底应优先采用新的安全技术措施。

5）必须将工程概况、施工方法、施工程序、安全技术措施等向工长、班组长进行详细的交底。

6）定期向由两个以上作业队和多工种进行交叉施工的作业队伍进行书面交底。

7）安全技术交底必须以书面形式并履行签字手续。

（4）积极开展各种安全检查。

1）安全检查的类型分为：日常性检查、专业性检查、季节性检查、节假日前后的检查和不定期检查。

2）安全检查的主要内容为：

查思想；查管理；查隐患；查整改；查事故处理。

安全检查的重点是违章指挥和违章作业。

第五节　公路桥梁建设安全检查要点

一、总体平面布置

1. 项目部平面布置是否合理，符合安全要求。

2. 项目部生产生活房屋、变电所、发电机房、临时油库、仓库是否符合排水、防火、防洪、防爆、防震的要求。

3. 工地上较高的建筑物、临时设施及重要库房，如炸药仓库、油库、发（变）电房、塔架、龙门吊、拌和楼等，是否加设避雷装置。

4. 现场运输道路是否保持畅通，危险地段是否设置护栏和警告标志。

5. 生产生活用水的水质是否符合国家现行标准。

6. 施工现场是否有"五牌一图"。

7. 施工现场内的坑、沟、水塘等边缘是否按规定设置安全护栏及警告标志。

8. 施工现场是否采取有效措施防止大气污染、水污染、噪声污染、施工照明污染及固体废弃物污染。

9. 料堆按名称、品种、规格堆放整齐，易燃易爆物品分类存放

10. 有无安全标语、标牌，是否规范，整齐。

二、施工作业人员安全防护

1. 施工作业人员进入施工现场是否佩戴相应的安全防护用品，进入施工现场佩戴安全帽情况，高处作业人员系安全带及高处作业防护等。

2. 安全防护用品是否符合或达到国家安全防护标准。

3. 预留洞口、孔桩洞口有无防护，临边、洞口防护设施是否符合要求，通道口有无防护棚。

三、现场消防

1. 是否制定消防安全制度、措施。

2. 施工现场是否配备专（兼）职消防人员，负责日常的消防监督检查工作。

3. 用火作业区、材料堆放区、仓库区、生活办公区等区域间防火间距是否满足规范要求。

4. 施工现场内搭建的临时建筑是否符合有关消防安全规定。

5. 项目部及施工现场内重点部位是否配备数量足够的消防器材，有关人员是否会正确使用消防器材。

6. 项目部及施工现场是否设置足够的消防水源。

四、施工临时用电

（一）总体

1. 核查施工临时用电方案和设计，是否经有关部门批准。

2. 有无用电档案盒专人管理，有无电工巡查记录，维修记录内容是否真实。

（二）外电防护

1. 外线布置是否有防护措施。

2. 防护措施是否符合要求，封闭是否严密。

3. 是否有明显警示标志。

4. 在线路下方施工作业或搭设临时设施安全距离是否足够。

（三）接地与接零保护系统

1. 工作接地与重复接地是否符合要求。

2. 是否采用 TN—S 系统。

3. 专用保护零线设置是否符合要求。

4. 保护零线与工作零线有无混接情况。

（四）配电箱开关箱

1. 是否符合"三级配电两级保护"要求。

2. 开关箱（末级）有无漏电保护或保护器失灵。

3. 漏电保护装置参数是否匹配。

4. 漏电保护器安装位置是否得当。

5. 电箱内隔离开关设置是否符合要求 。

6. 是否违反"一机，一闸，一漏，一箱"。

7. 安装位置是否得当，有无周围杂物多等不便操作情况。

8. 闸具有无损坏，是否符合要求。

9. 电箱内有无 PB 专用接线端子板。

10. 电箱有无名称、编号、责任人。

11. 有无电箱进出线混乱或无保护措施情况。

12. 配电箱内多路配电有无标识。

13. 电箱材质是否符合要求。

14. 电箱是否有门，有无防雨措施。

（五）现场照明

1. 动力照明用电是否按规定分路设置。

2. 照明专用回路有无漏电保护。

3. 灯具金属外壳是否作接零保护。

4. 室内线路及灯具安装高度低于 2.4m 是否使用安全电压供电。

5. 照明供电是否采用绞织线。

6. 手持照明灯，危险场所或潮湿作业是否使用 36V 以下安全电压。

7. 使用 36V 安全电压照明线路混乱和接头处是否用绝缘布包扎。

8. 危险场所、通道口、宿舍是否按要求设置照明。

（六）配电线路

1. 电线老化破皮是否包扎。

2. 电线有无随意拖地、浸水。

3. 线路过道有无保护或保护措施是否符合要求。

4. 电杆、横担是否符合要求。

5. 架空线路、档距是否符合要求。

6. 是否使用五芯线（电缆）。

7. 是否使用四芯电缆外加一根线替代五芯电缆。

8. 电缆架设或埋设是否符合要求。

9. 导线是否按规定绑在绝缘子上或金属裸线绑扎。

（七）电器装置

1. 闸具、熔断器参数与设备容量是否匹配，安装是否符合要求。

2. 有无用其他金属丝代替熔丝情况。

（八）变配电装置

1. 配电室（或发电机房）房屋建造是否符合要求。

2. 配电室内地面是否按要求采取绝缘措施。

3. 室内配电装置或发电机组布置是否合理。

4. 有无明显警示标志或消防措施。

5. 发电机组是否设置独立接地系统。

五、路基土方工程

1. 开挖深度超过 2m 时，其边缘上面作业视为高处作业，应设置警告标志。

2. 开挖沟槽时，挖掘深度超过 1.5m，应根据土质情况进行放坡或支撑防护。

3. 高陡边坡处施工作业人员必须绑系安全带；严禁上、下双重作业；弃土下方和有滚石危及的区域，应设警示标志，下方有道路的，作业时严禁通行。

4. 施工中如发现山体有滑动、崩坍迹象危及施工安全时，应暂停施工，撤出人员和机具，并报告领导处理。

5. 滑坡地段的开挖，应从滑坡体两侧向中部自上而下进行，严禁全面拉槽开挖；弃土不得堆在主滑区内；开挖挡墙基槽也应从滑坡体两侧向中间部分跳槽进行，并加强支撑，及时砌筑和回填墙背；施工中要设专人观察，严防塌方。

6. 落石与岩堆地段施工，应先清理危石和设置拦截设施后再行开挖。

7. 岩溶地区施工，应认真处理岩溶水的涌出，避免突发性坍陷。

8. 泥沼地段施工，应制定和落实预防人机下陷的安全技术措施；挖出的废土应堆置在合适的地方，避免造成人为的泥石流。

9. 土方施工机械作业应符合机械施工规程的规定。

六、路基石方工程

1. 石方爆破作业，以及爆破器材的管理、加工、运输、检验和销毁等工作严格遵守国家爆破安全规程，主动接受当地公安部门的监督管理。

2. 爆破器材库的选址和搭建以及配套设施应请当地公安部门进行监督和指导，运输爆破器材要使用专用运输工具。

3. 爆破器材必须严格管理，建立并严格执行爆破器材领用、退库制度，各种手续应严格记录，严禁私藏，乱丢乱放；爆破器材应有专人领取，严禁由一人同时搬运炸药和雷管；电雷管严禁与带电物品一起携带运送。

4. 装炮作业装药前应对炮眼进行验收和清理；严禁烟火和明火照明，无关人员必须远离现场。

5. 爆破作业必须有专人指挥，确定的危险边界应有明显标志，警戒区四周必须派设警戒人员；爆破时，应设置防止飞散物击伤人员的安全距离。

6. 各种类型的"盲炮"处理必须按照国家现行的爆破安全规程有关规定。

7. 右方地段爆破后，必须确认已经解除警戒，作业面上的悬岩危石应经检查处理，经过履行必要的确认手续后，清理石方人员方准进入现场。

七、路面工程

1. 拌和站是否设置完备的安全警示标志。

2. 拌和站施工车辆进出路线设置是否符合安全技术要求。

3. 拌和站生活区与作业区设置是否符合安全要求。

4. 拌和设备启动、停机是否按规定程序进行。

5. 操作人员是否经过安全培训。

6. 拌和站是否配备专职安全员。

7. 拌和站是否配备消防器材，有关人员是否会使用。

8. 路面施工机械（摊铺机、压路机）操作人员是否经过安全培训。

9. 机械操作人员是否疲劳作业。

10. 用柴油清洗机械时，不得接近明火。

八、桥梁工程

（一）一般安全要求

1. 桥梁工程施工前，大型工程应对施工安全技术措施做专项调查研究，采取切实可靠的防护措施；中小桥梁工程施工应制定针对性霉全技术措施计划；单项工程开工前做好安全技术交底。

2. 桥梁工程施工的辅助结构、临时工程及大型设施等，均应按有关规定做好安全防护措施，各项安全设施完成后，应经检验合格后，方可使用。

3. 桥梁工程施工，应尽量避免双层或多层同时作业；当无法避免时，应设防护棚、防护网、防撞装置和醒目的警示标志、信号等。

4.遇有六级以上大风等恶劣天气，应停止高处露天作业、缆索吊装及大型构件起重吊装等作业。

（二）基础工程

1.明挖基础基坑开挖的方法、顺序以及支撑结构的安设，应按施工组织设计进行；基坑深度超过1.5m时，必须挖设专用坡道或铺设跳板，禁止脚踏固壁支撑上下；开挖应按规定边坡分层进行，严禁局部深挖、掏洞开挖；开挖过程中，必须随时检查坑壁边坡有无裂缝和坍塌现象，如发现应立即采取措施；基坑边缘停放机械、堆土、堆料应符合有关规定；采用机械开挖，坑内不得有人作业，人员不得在坑壁下休息；开挖遇有流沙、涌水、涌砂及基坑边坡不稳定现象发生时，应立即采取防护加固措施；基坑开挖需要爆破，应按国家现行爆破安全规程办理。

2.围堰竣工在围堰内作业，遇有洪水应立即撤出作业人员；施工中，遇有流沙、涌砂或支撑变形等异常情况，应立即停止挖掘，并撤出人员，在切实采取安全加固措施后，方可继续开挖；固堰和基坑支撑结构必须坚固牢靠，严禁碰撞支撑；施工交接班应做好原始记录及签字工作；基坑支撑拆除时，应在现场技术负责人的指导下进行，严禁正在拆除的支撑下操作。

3.钻孔灌注桩基础钻机安设必须平稳、牢固，钻架应加设斜撑或缆风绳，水上钻机平台应满铺脚手板，设防护栏、走道，及时清除杂物及障碍物；采用冲击钻孔时，应检查钻锥、卷扬机和钢丝绳的损伤情况；使用正、反循环及潜水钻机时，对电缆线要严格检查；钻孔使用的泥浆，应设置泥浆循环净化系统，防止对环境污染；钻孔中发生事故需排除时，严禁作业人员下孔内处理故障；对于已埋设护筒未开钻或已成桩护筒未拔除的，应加设护筒顶盖或铺设安全网遮罩。

4.挖孔灌注桩基础人工挖孔，对孔壁的稳定及吊具设备等应经常检查孔顶出土机具是否有专人管理，并设置高处地面的围档，孔口不得堆积土渣及工具；挖孔作业暂停时，孔口应设置罩盖及标志；孔内挖土人员的头顶部位应设置护盖，取土吊斗升降时，挖土人员应在护盖下面工作；人工挖孔应经常检查孔内的气体情况；挖孔深度超过10m，应采用机械通风，并必须有足够保证安全的支护设施及常备的安全梯道；人工挖孔最深不得超过15m；挖孔桩需要孔内爆破时，应采取浅孔爆破法，严格控制炸药用量；机钻成孔作业完成后，人工清孔验孔要先放安全笼，笼距孔底不得大于1m；凡孔内有人作业，孔上必须有监护人员，3m以内不得有机动车辆行驶或停放。

（三）墩台工程

1.就地浇筑的墩台施工前，必须搭设好脚手架和作业平台。2～10m平台外侧应设栏杆及上下扶梯，10m以上应加设安全网；模板就位后，应立即固定，防止倾倒；用吊斗浇筑砼时，应设专人指挥；严禁吊斗碰撞模板及脚手架；拆除模板应划定禁行区。

2. 砌筑墩台施工前，应搭设好脚手架、作业平台、扩拦、扶梯等安全防护设施；人工、手推车抬运石块或预制块时，脚手跳板应满铺，其宽度、坡度及强度应经过设计，满足安全要求；脚手架和作业平台上堆放的物品不得超过设计荷载；各种吊机作业时，应听从指挥信号，吊运重物下不得站人。

（四）上部工程

1. 预制构件装配式梁、板的安装，应制定安装方案，所有起重设备应符合国家关于特种设备的安全规定；吊装前，应检查安全技术措施安全防护设施等准备工程是否齐备；施工所需脚手架、作业平台、防护栏、上下梯道、安全网必须齐备，深水施工，应配备救护用船；重大的吊装作业，应先进行试吊，施工时，工地主要负责人及专职安全员应现场指挥和监督。

2. 就地浇筑上部结构施工前，应先搭设好脚手架、作业平台、护栏及安全网等安全防护设施；在支架上浇筑砼，对简支梁、连续梁、悬臂梁的浇筑顺序，应严格按设计和有关规定办理；施工中，应随时检查支架和模板，发现异常状况，应及时采取措施。

3. 悬臂浇筑法。挂篮施工对挂篮拼装后应进行静载试验；检查墩身预埋件和斜拉钢带的位置及坚固程度；底模标高调整时，应设专人统一指挥，作业人员脚下应铺设稳固的脚手板，身系安全带；挂篮拼装及悬臂组装时，应设置安全网，满铺脚手板，设置临时护栏，作业人员必须按规定佩带安全防护用品，配备救生设施；挂篮行走时，要缓慢进行，速度应控制在 0.1 米 / 分钟以内；浇筑砼时，挂篮后端应锚固在已完成的梁段上，并配重使其与浇筑的砼重量保持平衡状态。

4. 预应力张拉施工前，应检查张拉设备是否符合施工安全要求，操作人员应确定联络信号；在已拼装或现浇的箱梁上进行张拉作业。应事先搭好张拉作业平台，并保证其牢固，平台四周应加设护栏，高处作业时，应设上下扶梯及安全网；施工的吊篮应安挂牢固，必要时可另备安全保险设施；张拉时，千斤顶的对面及后面严禁站人，作业人员应站在千斤顶的两侧，以防锚具及销子弹出伤人；管道压浆时，操作人员必须带防护镜和其他防护用品；关闭阀门时，作业人员应站在侧面，以确保安全。

5. 拱桥拱架制作与安装，应按设计要求，具有足够强度、刚度和稳定性，拱架须经试验或预压，采用土牛拱架时，应采取相应的安全措施，保证拱圈砌筑的安全；圬工拱桥施工前，拱架支立安装方法、拆落拱架程序、机械设备等，均应经检查符合安全技术规定，方可施工；砌筑拱圈，应按施工要求搭设脚手架及作业平台，严禁用拱架代替脚手架，主拱、拱上建筑施工，必须严格按设计加载程序分段、对称、同时进行；卸架前，应检查砌筑砂浆强度是否达到设计要求，拆除工作必须按设计程序进行，当拱架脱离拱圈，经检查确认后，方可继续进行拱架拆除工作；严禁在拱架上下同时进行双重作业；采用五支架施工修建拱桥时，应按设计和施工方法选择适宜的吊装机具设备；大中跨径拱桥施工，应验算拱圈的纵、横向稳定性，保证有一定的横向稳定系数，分段吊装的单肋合拢后应用缆风绳稳固，并须采取悬扣边肋和次边肋，用横夹木临时横向联结等措施；双曲拱、箱形拱桥施工时，在墩、台顶设置的扣架，底部固定应牢靠，架顶应设风绳，风缆设置必须对称，与构件轴线应符合设计要求，拱肋分段拼装时，基肋应设置固定风缆，拱肋接头处，应加横向联结，以保证其横向稳定；多孔装配式拱桥上部安装时，必须按加载程序，由桥台或制动墩起，逐孔吊装，相邻两孔安装进度，不应相差过大。

6.跨线桥及通道桥梁施工在铁路路基附近挖基、钻孔时，应设围栏、支撑及其他安全防护措施，防止火车震动，导致基础塌陷或路基塌方；跨越铁路或公路的立交桥施工，上面作业、下面通行车辆或行人时，应设置遮盖设施，并设岗哨监视管理；对结构复杂、施工期较长的大型立交桥施工，应做好安全施工组织设计，做好施工准备及安全防护设施的安装、验收工作，确保不发生影响通车及坠物伤人事故。

（五）吊装作业

1.卷扬机应安装牢固，操作位置视野开阔，联系方便；通过滑轮的钢丝绳不得有接头、结节和扭绕，钢丝绳在卷筒上要排列整齐，作业中最少保留3圈；操作人员不得擅自离开岗位，作业中突然停电，应立即拉开闸刀，并将运送物件放下。

2.轮式起重机作业地面应坚实平整，支脚必须支垫牢靠，回转半径内不得有障碍物；两台或多台起重机吊运同一重物时钢丝绳应保持垂直，各台起重机不得超过自身额定的起重能力；作业时，应先将重物调离地面10cm左右，停机检查制动器灵敏性和可靠性以及重物的绑扎牢固程度，确认正常后，方可继续作业；作业中不得在悬吊重物下行走；起降重物时，速度要均匀、平稳，保持机身稳定，严禁重物自由下落；在驳船上作业，应用绳索系牢在船上，前后轮下应用三角木紧。遇有4～5级风时，应根据驳船的载重吨位适当调整吊机负荷。在输电线路下作业时，要根据线路电压，保持足够的间距；作业完毕，应将机车停放在坚固的地面上，吊钩收起，各部制动器刹牢，操作杆放到空挡位置。

3.龙门架的制作、安装、拆除应由具有相应资格的单位进行，并按照有关规定做好检查、验收工作；移动龙门架除进行静载试验外，还要等载重在轨道上往返一次，检查龙门架在移动中的变形以及轨距、轨道平整度等情况；吊起重物作水平移动时，应将重物提高到可能遇到的障碍物0.5米以上；牵引移动的跨墩龙门架，在行走时两侧牵引卷扬机必须同时、同速启动和远行；开动或停止电动机，应缓慢平稳地操纵控制器，作向后移动时，必须等机、物完全停稳后方可操作。

4.千斤顶顶升重物必须在重心位置，如需纠正偏斜物体时，放置千斤顶的台座必须坚固可靠；顶升重物过程中，如千斤顶出现故障，应在重物文垫稳后，再取出修理；多台千斤顶起升向一重物时，动作要统一。

（六）高处作业

1.高处作业必须设有可靠的安全防护措施，应设置人行斜道、爬梯或升降电梯、通道和护栏等；落差超过 2m 的临边、孔隙口等应安设护栏或安全网；在开放型结构上施工，如高处搭设脚手架和无防护边缘上作业、以及在受限制的高处或不稳定的高处，或没有牢靠立足点的地方作业必须系挂安全带（绳）等。

2.严禁酒后或在大风、大雾等恶劣天气下从事高处作业；高处作业人员要穿防滑鞋，所需的材料和工具要事先放在工具袋内；所用的梯子不得有缺档和垫高，同一架梯子不得 2 人同时上下。

3.高处作业与地面联系，应有专人负责，配有通信设备；严禁人员搭乘吊转、运送物件的设备上下。

（七）水上作业

1.开工前应向当地港航监督部门申报，并获取水上水下作业许可证。

2.施工所用船只需经检验合格，颁发合格证书，并进行注册登记后方可使用。船只应专人管理和调度，驾驶员应持证上岗。

3.施工期间应按规定设置临时码头、航行、作业标志、防撞装置及救护，消防等设施；及时掌握和了解当地的水文和气象情况，如遇不良天气，船只应显示规定的信号，必要时应停止作业。

4.定位船和作业船锚锭后，应在涉及航域范围内设置警示标志，抛锚时，抛锚筒周围不要站人。

5.船只靠岸后（或在两船之间倒运货物）应搭设牢固的跳板，跳板的两侧加设护栏、扶手或安全网；装船时严禁超载、偏载，必要时应加配重，调整平衡。卸船时，应分层均匀卸运。

6.打桩船、起重船施工前应了解作业区域的水深、流速、河床地质等有关情况；抛锚、就位应保持船体稳定，两艘船体连接，必须牢固可靠。

7.使用轮胎或履带吊车在船上打桩、起重作业时，船体应按施工要求加固，并在吊车轮胎（履带）下加铺垫板。

8.牵引或在旁侧拖带作业船只时，严禁超载，牵引或拖带用的钢丝绳必须联结牢固。

9.交通船只必须符合客运船只的标准，不得超载，并备有救生器材，按预定的路线行驶；所有人员必须穿好救生衣，行船途中乘船人不得走动或站立。

结　语

　　我国的交通事业中，交通安全设施、监控系统、收费系统、公路管理、智能运输系统等方面仍然比较落后，没有跟上公路建设的速度，不能最大限度地发挥高速公路的作用。我国道路建设虽然取得较大发展，但与发达国家相比还存在较大差距。现在交运输系统由铁路、道路、水运、航空及管道五种运输方式组成。道路运输，以其便捷直达、通达深度广，覆盖面积大等特点在交通运输系统中起着主导作用，是国民经济发展的主动脉。

　　为保障我国公路建设的顺利开展，必须积极拓展融资渠道，利用好金融市场，继续发挥银行贷款等间接融资渠道的功能，促进交通基础设施建设。随着社会发展和经济的进步，市政交通问题层出不穷，交通拥堵已经成为制约市政交通状况的主要因素，我国公路建设行业未来发展前景广阔。